시민의 인성

4

내 안에
나를 담기

부산대학교출판문화원

시민의 인성 4 _ 내 안에 나를 담기

초판 인쇄 2024년 2월 23일
초판 발행 2024년 2월 28일

지은이 김용수·강신익·류명희·한태문·홍성민·차윤정·김민화·전은주·진시원·박귀순·이지은·이수진·김승룡
디자인 배영미
발행인 차정인
펴낸곳 부산대학교출판문화원
출판등록 제1983-000001호 1983.11.10.
부산광역시 금정구 부산대학로 63번길 2 (우편번호46241)
대표전화 051-510-1932 팩시밀리 051-512-7812 https://press.pusan.ac.kr

ISBN 978 - 89 - 7316 - 770 - 8 (03190)

지역 방언, 치유를 말하다 / 차윤정

노년을 응원하는 그림책 / 김민화 176

마음을 담는 화법 / 전은주

김택영의 황현에 대한 추모시를 다시 읽다 / 김승룡

내 안에 나를 담기

저는 가끔 코로나 팬데믹은 우리에게 어떤 흔적을 남겨주었는지 생각해 봅니다. 유례없는 격절(隔絶)을 경험했던 우리는 그 상처를 어떻게 기억하고 있는지도 되돌아봅니다. 전염병으로 인하여 삶을 마감하거나 병고에 시달렸던 것은 분명합니다. 또한 경제적으로 심각한 타격을 받았던 것도 부인할 수 없습니다. 사람들이 찾아오고 모여야 하는 곳들은 더욱 그 피해가 컸습니다. 같이 있다는 것이 해로울 수 있다는, 낯선 생각이 우리의 상식이 되어버렸습니다. 그리고 지금도 코로나는 우리의 주위를 어슬렁거리고 있으며, 여전히 위세를 떨치고 있습니다.

그렇지만 잠시 숨을 가다듬어보고자 합니다. 되짚어, 코로나 팬데믹은 우리에게 상처를 주기 위해서 찾아왔던 것일까라는 질문을 던져봅니다. 혹시 우리가 그간 잊었던 것을 일깨워준 것은 없을까 하며, 혹여라도 있을 교훈을 찾아봅니다. 사실 이 질문을 드리는 것은 이 책에 실린 원고들이 지난 21년 5

월에서 22년 7월까지 모아진 것이었음을 말씀드리기 위해서입니다. 다소 늦은 즈음, 세상에 내보내는 글들을 다시 읽으면서, 저는 글의 뜻이 여전히 생생함을 확인하게 됩니다.

우리는 언젠가부터 군중 속에서 흘러다니고 있었습니다. 누군가와 같이 흘러야만 되는 줄 알았습니다. 같이 있으면 행복하다고 오해했고, 함께 하고 있다고 착각도 했습니다. 실제로 같이 있으면 좋은 일도 있지요. 그런데 그것만이 모두가 아니었습니다. 사실 아직도 이런 깨달음이 진정 우리를 위해 필요한 것인지 확신하지 못합니다. 다만 굵게 생채기를 내고 떠난 전염병 팬데믹을, 아픔으로만 보고 싶지 않습니다. 혼자서 '내 안'에 마음을 담고 나 자신을 응시한다는 것, 이것이 주는 또하나의 기쁨을 생각하고자 합니다. 억설(臆說)로 치부한다고 해도 좋습니다. 강짜를 부려서까지도 우리가 견뎌온 시간을 의미지우고자 하는 갸륵한 마음을 이해해 주시길 바랍니다.

어느덧 네 번 째 책을 내는데, 김민화, 전은주, 진시원, 박귀순, 이지은, 이수진, 김용수, 강신익, 류명희, 한태문, 홍성민, 차윤정, 김승룡 선생님이 동행해 주었습니다. 어떤 댓가도 요구하지 않은 채, 같이 하실래요 라는 권유를 흔쾌히 받아주신 분들께 참으로 고마운 마음을 드립니다. 그리고 달항아리를 내어주며 마음을 담도록 해주신 안진석 작가님에게도 감사의 말씀을 드립니다. 아울러 오랫동안 기다려주면서 이 책을 예쁘게 편집해준 배영미 선생님의 넉넉한 마음에도 감사의 인사를 드립니다. 오늘은 촉촉하게 비가 내립니다. 우수(雨水)라는 이름에 걸맞게 비를 뿌려주는 하늘에게도 고맙다는 인사를 전합니다. 때가 되면 비도 오고 별도 나오고 바람도 부는 것임을 다시 한번 깨닫습니다.

이천이십사년,
어느새 곁으로
다가온 매화를 반기면서

김 용 수

/

부산 춘해병원 응급의학과장, 외과전문의. 부산대학교 의과대학을 졸업하고 대학병원에서 인턴, 외과 전공의 수련을 받고 외과전문의 자격을 받았다. 수련 기간 동안 부산대학교 대학원 의학과를 졸업하고 의학박사 학위를 받았다. 군의관 훈련을 마치고 현역 복무 대신 국립 소록도 병원 근무를 자원하였다. 세상에서 소외된 나환자들을 돌보며 '소록도의 천사'라고 불리는 마리안느, 마가렛 수녀님과 같이 근무하면서 참된 종교인의 자세와 진정한 봉사의 의미를 배웠다. 소록도에서의 1년은 의사 생활 중 가장 보람된 시기였다. 제대 후 대학에 들어오라는 제의를 받았으나 다양한 임상 경험을 하기 위해 잠깐 동안의 개업의와 봉직의사의 길을 택했다. 2001년 48세의 나이에 새로운 의학지식을 습득하기 위해 자비로 미국 유수의 병원에 연수를 가서 2년 4개월 동안 외과 및 대장항문외과의 최신 지식과 술기를 배웠고 귀국 후 멘토의 가르침에 보답하기 위해 2권의 외과학 교과서를 번역 출간했다. 2013년 우연한 기회에 쇄빙연구선 '아라온'호 선의로 승선하여 전인미답의 남극대륙을 일별한 뒤 '남극의 맛'에 흠뻑 빠져 남극탐험 관련 원서를 아마존에서 구입 탐독하였다. 마침내 2015년 제3차 남극 장보고 과학기지 월동연구대 의료대원으로 선정되어 1년 동안 얼음과 눈의 나라에서 대자연의 신비와 경이를 마음껏 음미하고 완상하고 자연 앞에서 겸손과 감사의 마음을 다시 배웠다. 평소 문학, 음악, 미술, 건축, 한문학 등 인문 분야에 대한 지적호기심을 충족하려고 관련 서적을 탐독하고 있으며 의술은 인간에 대한 사랑과 이해에 토대를 둔다는 신념으로 진료에 임하고 있다. 저서로는 외과학 교과서 2권 외에 남극과 관련된 '남극제국', '남극 일기', '남극대륙'과 일반 의학 서적인 '인간 탐험'이 있다.

남극대륙에서의 치유의 경험

남극대륙에서의 치유의 경험

남극대륙의 극야. 이곳은 남위 74도 동남극대륙(east Antarctica) 북빅토리아랜드(north Victoria Land) 테라노바만(Tera Nova Bay)에 위치한 대한민국 남극 장보고 과학기지. 여름의 백야 동안 하루 종일 머리 바로 위에서 빙빙 돌면서 강렬한 자외선을 쏘아대던 태양이 수평선 아래로 깊숙이 내려가 버린 지도 한참 되었다. 영하 40도에 가까운 혹한의 날씨에 짙은 푸른색 패널을 두른 기지 본관동은 밖에서 보면 통째로 얼어붙은 듯 허연 얼음이 군데군데 덮여 있다. 본관동 4층 통신실에서 창 밖을 내다 보면 기지 주위를 밝히는 가로등만 추위에 떨며 엷은 빛을 토하고 있을 뿐 사위는 그야말로 온통 칠흑같이 캄캄한 하데스의 세상이다. 망원경으로 당겨보면 가로등 불빛에 하얀 눈발이 무음의 소리를 내며 조용히 날리고 있는 것이 보인다.

시계를 보니 새벽 1시가 넘었다. 여명 때마다 기지 앞 빙하 위 하늘을 주황색으로 은은하게 물들이던 로도닥틸루스 에오스(rhododactylus eos), 새벽의 여신 에오스의 장밋빛 손가락도 사라지고 성가시게 사람을 공격하던 스쿠아(Skua, 남극도둑갈매기)도 어디론가 떠나버리고 기지 주위에서 느긋하게 낮잠을 즐기던 웨델해표(Weddell seals)들도 두껍게 언 해빙 아래로 가 버린 지금 암

흑의 세상에 생명체는 하나도 보이지 않으며 본관동 옆의 중장비 보관동 앞 눈밭에는 여름 한 철 동안 얼어붙은 눈에 덮힌 울퉁불퉁한 돌밭 위로 정신 없이 흔들거리며 힘차게 달렸던 설상차 피스텐 불리(Pisten Bully)와 첼린저(Challenger)가 북미 대륙 한겨울 옐로우스톤 국립공원의 버펄로들처럼 온 몸에 눈을 뒤집어쓴채 힘겨운 듯 서 있다. 지금 이 순간 기지에서 동쪽으로 30여 킬로미터 떨어진 워싱턴 곶(Cape Washington)의 절벽 아래 해빙에 무리를 지어 사는 7만여 마리의 황제 펭귄들도 캄캄한 어둠 속에 서로 몸을 밀착하여 나선형으로 빙빙 돌면서(허들링이라 한다) 허리케인 급의 눈 폭풍 블리자드와 영하 70도에 이르는 추위를 견뎌내고 있을 것이다.

밖으로 통하는 문을 열고 통신실 밖으로 한 걸음을 옮기니 문 하나를 사이에 두고 여느 때나 다름없이 수백개의 바늘로 찌르는 것 같은 차디찬 기운이 노출된 피부를 파고든다. 2,3분도 안되어 대리석 마스크를 한 듯 얼굴의 피부가 뻣뻣해지고 코 안 깊숙한 곳이 바싹 마른 듯 당기는 느낌이 든다. 얼른 문 안으로 들어오자 감각이 돌아오기 시작하고 그새 얼었던 비점막이 해동되면서 말간 물 몇 방울이 코에서 떨어진다. 이제는 제법 적응되었지만 역시 이 추위는 오래 견디기 어렵다. 방심은 금물이라 1층 진료실로 내려가 구스 다운을 듬뿍 넣어 마치 이불을 덮은 것 같은 파카와 세 겹의 하의를 입고 윈

드스토퍼 방한모에 수술 마스크 위에 아들이 마련해 준 검은색 군용 마스크를 두 눈만 빼꼼 나오게 쓰고 두터운 귀도리를 착용하고 손가락을 뺄 수 있게 손바닥을 터 놓은 다운 장갑을 끼고 영하 100도에서도 견딘다는(약간의 과장은 눈 감아 줄 수 있으나 이건 좀 심한 과장이다) 영화 스타워즈의 스톰트루퍼들이 신은 것 같은 무릎까지 올라오는 캐나다제 중국산 특수방한화를 신고 다시 문밖으로 나가 통신실 난간에 몸을 기대었다.

기관지가 얼지 않도록 천천히 숨을 들이마셔 알맞게 데워진 맑은 공기가 폐포로 가득 들어가니 적당히 서늘해진 몸의 느낌과 함께 기분이 이루 말할 수 없이 상쾌해진다. 나는 천천히 기지 앞 주변을 살펴본다. 해가 전혀 뜨지 않는 어둠의 세계에도 빛이 있다는 것을 두 달여 째 계속된 극야 기간 동안 깨달았다. 최대한으로 열어놓은 카메라 조리개처럼 확대된 동공으로 자세히 들여다 보면 어둠 속에도 빛이 있고 어둠도 색채를 만들어주었다. 어둠 속의 빛이 사물이 지닌 본래의 빛깔을 끌어내어 흑백 필름으로 찍은 사진처럼 컬러사진과는 전혀 다른 빛깔을 보여주었다. 게다가 달이라도 뜨면 그야말로 빛과 어둠이 함께 기막힌 조화를 이루어 내 재주로는 도무지 묘사할 길이 없는 황홀한 색채를 만들어주었다. 이효석이 단편소설 '메밀꽃 필 무렵'에서 말했던 '흐뭇한 달빛'처럼 보기에 정말 흐뭇하고 볼수록 사무치는 희한한 색채의 장관이 눈 앞에 펼쳐진다. 오늘도 기지 서쪽 뒤편의 브라우닝봉과 거기서 켐벨 빙하로 이어지는 능선과 멀리 북동쪽의 멜버른 화산과 기지 바로 앞의 바다로 뻗어나온 빙하의 혀와 그 아래 해빙이 발산하는 어둠의 색을 마음껏 즐긴다. 이럴 때 다행히 바람마저 잔잔해지면 그야말로 김진섭의 표현대로 '정밀의 진좌'가 되는 것이다.

기지 주변을 천천히 음미하며 어둠을 완상한 다음 이미 시야에 반쯤 들어차 있는 밤하늘로 눈길을 옮긴다. 의자에 비스듬히 기대 앉아 두 눈과 하늘이 직각이 될 정도로 목을 한껏 위로 꺾어 밤하늘을 바라본다. 가물디 가문 밤하늘을 가로질러 거대한 아치 같은 찬란한 은하수가 내 머리 바로 위에 걸쳐있는 것처럼 펼쳐져 있다. 얼지않도록 따뜻하게 장갑으로 감싼 아이폰을 꺼내 Star Walk이라는 앱 화면을 하늘 방향에 맞춰 비춰보니 별자리들의 이름이 나타난다. '별들의 횃불'인 시리우스는 멀리 북쪽 하늘에서 차갑게 빛나고 남반구의 북두칠성 격인 남십자성의 네 별들이 또렷이 보이고 그 아래에 그리스 신화의 반인반마 켄타로우스가 은하수에 걸터앉아 있다. 화성이 충혈된 눈으로 멀리서 나를 노려보고 있으며 SF 영화에서 으레 보듯이 이따금씩 '천국으로 들어가는 영혼'인 유성들이 휙하고 천공을 가로질러 망망한 우주 속으로 한 가닥 흰 광선을 이끌고 사라진다. 은하수는 약 천 억 개의 별로 이루어져 있다 하는데 그 무진장한 별들이 이곳의 맑은 공기로 인해 3배 정도 가까워 보이는 탓에 손으로 움켜쥐면 차디차게 빛나는 하얀 별들을 한웅큼 손바닥에 움켜쥘 수 있을 것 같이 느껴진다. 지금 내 눈에 보이는 저 뭇 별들의 빛은 200만 년 전 네안데르탈인들이 이 혹성 위를 뛰어다니던 시절에 별을 떠나 멀고도 먼 우주 공간을 날아 이제 막 내 망막에 도착한 것들이라고 한다. 그 광대한 우주의 공간에 비하면 지구라는 이 작은 푸른 별 한 끝의 작은 얼음 덩어리 위에 세워진 미세한 장남감 같은 기지 한 모퉁이에 서 있는 나의 모습은 그야말로 나노 입자 수준의 크기에 지나지 않을 것이며 그 무궁한 시간을 생각하면 내가 살아온 60여년은 찰나의 찰나에도 못 미칠 것이며 정호승 시인의 말처럼 내 인생을 지구라고 생각하고 우주의 크기에 빗대어 생각하면 지금 내 삶에서 일어나는 여러 가지 일들은 정말 아주 사소한 먼지와 같은 의미를 지닌다 할 것이다. 먼 외계에서 우주인이 망원경으로 지구를 들여다 보면 중력이라는 알 수 없는 힘에 의해 이 자그만 혹성의 한쪽 끝 미끄러운 얼음덩어리 위에 붙어서 먼 우주 공간 속으로 떨어지지 않으려고 발버둥치는 내 모습이 보일 지도 모르겠다는 생각이 든다.

눈앞에 펼쳐 있는 무수한 별들을 바라보니 마음 속에 여러 가지 상념이 교차한다.

> "별 하나에 추억과/별 하나에 사랑과/ 별 하나에 쓸쓸함과/별 하나에 동경과/ 별 하나에 시와/라며 별 하나에 아름다운 말 한 마디씩 불러보다가 마지막에 별 하나에 어머니, 어머니"

이렇게 불렀던 '별헤는 밤'의 윤동주와 어깨에 살포시 기대 잠든 스테파네트 아가씨가 행여 깰새라 밤새 미동도 않고 프로방스의 밤하늘을 수 놓은 별을 바라보았을 알퐁스 도데의 단편 '별'의 주인공 양치기 모습과 거친 붓질로 푸른 밤하늘에 자신의 가슴 속에 이글이글 타는 정열과도 같은 노란 별들을 화폭에 거침없이 그려놓은 고흐의 '별이 빛나는 밤'이 떠오르고 두 귀속에는 "Starry starry night"하고 감미로운 목소리로 부르는 돈 맥클린의 아름다운 팝송 '빈센트'가 아련하게 들려오고 고교시절 밤늦도록 공부할 때 책상머리에 두었던 라디오에서 폴 모리아의 감미로운 시그널 뮤직과 함께 자정부터 들려주던 '별이 빛나는 밤에'의 여러 달콤한 사연들이 들려온다. 모두가 이제는 까마득히 지나가 버린 아름다운 젊은 시절의 추억이다.

천재 물리학자 앨버트 아인슈타인은 '우리들이 경험할 수 있는 가장 아름다운 것은 신비감이다. 신비감이야말로 모든 참다운 예술과 과학의 근원이다. 이 감정을 모르는 사람, 잠깐 발걸음을 멈추고 경이를 느끼고 경외심에 싸여 황홀감을 느낄 줄 모르는 사람은 죽은 것이나 다름없다. 왜냐하면 그의 눈은 감겨져 있기 때문이다.' '우리가 규명해 낼 수 없는 것이 현실에 존재하고 있으며 그것이 우리의 우둔한 능력으로서는 가장 원시적인 형태로만 이해할 수 있을 뿐인 최고의 지혜와 가장 장엄한 아름다움으로서 나타나고 있다는 것을 안다는 것- 그러한 지식과 그러한 감정이 참다운 종교의 중심이 되어 있는 것이다' 라고 말하였다. 철학자 칸트는 '실천이성비판'에서 '생각하면 할수록 내 마음을 더욱 새롭고 더 한층 감탄과 경외로 가득 채우는 두 가지가 있으니 그것은 내 머리 위에 있는 별이 빛나는 하늘(der bestirnte Himmel uber mir)과 내 마음 속에 있는 도덕법칙이다'라고 하였다. 이런 위대한 과학자와 철인의 말을 빌지 않더라도 지금 내 눈 앞에 펼쳐져 있는 광대한 우주 공간은 바라볼수록 신비하고 경이롭고 저절로 종교적이고 철학적인 분위기를 한껏 자아낸다.

카메라 렌즈 속처럼 깊숙하고 그윽한 밤하늘을 바라보다가 진료실로 다시 내려가 고국에서 가져 온 클래식 음악 CD 중 오늘 밤에 가장 어울리는 두 장의 CD를 들고 다시 통신실로 올라왔다. 월동대원으로 선발되어 극지 적응훈련을 마치고 마침내 떠날 짐을 꾸릴 때 버킷 리스트로 극야 기간에 할 일을 정해두었는데 그중 한 가지가 30년 동안 한 장 한 장 정성껏 모으고 들었던 2,000여 장의 클래식 음악 CD중 가장 좋아하는 명연주 음반 360여 장을 가져와 극야의 밤하늘 은

하수와 오로라 아래서 듣는 것이었다. 비록 맥킨토시의 유리 패널이 쏘아주는 은은한 푸른빛과 탄노이 웨스트민스터가 연주해주는 맑고 산뜻한 소리는 없다 하더라도 10년이 훨씬 넘은 소니 CD 워크맨과 아들이 아르바이트해서 번 돈으로 선물해준 바이에른 다이내믹 헤드폰이 내는 소리도 한 잔의 와인을 곁들인 천상의 분위기에서 들으면 큰 차이가 없을 것이라고 상상하였다.

오늘 듣고 싶은 음악은 베토벤 교향곡 9번, 일명 '합창교향곡'과 모차르트 피아노 협주곡 20번이다. 클래식 애호가인 안동림 교수가 지은 '이 한 장의 명반'이란 책에 보면 독일의 유명한 지휘자 푸르트벵글러가 9번 교향곡을 바이로이트 축제 관현악단과 연습할 때 1악장 서두에 나오는 5도화음의 호른 소리를 두고 "이 부분은 마치 허무에서 울려오듯이"라고 연주하라 하는데 집에서 들을 때는 그 분위기를 도저히 짐작할 수 없었는데 극야가 다가 와 캄캄한 밤하늘의 찬란한 은하수와 쏟아지는 뭇 별들을 본 순간 '아! 바로 이런 분위기이구나' 하는 것을 직감적으로 느꼈다. 바이로이트 축제 관현악단이 연주하는 1악장 서두에 가물가물 들려오는 잉글리쉬 호른 소리가 '허무에서 울려오듯이'라고 하는 것과 꼭 맞아떨어지는 느낌을 주었다. 이윽고 몰아치는 소리는 마치 하늘에서 별이 쏟아지는 느낌을 주고 3악장의 아다지오는 그지없이 평안한 천국의 느낌을 선사해 주었다. 고국에서 백 번도 더 들어 거의 완전히 외우고 있는 멜로디이지만 극야가 시작된 날부터 하루도 빠짐없이 들어도 전혀 질리지 않고 들을 때마다 다른 느낌을 주었다. 날마다 남극의 맑디맑은 공기를 호흡하는 것과 함께 이곳에서만 누릴 수 있는 최상의 기쁨이자 호사였다.

9번 교향곡을 들으며 먼 우주 공간을 응시한 다음 이번에는 머리 위 천공에서 천천히 돌고 있는 은하수를 음미하며 모차르트 피아노 협주곡 20번 2악장을 듣는다. 이 곡의 연주는 스위스 출신의 여류 피아니스트인 클라라 하스킬의 연주가 압권이다. 우리나라 전설에는 일년에 한 번 칠월 칠석에 만나는 견우와 직녀의 이야기가 있지만 그보다 더 달콤하고 동화적인 애기는 알퐁스 도데의 단편 소설 '별'의 주인공인 목동이 사랑스런 스테파네트에게 들려주는 이야기이다. 목동은 은하수를 성 쟈크의 길이라 부르며 프랑스에서 곧장 에스파니아 상공으로 통한다 하며 샤를마뉴 대왕이 사라센인들과 전쟁을 할때 갈리스(에스파니아의 옛 지명)의 성 쟈크(St. Jacques)가 대왕에게 길을 알려주기 위해 하늘에 그어놓은 길이라고 설명한다. 이어서 여러 가지 별자리를 설명하다가 온갖 별 중에도 제일 아름다운 별은 뭐니뭐니해도 우리들의 별, 저 '목동의 별'인데 목동들이 새벽에 양떼를 몰고 나갈 때나 또는 저녁에 다시 몰고 돌아올 때 한결같이 비추어 주는 별이라고 하며 그 별을 마글론(Maguelonne)이라 부른다 하였다. 직녀에 해당하는 예쁜 마글론은 견우인 '프로방스의 피에르(Pierre)' 뒤를 쫓아가 7년에 한 번씩 결혼한다고 말한다. 그리고 그 결혼이라는 게 어떤 것인지 이야기해주려고 할 때 아가씨가 졸음에 겨워 무거운 머리를 목동의 어깨에 가만히 기대온다. 목동은 가슴이 설렘을 어쩔 수 없었지만 그 마음은 오직 아름다운 것만을 생각하게 해주는 그 맑은 밤하늘의 비호를 받아 어디까지나 성스럽고 순결함을 잃지 않았다고 고백하며 두 사람 주위에 총총한 별들이 마치 헤아릴 수 없이 거대한 양떼처럼 고분고분하게 고요히 그들의 운행을 계속하고 있는 가운데 목동의 머리에는 '저 숱한 별들 중에 가장 가냘프고 가장 빛나는 별님 하나가 그만 길을 잃고 내 어깨에 내려 앉아 고이 잠들어 있노라'는 생각이 자기 머리를 스치곤 하였다고 말한다.

이런 아름다운 마글론이 은하수 저쪽에 있는 피에르를 향해 사랑과 재회의 기쁨이 담뿍 담긴 눈길로 발 밑의 별들을 살포시 즈려밟고 천천히 사뿐사뿐 걸음을 옮기는 광경을 상상하며 2악장을 들어본다. 하스킬의 기막힌 타건이 선사해주는 영롱한 구슬 같은 피아노 소리가 마글론의 발걸음에 맞추어 똑똑 떨어지고 나면 주위의 어두운 하늘이 환히 열리는 듯한 현의 울림이 뒤따르고 다시 명징한 발걸음 소리가 울려 퍼진다. 어쩌면 모차르트가 이런 장면을 상상하고 작곡했는지도 모르겠다는 나만의 착각을 해 보면서 내 딸에게 결혼식 때는 너무 흔히 들어 좀 식상한 바그너의 행진곡보다는 이 곡에 맞추어 행진하라고 말해주고 싶다.

머리 위로 쏟아지는 은하수를 바라보며 베토벤과 모짜르트를 듣고 있으려니 갑자기 하늘 한 곳이 부옇게 되는가 싶더니 곧 이어 캄캄한 해빙 위로 초록색 빛의 띠가 나타나 너울너울 춤을 추기 시작한다. 이것이 바로 남극 겨울의 암흑이 선사하는 또 다른 선물인 오로라이다. 처음에는 별 특징 없이 희미하게 띠처럼 빛나더니 조금 있으려니 세로 방향으로 줄무늬가 나타나 커튼 모양으로 흐느적거린다. 곧 이어서 바람에 제멋대로 날리는 커튼처럼 녹색의 커튼 주름이 둥글게 말렸다가 쫙 펴지고 말로 설명할 수 없을 정도로 숨막히게 나타났다가는 희미해지고 또 나타났다 되풀이하면서 해빙 위 하늘 무대에서 황홀한 춤을 추었다. 오늘 나타난 오로라는 유달리 선명하고 간간이 붉은 빛도 섞여 있고 시간도 거의 한 시간이나 지속되어 천의무봉의 선녀의 날개짓 아래서 베토벤의 9번 교향곡을 거의 다 들을 수 있었다. 4악장에 나오는 합창 가사 중 엘뤼시움은 사랑하는 오르페우스와 에우리디케가 들어간 축복받은 자들의 낙원인 그리스인들의 이상향이 아닌가. 찬란한 천상의 무대와 한 잔의 와인이 선사해주는 도취감과 황홀함과 신비감에 젖어 감미로운 천국의 음악을 듣고 있노라니 어느새 워크맨의 코드가 뻣뻣하게 얼어 잘못 건드리면 부러질 것 같아 오늘의 감상을 마치고 통신실로 들어왔다. 진료실 옆의 따뜻하게 데워 둔 물리치료실 베드에 몸을 누이니 알코올의 따듯한 기운이 온 몸을 상쾌하게 휘감는 가운데 여느 때와 마찬가지로 히프노스의 마력에 걸린 두 눈꺼풀이 10초도 안되어 스스르 감기는 것을 느끼며 달콤한 잠에 빠진다. 그 순간 내 두 귀에 정호승 시인이 말한 다음의 문구가 울려퍼진다.

> "사랑한다는 것은 서로의 마음 속에 있는 별을 밝게 빛나게 하는 것이다."

필자는 2015년 11월 10일부터 2016년 11월 15일까지 남극대륙 테라노바만에 위치한 대한민국 남극 장보고 과학기지에서 의료대원으로 한해를 보냈다. 눈이 부시는 눈과 얼음의 흰색과 시리도록 푸른 하늘의 파란색만으로 이루어진 단순한 세상에서 보낸 한해였다. 그러나 백색과 청색만의 이진법의 세상에도 자세히 관찰해보면 결코 단순하지 않은 다양한 즐거움이 있었다. 103일의 백야기간 동안의 강렬한 에너지를 쏟아붓던 태양과 파란 하늘을 수놓은 렌즈구름을 비롯한 다양한 구름, 세상의 모든 푸른 빛을 다 간직한 시시각각 변하는 하늘 빛, 여명과 황혼 무렵마다 나타나던 로도닥틸루스 에오스(rhododactylus eos), 샤프란 빛 옷을 걸친 장밋빛 손가락을 가진 새벽의 여신 에오스의 주황빛 박명, 온 세상을 쓸어버리듯 미친 듯이 불어대던 눈폭풍 블리자드와 광풍이 눈 위에 남긴 다양한 그림의 아름다움, 하늘과 바람과 구름, 눈과 얼음이 보여주는 자연현상이 여느 곳에서는 볼 수 없는 다양한 모습을 보여주었으며 매일 매일 그것들을 자세히 관찰하는 것만으로도 스트레스 해소는 물론 사람들이 흔히 말하는 힐링에 큰 도움이 되었다. 떠나기 전 3개월 동안 지속된다는 해가 뜨지 않는 캄캄한 극야에 대한 일말의 불안감이 있었으나 막상 경험하고 보니 어둠 속에도 사물 본연의 색이 있었으며 어두운 밤하늘을 수놓는 황홀한 오로라와 은하수를 비롯한 찬란한 별빛은 이러한 불안을 말끔히 씻어주었다. 자연현상 외에도 황제펭귄을 비롯한 스쿠아(남극도둑갈매기), 웨델해표와 같은 동물과 지척에서 함께 보낸 계절은 결코 잊을 수 없는 즐거운 추억이었다.

다만 한가지 아쉬움이 있다면 초목이 없는 혹한의 세상은 무언가 빠진 것 같은 허전한 느낌을 주었다. 눈과 얼음과 바람으로도 미묘한 계절의 변화를 알 수 있었으나 초목의 증거가 없는 계절은 한편으로는 무의미하게 느껴질 때가 있었다. 너댓 송이만 피어도 천하의 봄을 알려주는 매화, 바람에 날리는 만점 꽃잎이 사람을 수심에 젖게 하는 벚꽃, 오래된 절 뒷 담 아래 수줍게 피어있는 수선화와 금낭화 등과 같은 철따라 피는 꽃과 갈수록 푸르러지는 싱그러운 나무의 향연이 없는 계절은 나로 하여금 머나먼 고향의 꿈을 꾸게 하곤 하였다. 그러다가 나는 꽃과 낙엽활엽수의 세상에서 깨어나 극풍의 탄식 소리를 듣거나 달빛 아래 번쩍이는 낯익은 얼음 바다를 바라보거나 휘감기는 오로라의 리본을 다시 바라보곤 하였다.

이제는 하나의 차갑지만 달콤한 추억이 되어버린 풍경을 생각할 때마다 특히 코로나 바이러스로 인해 전 지구가 마스크를 벗지 못하는 지금 미세먼지는 물론 바이러스조차 살 수 없는 더할 나위 없이 청정한 남극의 공기가 사무치게 그립지만 내게 초록의 의미를 되새겨 준 신록의 나무들과 계절을 보다 또렷이 알려주는 각종 꽃을 찾아 우주가 피어나는 모습을 지켜보면서 이 세상이 고해만이 아님을 감사한 마음과 함께 즐기고 있으니 이 또한 힐링이 아니겠는가.

강 신 익

/

전 부산대 교수(치의학전문대학원 의료인문학교실). 추상적 지식보다는 일상적 삶에 봉사하는 의학을 지향한다. 경기도 안양에서 나고 자라면서 농촌에서 도시로 변해가는 삶의 터전을 온몸으로 느끼며 살았다. 서울대 치과대학을 졸업하고 15년간 치과의사로 일했다. 마흔이 되던 해 영국으로 건너가 2년간 의학 관련 철학과 역사를 공부했다. 2000년부터 일산백병원 치과 과장으로 일하면서 의과대학생을 대상으로 의료인문학을 가르쳤고, 2004년 인문의학교실을 개설해 전임교수가 되었다. 2013년 가을부터 부산대 치의학 전문대학원으로 자리를 옮겨 '인문학적 의료'를 공부하고 가르친다. 특히 과학적 사실과 인문학적 가치와 의미를 연결하고 종합하는 공부에 몰두하고 있다. 2007년부터 3년간 정부 지원으로 인문의학연구소를 개설해 <건강한 삶을 위한 인문학적 비전>이라는 연구 프로젝트를 수행하면서 《인문의학》 시리즈 3권을 펴냈다. 지은 책으로는 《몸의 역사 몸의 문화》, 《몸의 역사》, 《의학 오디세이》(공저), 《생명, 인간의 경계를 묻다》(공저), 《찰스 다윈 한국의 학자를 만나다》(공저), 《불량유전자는 왜 살아남았을까》 등이 있고 역서로는 《공해병과 인간생태학》, 《사회와 치의학》, 《환자와 의사의 인간학》, 《고통받는 환자와 인간에게서 멀어진 의사를 위해》 등이 있다.

생각과 마음의 역사
: 두 마음의 세 갈래길

마음은 어디서 오는가?

모든 질문에는 전제가 들어 있다. 그래서 질문자의 의도가 담긴 전제를 알아낼 수만 있다면 이미 절반의 답은 찾은 셈인 경우가 많다. "나는 누구인가?"라는 물음 속의 나는 이미 '누구' 즉 '어떤 사람'으로 전제되어 있다. 만약 이 물음을 "나는 무엇인가?"로 살짝 바꾼다면 전혀 다른 방향의 답을 준비해야 한다. 우리가 일상적으로 쓰는 말 자체가 우리가 살아 온 역사와 문화와 경험의 산물이기 때문이다. 우리 문화에서 '누구'라는 말 속에는 이미 나이, 성별, 가족 관계, 살아 온 장소, 사회적 경력 등이 담겨 있다.

누구는 사람이고 무엇은 사물이다. 사람은 변화하는 마음의 상태 속에서 생각을 하는 누구이고 사물은 부피와 무게를 가지는 연장으로서의 존재 즉 무엇이다. 그러나 누구(마음)는 또한 무엇(몸)으로 구성되어 있다는 것도 부인할 수 없는 사실이다. 근대 문명의 사상적 토대가 된 17세기 철학자 데카르트는 누구와 무엇, 마음과 몸을 전혀 다른 실체로 규정했다. 그는 존재(있음)의 근거를 생각에 두어, "나는 생각한다. 고로 존재한다."라는 유명한 말을 남겼다. 누구(마음)를 무엇(존재)의 근거로 삼은 것이다. 몸과 마음은 전혀 다른 실체지만 뇌 속에 있는 송과선을 통해 연결되어 있다고도 했다. 하지만 데카르트에게 나의 '누구'는 몸이 아닌 마음이다. 나를 '누구'와 '무엇'으로 나눴지만 결국은 다시 '누구'인 나(마음)를 주인으로 삼은 것이다.

데카르트와 같은 시대를 산 철학자 스피노자는 누구와 무엇을 하나로 묶었다. 그에게 몸(무엇)과 마음(누구)은 하나의 실체인 자연의 두 가지 속성이다. 나의 '누구'가 나의 '무엇'을 다스리는 것이 아니다. 나의 '누구'(마음)는 나에 속하는 '무엇'(몸)의 관념이다. 몸의 변화는 자연의 작동원리와 과정에 따라 마음으로 나타난다. 몸의 상태로부터 떠오르는(創發) 관념이 마음인 것이다. 데카르트가 나의 주인으로 삼은 추상적 마음 대신 마음의 근거이며 구체적 자연인 몸이 강조된다.

몸과 마음이 분리된 데카르트의 세계관은 물리 법칙에 따라 움직이는 자연을 기계의 원리로 설명하고 이용하는 산업사회에 무척 유용한 것이었다. 그리하여 그의 철학은 이후 4백 년 이상 세계를 지배한 서구 문명의 사상적 토대가 되었고 물질적 풍요를 가져왔다. 하지만 심신이원론과 기계적 환원론으로 발전한 데카르트의 사상은, 마음을 몸 위에 두었던 애초의 모습에서 벗어나 오히려 물질이 정신을 지배하는 결과를 초래하게 된다. 몸과 마음, 정신과 물질, 인문학과 과학은 분열되었고 몸과 물질과 과학이 마음과 정신과 인문학의 근거라는 생각이 상식이 되었다. 과학과 기술이 도구가 아닌 주인 행세를 하게 되면서 물질이 정신을 지배하게 되었다는 위기의식이 싹트게 되었다. 생각과 마음의 기본 틀을 크게 바꿔야 할 때가 된 것이다.

19세기 말에 이르면, 존재의 확고한 근거이며 인간 존엄성의 절대적 근거였던 합리적 이성과 자유의지가 그 빛과 권위를 잃기 시작한다. 무의식이라는 어둠의 힘이 발견된 것이다. 의식에 명료하게 떠오르지 않으면서도 우리의 몸과 마음을 움직이는 거대한 무의식의 힘에 비하면 의식과 의지는 빙산의 일각에 지나지 않는다는 주장이 수백 년을 이어온 사상의 흐름을 크게 바꾸고 있다. 이제 생각은 더 이상 존재의 근거가 아니다. "나는 생각한다. 고로 존재한다."라는 데카르트의 말은 "나는 생각하지 않는 곳에 존재한다."라는 자크 라캉의 말로 대체되었다. 합리적 이성과 자유의지를 통해 운명을 개척해 가는 '나'라는 통일된 주체는 더 이상 없다. 생각보다는 무의식이 나의 진짜 모습에 가까우며, 그 무의식은 나의 의식과 의지가 아닌 타자의 담론 속에 있다. 나는 더 이상 생각과 마음의 주인이 아니며 나와 타자의 경계도 희미해진다.

1859년에 출간된 다윈의 『종의 기원』은 사람과 동물의 경계마저도 무너뜨렸다. 『인간과 동물의 감정표현에 대하여』[1)]

1) 찰스 다윈 지음/최원재 옮김, 『인간과 동물의 감정표현에 대하여』, 서해문집, 1998

라는 책에서는 동물도 감정을 느끼고 표현하며 사람의 감정은 그로부터 진화해 온 것임을 분명히 했다. 동물이 추상적 개념을 통한 생각은 하지 못할지라도 주어진 상황에 대한 신체적 반응으로서의 감정을 느끼고 표현한다는 사실은 부인할 수 없다. 그리고 그 감정은 생존과 번식에 이로운 것과 해로운 것에 대한 반응으로부터 유래했을 것이다. 아마도 그런 신체 반응이 마음의 기원일 것이다.

20세기 말에 이르면 몸과 마음, 정신과 물질, 의식과 무의식, 동물과 인간, 인문학과 과학으로 분열되었던 담론들이 일정한 방향으로 수렴되기 시작한다. 모든 것을 구성 요소로 환원해 분석하던 생물 과학은 이제 그 요소들의 기계적 결합이 아닌 여러 층위에서 복잡하게 맺어지는 '관계' 속에서 창발하는 새로움에 주목하기 시작했다. 심리학, 인지과학, 현상학적 철학, 진화생물학, 면역학 등 생각과 마음에 관한 과학들은 내가 존재하는 "생각하지 않는 곳"을 탐색하기 시작했다. 그 곳은, 수천억 개의 신경세포가 모인 뇌일 수도 있고 단세포 생물로부터 진화해 현재에 이르게 된 진화의 시공간일 수도 있으며 심리학자의 실험실일 수도 있다. 생각과 마음을 선험적으로 주어진 초월적 존재가 아닌 스스로 그러한 자연으로 여기기만 하면 어디든지 내가 존재할 수 있는 곳이 된다.

주체로서의 생각이 아닌 마음이라는 자연 현상에 대한 최근의 연구들을 통해 뉴노멀 시대에 적응하는 삶의 규범을 모색하는 것이 이 글의 목적이다.

마음이라는 자연 - 빠른 마음과 느린 마음

먼저 간단한 실험을 통해 생각과 마음의 힘을 느껴보자.

> 야구 방망이와 공 세트가 1달러 10센트다.
> 방망이는 공보다 1달러 비싸다.
> 공은 얼마겠는가?[2)]

위 문제에 빠르게 답하려고 할 때 가장 먼저 떠오르는 답은 10센트다. 실제로 아이비리그 대학에 다니는 학생을 대상으로 한 실험에서도 절반 이상이, 다른 대학들에서는 80%가 넘는 학생이 그렇게 답했다고 한다. 하지만 정답은 5센트다. 이 실험은 대부분의 일상을 지배하는 직관과 합리적 이성에 의한 판단의 차이를 보여주는 대표적 사례로 자주 인용된다. 이밖에도 심리학 교과서에는 우리의 마음이 합리적이지 않다는 증거가 차고 넘친다.

노벨 경제학상을 받은 심리학자 대니얼 카너먼은, 직관적 반응을 지배하는 빠른 마음은 시스템 1, 합리적이고 정합적인 답을 찾아내는 느린 마음은 시스템 2라 불렀다. 시스템 1은 저

2) 대니얼 카너먼 지음/이창신 옮김, 『생각에 관한 생각』, 김영사, 2018

절로 작동하지만 시스템 2는 애써 작동시켜야만 하는 마음이다. 이 두 마음이 불편하게 공존하면서 상호작용하는 것이 진화를 통해 물려받은 우리의 생물학적 현실이다. 두 마음의 갈등은 우리가 합리적 이성을 발명한 문명으로 인해 더 증폭된다. 그렇다면 우리는 어째서 이렇게 모순되는 두 마음을 함께 가지게 된 걸까?

마음을 자연으로 파악하려고 한다면 그 마음의 진화적 기원을 생각하지 않을 수 없다. 생명은 본질적으로 생존과 번영을 지향하는 존재이며, 진화는 그런 생명의 지향들이 힘의 균형을 이루는 방향으로 진행한다. 마음은 그 과정에 진화한, 생존과 번영에 보탬이 되는 행동을 선호하는 경향성이다. 문제는 우리 몸이 적응해 온 과거의 자연 환경과 우리가 지금 살고 있는 환경이 크게 다르다는 것이다. 인류가 침팬지와의 공통 조상으로부터 분리되어 진화하기 시작한 때가 약 7백만 년 전이고 현생 인류의 첫 조상이 출현한 때는 30만 년 전 무렵이다. 농경을 시작하면서 문명을 일군 역사는 1만 년 남짓이다. 산업혁명으로 생활방식이 급격히 변하기 시작한 역사는 수백 년이며 복지국가라는 개념이 등장한 것은 불과 1백 년 전이다. 우리가 진화를 통해 물려받은 몸과 마음은 수렵과 채취에 의존해 살아 온 환경에 적응한 것이다. 문명의 역사 1만 년은 우리 조상이 적응해 온 수렵채취 환경의 역사에 비하면 엄청 짧은 것이어서 우리의 몸과 마음은 아직 거기에 충분히 적응하지 못한 상태다.

우리는 석기시대에 최적화된 몸과 마음으로 최첨단 과학기술이 지배하는 21세기를 살고 있는 것이다. 빠른 마음은 순간의 선택이 삶과 죽음을 가르는 석기시대에 진화한 마음이고 느린 마음은 문명 이후의 삶에 필요한 마음이다. 하지만 우리 마음속에는 여전히 석기시대의 직관이 살아 숨 쉬고 있고, 그 마음은 수렵과 채취가 아닌 경쟁적 산업사회에서도 나름의 기능을 수행하고 있다. 문명 이후에 진화한 느린 마음은 과학혁명과 산업혁명 이후의 삶에 크게 기여하고 있지만, "생각하지 않는 곳"에서 오는 어둡고 느린 마음의 강력한 힘이 여전히 우리를 지배하고 있다. 그러니 말끔하게 정돈된 서재와 같은 마음은 불가능에 가깝다. 우리 마음은 석기시대의 초원과 농경시대의 농장, 그리고 컨베이어벨트가 돌아가는 생산 라인과 경영전략을 논의하는 회의실을 끊임없이 오고 간다고 보아도 좋을 것이다. 빠르고 느린 마음은 진화의 오랜 시간과 새로운 문명의 시간 속 경험이 여러 겹으로 포개진 길고 짧은 시간과 경험의 복합체라는 말이다.

마음 사용법 – 물리, 구조, 지향

진화생물학에 비춰보았을 때, 마음은 가깝거나 먼 미래에 벌어질 일에 대응하기 위해 진화한 몸의 준비 상태라고 할 수 있다. 진화와 역사의 누적된 시간을 담은 몸이 미래를 위해 준비한 관념의 도구인 셈이다. 하지만 아무리 훌륭한 도구라도 잘못 사용하면 큰 화를 부를 수 있듯이, 마음도 대개는 매우 유용한 삶의 도구로 기능하지만 잘못 사용하면 예기치 못한 결과를 낳을 수도 있다. 시대적 상황과 문화에 따라 그 마음의 용도와 기능이 달라지기도 한다. 이렇게 복잡한 상황에서는 석기시대에 진화한 빠른 마음과 산업사회에 필요한 느린 마음이라는 이분법이 적용되기 어렵다.

사람들의 느린 마음은, 빠르고 느린 두 마음을 바탕으로 하되 그 마음이 효율적으로 작동할 수 있게 하는 미래에 대한 태도 몇 가지를 고안했다. 인지과학과 진화생물학을 철학적 사유에 접목하여 자신만의 자연주의 철학을 완성한 미국의 현대 철학자 대니얼 데닛은, 미래를 예측하는 마음의 태도를 물리적 자세, 구조적 자세, 지향적 자세로 나누어 설명한다.[3)]

물리적 자세에서는 물리 법칙과 눈앞에 놓인 사물의 물리적 구성을 이미 아는 지식을 토대로 헤아린다. 손에서 벗어난

돌멩이가 땅바닥에 떨어지리라고 예측할 때 나는 물리적 자세에 기대는 것이다.[4] 타자가 친 공을 잡으러 달려가는 외야수가 야구공이 어떤 의도나 욕망을 담고 날아온다고 생각하지는 않는다. 물리적 자세는 그 대상이 무생물이든 인공물이든 또는 살아있는 유기체든 상관없이 적용되는 물리 법칙으로 사태를 파악하려는 자세이고 대부분의 경우에 매우 유용한 미래 예측을 내놓는다. 세상은 물리 법칙에 따라 움직이는 구성 요소의 합이며 부분을 분석하여 종합하면 전체를 알 수 있다고 전제된다

하지만 문명이 복잡한 인공물을 고안하여 세상에 내보내면서, 물리적 자세만으로는 미래의 사태를 짐작하기 어려운 경우가 많아진다. 우리는 매일 스마트폰으로 일하고 놀고 소통하지만 그것을 작동하게 하는 물리적 법칙과 원리를 모두 알고 있는 사람은 아무도 없다. 그래서 우리는 스마트폰의 구성 요소나 작동원리를 배우기보다는 그것을 업무와 오락과 소통의 구조 속에서 파악하고 이용한다. 물리적 경로를 모두 탐색하는 대신 지름길을 찾아가는 것이다. 이렇게 이미 파악된 대강의 사태 구조에 따라 살아가는 전략을 구조적 자세라 한다. 구조적 자세에 바탕을 둔 예측은 물리적 자세에 기초를

3) 대니얼 데닛 지음/이희재 옮김, 『마음의 진화』, 사이언스북스, 2009
4) 위의 책 61쪽

둔 예측보다 위험하다.[5] 가능성은 크지 않지만, 지름길로 알고 들어선 길이 더 복잡한 미로로 이어지거나 막힌 길일 수 있기 때문이다. 하지만 모든 문제를 처음부터 풀어야 하는 수고와 큰 위험 없이 대부분의 문제를 풀 수 있는 장점이 있다.

물리적 자세와 구조적 자세는 외부에 존재하는 대상이나 벌어지고 있는 사태를 파악하는 객관적 태도의 두 양상이다. 전자는 대상을 직접 다루는 문제 해결에 유용하고, 후자는 겉으로는 드러나지 않는 복잡한 내부 구조를 가진 대상과 사태를 다루는 데 유용한 나름 근거가 있는 어림짐작이다. 하지만 이 세상에는 물리와 구조만으로는 설명하거나 이해할 수 없는 일도 많다. 그래서 우리는 흔히 어떤 대상이나 구조가 의도나 목적, 즉 지향성을 가진다고 가정한다. 이런 자세는—진실성이나 논리적 정합성과 관계없이—매우 유용한 결과를 가져오기도 한다. 과학 이전에는 모든 자연물에 정령이 깃들어 있다는 물활론(物活論)을 통해 세상을 이해하기도 했고, 초자연적 존재인 신의 의지로 사태나 운명을 설명하기도 했다.

과학 이후 이런 세계관과 태도는 빛을 잃었지만, 우리는 아직도 과학에서조차 은연중에 이런 비유를 당연한 것으로 받아들인다. 지난 40여 년간 세계적 베스트셀러 자리를 지켜 온 리처드 도킨스의 『이기적 유전자』는 마치 유전자가 이기적 지향성에 따라 움직이며 그 결과가 진화라고 설명한다.[6] 염기의 서열에 불과한 유전자가 동기나 의지를 가질 수 없다는 건 누구나 알지만, 그렇게 가정했을 때 진화라는 현상을 잘 이해할 수 있기 때문이다. 유전자의 이기성은 진화를 추동하는 실재하는 힘이 아니라 결과로부터 추론된 가상의 지향성이다.

물리적이고 구조적이며 지향적인 자세는 생존과 번영 또는 존재 지속의 경향성에서 파생된 속성들이다. 이 세 가지는 현상을 이해하는 태도지만 또한 문제를 해결하기 위해 필요한 자세이기도 하다. 우리는 필요에 따라 이중 하나, 둘, 또는 세 가지 모두를 활용해 사태를 파악하고 문제를 해결한다. 물리적 자세가 가장 먼저고 지향적 자세가 가장 나중에 진화한 속성이지만, 그 셋은 우리의 마음속에 누적되고 중첩되어 있다. 만나는 환경에 따라 선택적으로 또는 경쟁적으로 발현되는 마음의 힘들이다.

5) 위의 책 63쪽

6) 리처드 도킨스 지음/홍영남, 이상임 옮김, 『이기적 유전자』, 을유문화사, 2018

마음의 진화 - 지향점 공유 가설

유전자의 이기적 지향성이라는 비유는 진화를 설명하고 이해하는 유용한 도구임에 틀림없지만, 그 지향성의 지배를 받는다고 가정된 생존기계 즉 우리 인간들이 진화시킨 협력을 제대로 설명하지는 못한다. 이기적 유전자의 지배를 받는 개체들이라도 그리고 유전자를 공유하는 친족이 아닌 개체들끼리도 목적과 지향을 공유할 수 있으며 그로부터 협동이라는 행동 양식이 진화할 수 있다는 사실을 간과한 때문이다. 사냥은 혼자 하는 것보다는 함께 어울려 하는 편이 훨씬 효율적이다. 혼자만의 안전을 추구하기보다 위험을 공유함으로써 더 큰 안전을 확보할 수 있기 때문이다. 복잡한 현대 산업사회에서 이웃과 협력하지 않는 삶은 불가능에 가깝다. 따라서 이기적 유전자만으로는, 그 유전자의 주인인 유기체의 행동 양식을 충분히 설명하지 못한다. 그 한 가지 개념적 도구만으로는 유전자의 지향과 유기체 지향의 불일치와 갈등을 봉합할 수 없다. 그리하여 유전자와 생존기계들의 경쟁이 아닌 유기체의 협력과 도덕성을 설명할 수 있는 새로운 지향 이론이 나타나게 되었다. 영장류 학자인 마이클 토마셀로의 "지향점 공유 가설"이다.[7)]

이기적 유전자 가설은 유전자의 이기적 속성이 마음의 기원이라는 가정에서 출발하지만, 지향점 공유 가설에서 마음은 개인과 집단 수준의 생존양식과 함께 진화한 몸의 속성이다. 빠른 마음(직관)과 느린 마음(생각)은 그런 진화의 산물이다. 지향점 공유 가설은 이 중 느린 마음의 진화에 관한 이론이다. 생각은 생존을 지향하는 몸이 진화시킨 관념의 도구다. 가혹한 환경 속에서 살아남아 후손을 남기기 위해서는 환경 속에서 만나는 대상의 생존과의 관계를 일반화할 표상이 필요했다. 그런 반복적 경험에 대한 준비태세의 표상이 빠른 마음이다. 같지만 조금씩 다른 환경에 대처하기 위해서는 좀 더 정교한 표상 체계가 필요했을 것이고, 이 체계가 느린 마음 즉 생각으로 진화했을 것이다. 예컨대 사자는 생명에 대한 위협으로, 가젤은 잠재적 영양원으로 인지되고 그렇게 표상되었다. 사자는 공포와 가젤은 희망과 관련된 감정과 연결된다. 그 다음은 그런 표상들의 관계를 원인과 결과로 연결하는 추론 능력이 진화했고 그 추론 결과에 따라 행동한 다음 그 결과를 다시 추론에 되먹이는 과정이 되풀이되면서 생각은 점차 더 정교화 되었을 것이다. 사자를 만나면 피하고 가젤을 만나면 접근하라. 수풀 속에서 바스락 소리가 나면 일단 도망쳐라. 식사는 목숨을 구한 다음의 일이다. 여기까지가 빠른 마

7) 마이클 토마셀로 지음/이정원 옮김, 『생각의 기원』, 이데아, 2017

음의 영역이다. 그런 다음 소리와 냄새와 상황 맥락을 표상하는 다른 단서들을 통해 추론하는 능력이 진화했고 그 추론에 따라 행동한 결과를 추론에 되먹이는 식으로 느린 마음이 진화했을 것이다.

지향점 공유 가설에 따르면, 생각과 마음은 개인-이웃-집단 수준으로 개체가 삶의 범위를 확장하는 과정에서 진화한 몸의 속성이다. 세 수준의 지향은 뒤의 것이 앞의 것을 대체하는 방식이 아니라 앞의 것에 뒤의 것이 중첩되고 서로 모순되는 지향은 힘의 관계에 따라 조정되는 식으로 우리의 느린 마음이 되었을 것이다. 개인 수준에서는 주로 물리적 세계와 사회적 세계를 구조화하는 마음이 진화했다. 표상을 이용한 추론에 따라 행동하고 자기 자신을 관찰하며 그 결과에 따라 인지 구조와 행동을 조절하는 가운데 물리적 세계와 사회적 세계에 대한 실재의 표상이 자리를 잡는다. 자기 조절을 위한 표상과 추론과 자기 관찰이 개인 지향에 따라 진화한 생각의 기원이다. 생명체가 문제 해결이나 목표 달성을 위해 실제 행동을 취하지 않고 시뮬레이션해 보기 위해 생각이 진화했다는 것이다.[8)]

원시 인류는 개인 지향성이 진화시킨 표상을 공유함으로써 더 많은 안전을 확보할 수 있었다. 함께 사냥을 하고 그 성과를 나누면서 각자의 역할과 입장을 이해할 수 있게 되었고

'우리'라는 개념이 생기게 되었다. 공동 목표를 위해 동료와 협력하면서 손가락이나 팬터마임을 이용한 새로운 협력적 의사소통 수단이 진화해 각자의 역할과 입장을 조정했다. 그 결과 개인 지향성을 협력화해 공동 지향성을 진화시켰다. 이기적 유전자 가설에서는 구성원들의 목적과 선호가 충돌하는 사회적 딜레마에서 발생하는 경쟁을 진화의 유일한 동력으로 여긴다. 하지만 지향점 공유 가설은, 분쟁을 해결하기보다는 공동 목적을 가진 사회적 파트너와의 역할 조율 문제를 푸는 과정에 진화한 협력을 강조한다.[9] 개인 지향성에서 출발한 생각은 소규모 협력을 조정하기 위한 공동 지향성을 진화시켰고 협력적 의사소통으로 발전했다. 나의 행동에 대한 상대방의 평가에 주의를 기울이면서 상대방의 입장에서 나를 바라보는 이인칭 관점이 진화했다. "관점적-재귀적-사회적 자기관찰에 의한 생각"[10]이다.

초기 인류는 대략 1백 명 단위의 집단을 이루고 살았을 것으로 추정된다. 이렇게 상호 독립적인 여러 집단이 공존해야 했으니 이웃 집단과의 경쟁과 충돌이 없을 수 없었다. 이웃 집단과의 경쟁은 집단 내부 구성원의 협력과 결집으로 이어

8) 위의 책 26쪽
9) 위의 책 63쪽
10) 위의 책 127쪽

졌고, 그것이 구성원의 정체성을 규정하는 문화로 발전했다. 이제 친족이나 특정한 이웃만이 아니라 집단 전체가 공유하는 가치와 관점이 생기게 되었고 그것이 "객관"이 되었다. 이제 나와 이웃만이 아니라 '우리'가 공유하는 객관적 가치와 관점에 나와 이웃의 마음과 생각을 비춰보는 성찰적 자세가 진화했고, 그렇게 조정된 가치와 관점이 집단의 규범이 되었다.
집단의 크기가 커지고 문명이 발달하자 그 가치와 규범은 점차 더 추상적 가치 표상으로 발전했다. 하지만 다른 한 편으로는 그 가치들을 내면화하여 몸속에 체화(體化, embodiment) 시키는 방향으로 진화하기도 했다. "대형 유인원은 자신에게 해를 입힌 행위에 대해서는 복수하지만, 제3자에게 피해를 준 행위는 처벌하지 않는다. 그러나 세 살배기 아이들은 자신이 관련된 상황이 아니라 하더라도 타인에게 사회적 규범을 강요했으며, 그래야 한다 또는 그러지 말아야 한다와 같은 규범적 언어를 사용했다."[11]고 한다.

이렇게 진화한 집단 지향성은 도덕적으로 양면의 칼이 되었다. 집단 내부적으로는 협력과 결속의 긍정적 감정과 행동을 진화시켰지만, 피할 수 없는 다른 집단과의 경쟁과 투쟁은 적대감과 혐오와 같은 부정적 감정으로 이어졌다. 한편으로

11) 위의 책 141쪽

는 서로를 묶어주는 도덕이 다른 한편으로는 서로에게 눈을 감게 만든 것이다(Morality binds and blinds.). 진보와 보수, 남과 여, 영남과 호남, 남과 북 등으로 갈라져 싸웠고 싸우고 있는 우리의 역사를 이러한 마음과 생각의 진화적 기원에 비춰보는 일은, 십단 지향을 넘어 미래 지향으로 가기 위해 꼭 필요한 작업이다.

우리는 개인 지향에서 진화한 이기적 마음과 공동 지향에서 진화한 협력적 마음, 그리고 집단 지향에서 진화한 성찰적이면서도 배타적인 마음으로 세상을 살아간다. 이것이 마음의 세 갈래 길인데, 빠르고 느린 두 마음이 개인과 공동체와 사회 수준에서 환경에 적응한 결과라고 할 수 있다. 생명의 진화에서 기원한 두 마음은 사회적 수준에 따라 분화하여 세 갈래가 된 다음 관례화되면서 망각 속에 묻히게 되었다. 지금 우리는 그런 마음의 계보를 망각 속에서 끄집어내어 재구성하고 있는 중이다. 이제 이런 마음의 힘들을 연결하고 종합하여 미래를 열 새로운 마음의 길을 디자인 할 때이다.

넛지(Nudge) – 마음의 길을 디자인하라!

앞서 인용한 대니얼 카너먼은 인간의 마음이 합리적이지만은 않다는 과학적 사실의 발견으로 2002년에, 지금부터 언급할 리처드 탈러는 합리적 판단이 아닌 잠재된 마음을 자극해 행동을 조절할 수 있다는 사실을 발견한 공로로 2017년에 각각 노벨경제학상을 받았다. 인간의 본성은 합리적이고 이기적이라는 주류 경제학의 기본 전제에 대한 도전을 노벨위원회가 인정한 것이다. 경제학자가 아닌 심리학자가 경제학상을 받았다는 사실이 신선한 충격이기도 하지만, 주류 경제학의 기본 전제에 도전하는 연구들이 연달아 인정을 받았다는 점에서 무척 큰 의미를 가지는 변화다. 이로써 사람의 마음을 경제적 선택 행동과 관련하여 연구하는 행동경제학의 새로운 흐름이 만들어졌다. 이전의 경제학이 합리적이고 이기적인 본성에 따라 모든 것을 계산하는 마음을 선택의 근거로 삼았다면, 행동경제학은 합리적이지는 않지만 충분히 예상 가능한 인간의 마음을 강조한다.[12)]

그동안 우리는 개인의 합리적 이성과 절대적 자유라는 이념을 신봉해 왔지만, 행동경제학 연구에 따르면 우리는 합리적이지도, 고독한 결단에 따라 자유롭게 행동하지도 않는다.

영국의 어떤 대학 심리학과에서 했던 아주 간단한 실험을 예로 들어보자. 영국의 대학에는 보통 하루 두 번 학과의 구성원 누구나 자유롭게 모여서 이야기를 나눌 수 있는 티타임이 있다. 그래서 보통 학과 세미나실에는 포트를 비롯한 다기와 재료가 갖추어져 있다. 그 비용을 마련하기 위해 다기 옆에 양심 상자를 비치해 두고 자유롭게 돈을 넣도록 한 곳도 많다. 주말이면 이 돈을 꺼내 새 재료를 보충하는 시스템이다. 실험은 여기에 아주 약간의 변화를 주어 저금통에 모인 돈의 액수를 비교하는 것이다. 그 변화는 가격표가 붙어있는 벽의 눈높이에 매주 다른 그림을 붙여두는 것이다. 한 주는 꽃 그림을 그 다음 주는 사람 눈이 그려진 그림을 붙여놓는다. 그 결과 사람의 눈 그림을 붙여둔 주에는 꽃 그림을 붙여둔 주에 비해 훨씬 많은 돈이 모였다고 한다. 특히 부릅뜬 눈 그림이 붙어있던 주에 가장 많은 돈이 모였단다.[13] 거의 눈에 띄지도 않을 정도의 희미한 그림이어서 그것이 거기 있었다는 사실조차 기억하지 못하는 사람이 많았음에도 이런 결과가 나온 건 놀랄만한 일이다. 의식에 떠오르지도 못한 감각이 돈과 관련한 결정에 이렇게 영향을 미쳤다는 건 합리적이고 이기적

12) 리처드 탈러·캐스 선스타인 지음/안진환 옮김, 『넛지: 똑똑한 선택을 이끄는 힘』, 리더스북, 2009
댄 애리얼리 지음/장석훈 옮김, 『상식 밖의 경제학』, 청림출판, 2018

13) 대니얼 카너먼, 앞의 책 102/784

인 본성을 신봉해 온 우리의 상식을 뒤흔드는 것이기 때문이다. 자유의지가 아닌 무의식 속의 어떤 힘이 우리를 움직이고 있는 것이다.

탈러와 선스타인은 나도 모르게 나를 움직이는 "내 안의 낯선 나"의 힘을 넛지(Nudge)라 했다. 라캉 식으로 말하면 "생각하지 않는 곳에 존재하는 나"의 힘이다. 합리적 계산과 자유의지에 따른 결정보다는 넛지의 힘을 이용한 자연스런 선택이 훨씬 더 유용한 결과를 가져온다고 했다. 이런 현상들을 도덕의 진화에 적용한 과학저술가 마이클 셔머는, 인간의 도덕을 당장은 그 기원과 목적을 알 수 없지만 긴 시간을 통해 보면 어떤 커다란 지향을 가지는 긴 활대(Moral Arc)에 비유했다.[14] 그 지향은 생존과 번영이라는 개체 생명들의 지향을 단기적 동력으로 하지만, 동시에 공동 목적과 집단 지향을 통해 그 방향을 조정하는 여러 힘들의 종합이다.

의무나 당위 또는 다수의 행복과 같은 추상적 가치에서 출발하는 추론이나 계산 대신 우리를 움직이는 생물학적이고 사회문화적인 힘들의 경로를 파악하여 우리가 할 수 있는 선택 그 자체를 설계하는 것이 더 현실에 부합하는 실천적 도덕이다. 남이 만들어준 도덕의 길이 아닌 우리 스스로 만들어가는 마음의 길을 가야 한다는 것이다.

14) 마이클 셔머 지음/김명주 옮김, 『도덕의 궤적』, 바다출판사, 2018

류 명 희

/

부산대학교 인문대학 중어중문학과 명예교수. 한국 경희대학교 문과대학에서 국문학을 전공하고, 대만 국립정치대학교 중국문학연구소에서 문학박사학위를 받았다. 부산대학교에 재직 중에는 송대宋代의 가사문학歌詞文學과 원대元代의 산곡散曲·잡극雜劇 등을 중심으로, 중국역대 시가詩歌를 두루 강의 했으며, 이와 관련된 다수의 논문을 저술했다. 지금은 조선 중기 성리학자性理學者이고 정치가였던 서애西厓 류성룡柳成龍의 한시를 번역하고 있다. 주요논저로는 『소동파 사가 표현한 마음의 길 연구』蘇東坡詞所表現的心路歷程研究와 『이청조시사전석』李清照詩詞箋釋이 있다. 번역서로는 『국역 류성룡 시 Ⅰ』~『국역 류성룡 시 Ⅳ-1』과 이와 관련한 논저 등이 있다.

서애西厓 류성룡柳成龍의 측은지심惻隱之心

측은지심惻隱之心과 어진마음의 추이推移

1.

유학의 인성론人性論에서 측은지심惻隱之心은 어진마음[仁德]에 근원한 작용으로 사람이 타고난 '성性'을 두고 말한 것이다. 사람의 성에 대한 최초의 언급 자는 공자이다. 그는 "인간의 본성은 본래 서로 비슷한데 훗날 살아가는 과정에서 익히는 습성에 따라 차이가 현격하게 드러난다(性相近, 習相遠也)."(『논어·양화論語陽貨』)고 하였다. 맹자에 이르러서는 공자의 이러한 주장을 보다 구체적으로 거론하여 심성론心性論의 효시를 열었다. 맹자가 언급한 인성은 그가 제기한 사단설四端說에서 공자보다 진화된 논리로 나타난다.

그가 제기한 사단은 모두 실천도덕의 근간이 되었다. 이를테면, 사단의 첫머리에 나오는 '측은지심'은 사람의 본성에 타인을 동정하고 배려하는 마음인 '인덕仁德'으로, 둘째의 '수오지심羞惡之心'은 사람의 본성에 나의 잘못은 부끄럽게 여기고 타인의 잘못은 미워하는 '의덕義德'으로, 셋째의 '사양지심辭讓之心'은 사람의 본성에 내게 유익하다고 여기는 것은 먼저 타인에게 사양하는 마음인 '예덕禮德'으로, 넷째의 '시비지심是非之心'은 사람의 본성에 옳고 그름을 분별하는 '지덕智德'으로 나타나는 것이 바로 그것이다. 그리하여 맹자는 이 인덕을 핵심으로 한 '의·예·지의 3덕'이 인간에게 없으면 사람이 아니라고 하여 인간의 본성은 착하다는 '성선설性善說'을 주장했던 것이다. 송대宋代의 신유학新儒學에 와서는 주희朱熹가 "인仁은 마음의 덕(心之德)이기 때문에, 사랑하는 것을 도리로 여긴다(愛之理)."라고 하면서, 이를 성性의 견지에서 말하면 인仁이 위의 사덕을 통섭統攝하고, 정情의 견지에서 말하면 측은지심이 사단을 관통하고 있으므로, 따라서 인은 '본체[體]'이고 애는 '작용[用]'이라 하였다.

이는 사실 중국 선진시대先秦時代의 사덕四德이 한대漢代에 이르러 천도天道에다가 음양·이기陰陽二氣와 오행五行의 상생상극相生相剋의 원리를 첨가하여 인·의·예·지·신仁義禮智信의 오덕五德으로 확충된 것을 기저基底로 한 것이다. 이러한 과정을 거친 이후, 송대에 와서는 '천리天理'가 천지만물의 개체에 내재한다(理一分殊說)는 '체용일원體用一源'의 구조적 틀을 제기함으로써 인성의 형이상학적 근거를 완전히 확립하게 되었다. 말하자면, 인성人性 또한 우주를 관통하는 궁극적 본체인 '리理'와 같다는 '성즉리性卽理'의 학설에 의해, 성선性善과 성악性惡의 개념이 철학적으로 구체화되었던 것이다. 그리하여 인간의 본연지성으로 규정하는 '성선性善'은 보편성이 보증 되었고, 태어날 때부터 부여받은 기질氣質은 이미 선천적으로 청·탁·수·박淸濁粹駁의 제약에 의해 성·

현·범·우(聖賢凡愚)의 엄연한 구별이 주어진 것이라 하여 본성을 보존하려면 '거경居敬'과 '궁리窮理'라는 수양법이 전제돼야 한다는 것을 명제로 제시했던 것이다.

여기서 '거경'이란, 내면의 생각을 바로 잡아서 외면의 행동을 교정하는 공부법인데, 이것이 투철해져야 인간의 본성인 '선성善性'을 실천할 수 있다는 것이다. 또한 학문하는 자세의 일환인 '궁리'란, '격물치지格物致知'[1]를 칭하는 것으로서, 만사만물의 '본성'이 곧 '천리天理'와 상통하는 것이기에 '궁리'의 공부가 쌓이게 되면 이 역시도 어느 날 갑자기 사리事理와 물리物理가 터지면서 '선善'을 실천하는데 장애가 없어지게 된다는 것이다.

이러한 성리학을 국시國是로 수용한 조선왕조의 신유학新儒學에서는 이로 인해 사단의 보존에 장애가 되는 칠정七情과의 관계를 두고 '사단칠정四端七情'에 대한 논쟁을 무려 7년간이나 지속하였다.[2] 결과 조선에서의 성리학은 자연이나 우주의 문제보다 인간의 내면적 성정性情과 도덕적 가치의 문제를 추구하는 쪽으로 발전하였고 이것이 심성론에도 큰 영향을 주었다. 조선 중기에 와서는 퇴계退溪 이황李滉과 율곡栗谷 이이李珥 사이에서

1) '격물(格物)'과 '치지(致知)'는 『대학大學』에 나오는 8조목에서 1,2번의 조목으로 '모든 사물의 이치를 파고 들어가면 정확한 앎에 이른다'는 것을 말한다. 북송의 이학자(理學者)인 정이(程頤)는 여기에서 만물의 물성이 곧 천리(天理)이다. 라는 '성즉리(性卽理)'의 개념을 처음으로 제시하였고, 남송의 주희(朱熹)가 이를 계승하면서 성리학의 근본 명제(命題)가 되었다.

그것에 대한 논리로 인해 주리론主理論과 주기론主氣論이라는 양대 학맥이 형성되었다. 퇴계의 경우는 주리론 쪽이다. 그는 이를 당위적 설명에 초점을 맞추어 '마음이 성·정을 통섭한다는 것(心統性情論)'으로 이해하여, 수양론修養論에 있어서도 내면을 순일純一하게 하는 '지경持敬'을 통한 '존양성찰存養省察'을 강조했다. 그러나 율곡栗谷은 주기론 쪽에서 이를 사실적 설명에 맞추어 심통성정론을 이해하고, 수양론에 있어서도 지향적志向的 노력과 정진을 멈추지 말자는 '성지誠之를 통한 기질변화氣質變化'를 강조하였다.

서애西厓 류성룡柳成龍은 퇴계의 문도였던 만큼 주리론主理論 쪽에 속한다. 그래서 그는 우주만물의 법칙인 '어진마음[仁德]'의 보존을 위해 매사에 '경敬'에 의거한 존양성찰의 자세가 극진하였다. 그러므로 사물과의 응대에서도 언제나 '도리'를 벗어나는 처사處事를 지양했으므로 공인公人으로서의 업무처리가 항상 명쾌하였다. 선생이 걸어온 인생의 역정歷程이 이를 여실하게 보여주고 있다.

2) 사단칠정(四端七情)에 대한 논쟁은 사단과 칠정을 이기(理氣)로 어떻게 해석할 것인가를 논의한 것으로 사단(四端: 惻隱之心, 羞惡之心, 辭讓之心, 是非之心)과 칠정(七情: 喜·怒·哀·懼·愛·惡·慾)을 각각 '이발(理發)'과 '기발(氣發)'이라 할 수 있는가 없는가, 할 수 있다면 어떤 이유에서이며, 할 수 없다면 그 이유 또한 무엇인가에 대해 밝히는 논쟁이었다.

2.

서애 류성룡은 조선조 중기 선조宣祖 시대를 살았던 인물로 퇴계 이황의 고족제자高足弟子이며 정치가였다. 그는 왜란 7년 전쟁(1592~1598) 중에 거의 모든 기간을 영의정의 자리에 있으면서, 전쟁터에서는 군무軍務의 총사령관으로, 조정에 돌아오면 국정내무의 수반으로 맡은 바 소임을 다 했다.

선생의 이러한 자세는 바로 성선性善에 입각한 공인公人의 자세로, 그의 유계遺戒에서도 온전하게 반영이 되어 있음을 알 수 있다. 이를테면, "너희들이 착한 일을 힘써 생각하고 힘써 행한다면 가세家世를 대체로 보전할 수 있다. 나는 세상에 공적이 없었으니 죽으면 마땅히 검소하게 장사 지내라. 남에게 청해서 비명碑銘을 짓지 말고 만장輓章도 스스로 만들어서 보내준 것만 쓰도록 해라. 또한 가업을 지키는 데는 스스로 체통體統이 있어야 하니 문란하게 하지 마라. 효성과 화목은 곧 가업을 지켜 나가는 도리이고, 상례喪禮와 제례祭禮는 오직 정성과 공경에 있으니 풍성하게 장만하는 것을 힘쓰지 말라."고 하였다. 또한 평생의 '여한餘恨'이라고 한 그의 세 가지 회한悔恨에도 보면, "군·친君親의 은혜를 보답하지 못한 것, 작위가 너무 분에 넘치는데도 일찍 물러서지 못한 것, 망령되게도 도道를 배울 뜻이 있으면서도 이루지 못한 것."이라고 하여(「서애연보西厓年譜」), 시종 타자를 향한 '사랑과 배려'를 중심에 두고 있음을 알 수 있겠다. 이는 곧 자리이타적自利利他的인 상생의 에너지로 세상을 조화와 균형 더 나아가 화해를 이루어야 할 대상으로 바라보는 성리학적 세계관의 반영이 아닌가 생각된다.

실재로 서애는 그의 관료생활의 행적에서 '존양성찰存養省察'과 사사물물事事物物에 대한 이치와의 조화를 추구하는 행보를 보이지 않음이 없었다. 「서애연보」에 의거하면, 외부로부터 탄핵이 들어오면 언제나 한결같이 단 한 번도 자기변명을 하지 않았었고 오히려 자기탄핵으로 사직을 간청하곤 했던 것이다. 실로 청백리淸白吏로서의 아름다운 생애를 마칠 수 있었던 것은 결코 우연이 아니라는 생각이 든다.[3] 일생동안 망망대해를 '외줄타기 식의 험난하기만 했던 그 여정'을 온전하게 통과할 수 있었던 것은 오로지 타자와 공존하는 '어짊仁'이라는 이 우주적 원리를 인간이 추구해야 할 가치로 동일시하는 측은지심을 생활 속에서 실천해 보였기 때문이 아닌가 생각된다. 그렇다면 선생이 쓴 시작詩作에서 이러한 관련 경지를 감상해 보기로 하자.

3) 서애가 낙향 후 집필한 『징비록(懲毖錄)』에서도 왜란과 당시 조정정황의 전·후사정과 내·외사정 및 이에 대응하는 '사직과 백성에 대한 처세와 방책(方策)' 등에서도 그의 처세관의 면면을 살필 수 있다.

시와 어진 본성

3.

중국이나 한국은 모두 역대의 왕조들이 중국유학의 경전經典을 과거의 고시과목으로 채택하여 유학의 입세入世 정신을 익히도록 하였다. 관료가 되고자 하는 사람은 누구나 사서삼경(四書三經: 논어·맹자·대학·중용과 시경·서경·역경)이나 혹은 사서오경(춘추와 예기를 더함), 뿐만 아니라 송대에 오면 주례周禮·의례儀禮·이아爾雅·효경의 네 권까지도 학습해야 만이 비로소 과거에 응시할 수 있는 요건을 갖추도록 하였다. 상황이 이렇고 보니 송대의 신유학新儒學을 국시國是로 수용한 조선왕조의 관료사회 역시 중국의 경전이 과거지망생 들에게는 필독서가 될 수 밖에 없었다.

이의 영향으로 고답한 현실문화가 조성되었는데, 특히 그 중에서도 운문韻文의 효시인 『시경詩經』으로 인해 중국 당대唐代의 근체시近體詩 또한 조선의 사대부들에게도 애송시가 되었다. 이는 율조를 띤 정형定型의 형식인 만큼 생각의 표현을 정제하지 않고는 그 틀을 활용할 수 없기 때문에 마음수양을 학문의 목표로 하고 있는 도학자들에게는 참으로 유용한 표현도구가 아니었을까 싶다. 그리하여 그들에게 있어서 시를 쓰는 행위는 수양의 일환이었다고 해도 과언이 아닐 것이다. 밖으로 내닫는 방일한 마음을 안으로 수렴하는 '고요의 자세[敬]'는 감정의 여과를 도와주면서 소홀했던 본성까지 회복하게 하는 일석이조一石二鳥의 역할이 가능하지 않았을까? 이러한 절제된 표현은 존재성을 잃지 않으려는 시적자아에 의해 심층적인 무의식의 언어가 작동한 것이라 할 수 있겠다. 이렇게 되면 자연히 자신의 삶을 이해하고자 애쓰는 정신적인 과정을 드러내는데 있어, 사회와의 관계에 의해서든 개인적인 생리에 의해서든 시인내면의 불균형에 의해 형성된 조악粗惡한 감정들은 절로 한결 밀도감 있게 순화될 것이다. 그러므로 시를 쓰는 시인이나 그 시를 감상하는 독자나 모두 '감정의 순화'라는 본성적 경계에 접근하게 될 것이므로 양자兩者는 모두 '어진 본성'을 회복하는 은혜를 받게 되는 것이다. 그러기에 성리학자들에게 있어서 '시를 쓰는 행위'란 자기수양을 심화시켜주는 고급한 문화행위가 아니었을까?

여기서 도학자이기도 했던 서애西厓의 한시漢詩에서 그의 시와 우주의 원리를 지닌 어진마음[仁]의 단서, 곧 측은지심의 실천을 살펴보는 것은 무리가 아니지 싶다. 필자가 임의로 몇 수를 선택하여 이를 자연물을 대상으로 한 영물시와 사회적 공동체라 할 수 있는 백성과 병사兵士 및 개별적 친분이라 할 수 있는 육친·문도門徒·동료 벗 등으로 나누어 감상해 보고자 한다.

(1) 영물시詠物詩 – 가을 연꽃을 향한 측은지심

영물시詠物詩란, 자연의 동·식물을 의인화시키거나 사람의 감정을 만물에 이입시킨 시를 말한다. 위에서 언급했듯이 성리학에서 바라보는 세계관은 현상계의 개별체가 모두 제각기 천명의 성性을 부여받아 태어났다고 보는 시각이다. 하여서 그 개별체가 설령 한 갓 하잘 것 없는 미물微物이라 할지라도 우주의 대본大本이라는 철리哲理를 기저에 깔고 있다. 지금 감상하고자 하는 '연꽃' 역시 연꽃과 시인이 모두 우주의 대본이 되고 있다는 시각이기에 스스럼없는 소통을 보여주고 있다.

본 시는 숙살肅殺의 기운이 펼쳐지는 '추계秋季'를 맞이한 연꽃의 생리와 생태를 읊었다. 전반부 6구에서는 연못에 연꽃을 심어놓고 그들이 물속에서 뿌리를 내리기 까지 서로 더불어 살고자하는 생리적 양상樣相들을 측은한 시선으로 온유하게 살피고 있다.

연못에 연꽃을 심었더니,

種荷水中央(종하수중앙)

물이 깊어선지 연잎이 뜨문뜨문 떠있네.

水深荷葉稀(수심하엽희)

가는 줄기 상처 많이 입혔을까 걱정했는데,

微莖苦多刺(미경고다척)

연약한 뿌리줄기 절로 서로 기대고 있네.

弱根自相依(약근자상의)

물속에 뿌리내린 천 줄기 만 줄기,

中有千絲復萬絲(중유천사부만사)

끊어지지 않은 그 모습들을 온유한 표정으로 묵묵히 바라보네.

柔情脈脈無斷絶(유정맥맥무단절)

전반부의 연꽃을 심는 과정에서 시인은 그들의 줄기에 상처를 입히지 않았을까 걱정하였으나 그들끼리 서로 의지처가 되어주는 모습에서 안도함을 보이고 있다.

그런데 다시 계절이 바뀌어 숙살의 기운이 스며드는 가을 연지蓮池를 보고서는 그들의 생명이 쇠락해가는 면면을 묘사만 할 뿐 감정은 절제하고 있다.

시든 꽃잎마저 다 져서 따갈 사람 없는데,

殘花落盡無人採(잔화락진무인채)

강바람 불어오자 물결이 퍼지네.

江風吹散江波闊(강풍취산강파활)

남아있던 시든 잎만 빈 줄기에 달렸더니

惟餘病葉着空枝(유여병엽착공지)

긴긴 밤 서리추위에 우수수 떨어지네.

永夜霜寒鳴摵摵(영야상한명색색)

이는 화자의 내심이 연꽃의 성·쇠盛衰를 천도天道의 작용으로 알아챔으로써 희·비의 판단을 정지시킨 경계라고 할 수 있겠다. 바로 이 찰라에서 시인은 생자무상生者無常이니, 일장춘몽이니 하는 현상계의 상투어를 내비치지 않음으로써 시인은 연꽃과 물아일체物我一體로 순화되는 측은지심의 경계에 진입했다 할 것이다.

(2) 사회공동체를 향한 측은지심

역대 유학자들의 처세를 보면, "매사가 막힐 때는 홀로 자기수양을 하고(窮則獨善其身), 순조로울 때는 천하와 더불어 좋은 일을 한다(達則兼善天下)."(『맹자孟子·진심장盡心章』) 라고 하는 맹자의 선성善性 의지를 고수해 왔다. 위에서도 언급했듯이 이와 같은 행위는 송대宋代에 들어서면서 선성 중심의 윤리학에 '천도론天道論'이라는 우주의 이치를 접목하여 천인합일天人合一의 세계관을 확립함으로써 그들의 처세에 질質의 변화를 가져왔다.
송대에서 제기된 '거경궁리居敬窮理'의 수양법이 성리학을 국시로 규정한 조선시대에 와서는 특히 초기와 중기 때에는 '본성을 중히 여기고 기질을 가벼이 여기는 '이중기경理重氣輕'의 가치관이나 혹은 본성은 보존하고 감정은 비하시키는 '이존기비理存氣卑'의 경향을 뚜렷하게 드러내면서 수양론의 대두는 더욱 깊게 확산이 되었다. 그래서 조선의 사대부들은 '사단과 칠정'이 조화의 관계로 작용하여, 일상의 장소를 이기심의 장애가 없는 '상생의 측은지심'을 실천하는 성소聖所로 여기는 데까지 이르게 되었다.

여기서 '공동체'란, 곧 상생의 측은지심을 실천하는 대상이 되겠다. 본 항목에서는 백성과 병사兵士들 및 부정칭不定稱의 인물들을 그 범주로 한다.

먼저 명나라 장수를 수행하여 남하하다가 이천利川을 경유하면서 마상馬上에서 떠오르는 시상詩想을 읊어 그의 휘하의 정협鄭協 종사관에게 보여준 시를 감상해 보기로 한다. 본 시의 상반부 네 구를 보면:

어둑어둑 날 저무는 데 산 위로 구름이 일고,
黯黯山雲起(암암산운기)
망망한 바다 끝에 해가 기우네.
茫茫海日斜(망망해일사)
이 시각 전란지역 병사들이 걱정되나니,
此時愁遠役(차시수원역)
어느 곳을 당장 집으로 삼고 있을꼬?
何處卽爲家(하처즉위가)

본 시에서 화자는 날 저무는 산위로 일어나는 구름과 망망한 바다 끝으로 기우는 저녁 해가 시야에 들어오자, 문득 전란지역 병사들의 '오늘 밤의 잠자리'에 대한 걱정을 "어느 곳을 당장 집으로 삼고 있을꼬?"라는 절규로 터뜨리고 있다. 화자의 이러한 애틋한 부르짖음은 풍찬노숙風餐露宿하는 그들의 고통이 본 전쟁을 진두에서 지휘하는 총사령관의 책임으로 전이되는 순간이기도 하다.

이어지는 하반부 4구에서는 끝나지 않는 전란의 풍상風霜에 시달리는 세상 사람들의 정황이 가슴에 파고드는 여운을 행간에 넘치게 하고 있다. 시인은 그들을 향한 측은지심을 감당할 수 없어 마침내는 직접 산에 올라가서 하늘을 향해 "세상사를 도대체 어찌하란 말인가!"라는 절규로 대신하고 있다.

온 천지가 풍상에 시달리고 있는데,
天地風霜苦(천지풍상고)
전쟁하는 세월이 너무나도 길구나.
干戈歲月多(간과세월다)
높은 곳에 올라가 목청 돋워 길게 한 번 외치나니,
憑高一長嘯(빙고일장소)
묻건대 세상사를 도대체 어찌하란 말인가!
世事問如何(세사문여하)

말하자면 전쟁이 하염없이 길어지고 이로 인해 온 세상이

전란의 고통 속에서 허덕이고 있는데도 정작 책임자인 시인은 이를 물리칠 통쾌한 묘안이 없다는 것이다. 여기서 시인의 절규를 다시 들여다보면 이는 자신의 한계를 감추지 않고 드러냄으로써 현재의 난관을 극복하여 만민의 평화를 이룩하고자 하는 몸부림으로 보인다. 즉 이는 전란을 물리쳐서 고통 받는 병사와 백성을 구할 수 있는 길이 있다면 하늘이 그 어떤 험로險路를 제시한다고 해도 마다하지 않겠다는 의기義氣가 충천하는 측은지심의 작용이라 할 것이다. 바로 이는 소아적小我的 이기심을 넘어선 대아적大我的 사회성으로 세상과 나를 둘로 보지 않는 모성적母性的 절규라 할 수 있을 것이다.

다음의 시(「인동현 서헌의 열 가지 절구시(仁同西軒十絶)」 중 '천생산성天生城)'에서는 더욱 적극적인 상생의 측은지심이 드러나고 있다.

> 세상사는 방식이 날로 야박해진다더니,
> 世道日云下(세도일운하)
> 전란으로 더더욱 서로를 해치는구나.
> 干戈更相賊(간과갱상적)
> 하늘도 어찌할 도리가 없었으니,
> 天亦無奈何(천역무내하)
> 이곳에 머물며 폭도들을 막아야겠다.
> 留此待暴客(유차대폭객)

그렇잖아도 세상 살아가는 방식이 이전과 다른데 전란까지 지속되다가 보니 모두가 서로를 해치고도 양심가책 없이 각자도생各自圖生에만 열중하는 세상이 되었다. 화자는 공동체의 미풍양속이 여지없이 무너져 버린 그들의 삶을 더 이상은 두고 볼 수 없다는 측은지심이 마침내 탱천하는 분기로 돌변하여 본인이 직접 폭도들을 막아내야겠다는 의기義氣를 드러내고 있는 것이다. 이러한 마음은 자타불이自他不二에서 오는 상생의 기운이므로 감상자 또한 화자의 분기에 공감하는 카타르시스를 함께 느끼게 될 것으로 보인다.

시인의 공동체를 향한 측은지심은 재직시에 전쟁터에서만 보였던 게 아니다. 조정에서 물러나 있을 때에도 백성을 향한 긍휼지심은 여전하다. 즉 봄철의 일기불순으로 서리가 자주 내려서 농작물 재배가 여의치 못하다는 시, 「삼월에 서리가 내려서(三月下霜)」에서도 그러한 측은지심의 기운이 보이고 있다.

정월에 서리 자주 내려도 애달픈 일인데,
正月繁霜事可哀(정월번상사가애)
어찌 천도를 좌우하여 작물재배에 참견할 수 있으랴!
誰將天道問栽培(수장천도문재배)
마침 남쪽 밭두렁 걷는데 보리이삭 패지 않아 걱정되지만,
幸從南畝憂無麥(행종남묘우무맥)

사직辭職하고 어찌 뇌공雷公 달랠 제사 지낼 수 있으리!

不向公庭賀臘雷(불향공정하납뢰)

본 시에서 기·승이구起承二句는 절후가 3월인데도 서리가 내려서 파종한 작물재배에 큰 장애가 되는 현실 앞에 '불변의 천도天道'를 사람으로서는 좌우할 수 없음을 드러내었다. 그러나 전·결이구轉結二句에서는 다시 진일보하여, 지금은 관료가 아님을 환기함으로써 하늘의 명령을 전달하는 뇌공雷公에게 제사조차 올릴 길이 없음을 안타까워하고 있다. 농작물은 뇌공이 낙뢰하는 소리를 들어야 싹을 틔운다는 말이 있건만(『옥추보경玉樞寶經』) 낙향해 있는 처지인지라 수수방관만 해야 한다는 안타까운 마음을 드러내고 있는 것이다.

또한 무더운 더위를 읊은 「혹서탄酷暑歎」이라는 시에서도 화자는 더위에 시달리는 화자개인의 괴로움을 구체적으로 열거하다가 문득 "한줄기 맑은 바람이 댓가지 사이로 지나가자(清風颯然至, 冷冷疎竹枝)" 바람이 몰고 온 상쾌함에 마음이 살아나면서 이 쾌적한 맑은 바람을 무더위에 시달리고 있을 만상萬象들과 함께 나누고자 하는 측은지심을 드러내고 있다.

원컨대 이 맑은 바람 멀리멀리 불어가서,

我願淸風吹遍萬萬里(아원청풍취편만만리)

백성이며 뭇 생물 모두 편안하게 하고,

坐使民物具康夷(좌사민물구강이)

다시는 대지를 태우는 듯한 폭염이 없기 바란다네.

更無酷炎燔坤維(갱무혹염번곤유)

이상에서 감상한 공동체를 향한 측은지심에서 시인이 바라본 공동체의 대상은 시인이 사랑해야할 최고의 가치인 것으로 보인다. 시인자신이 고관高官이었다고 해서 지배와 복종이라는 일방적인 권위주의의 틀로 그들과의 관계를 규정하지 않았다. 진실로 시인은 '거경·궁리'의 수양법을 몸에 익혀 시종 '수기修己'를 바탕으로 사회와 국가의 구성원을 그와 일체로 여기고자 하는 측은지심의 일면을 보여주었다는 생각이 든다. 선생의 이러한 자세는 타자를 살리는 상생의 에너지였기에 독자에게도 시인과 더불어 국가나 천하를 가정처럼 여기며 살아가야 하는 인륜적 존재라는 당위성을 느끼게 하고 있다. 그렇다면 개별적 인물을 향한 측은지심의 실천은 어떠한 내용을 보여주고 있을까? 아래의 항목에서 이어나가 보기로 한다.

(3) 개별적 친분을 향한 측은지심

여기서 개별적 친분이란, 사적私的 범주에 속하는 것으로 '육친·제자·이순신장군' 등을 대상으로 하였다.
먼저 서애의 선친인 입암立巖 류중영柳仲郢신위를 모신 「금계재사金溪齋寺에서 읊은 잡영시 여섯시(金溪齋寺雜詠六首)」 중 두 번째 시를 보자. 여기에서 전반의 네 구는 시인자신의 수심修心의 지난함을 읊고 있다. 즉 대자연의 경영은 만물을 생육生育하고도 유유자적한데 시인본인의 삶은 학문을 닦아도 위태롭기 그지없다는 것이다. 그리하여 후반 네 구에 와서는 그 수심의 어려움을 알고 있기에 재사를 찾아오는 육친들에게 경계를 주기위해 수심修心을 시사하는 시를 읊었다. 그 해당 원문을 보면 :

만사만물의 법은 원래 그 종류 다양하나,
萬法固多門(만법고다문)
한마디 말로도 신묘한 비결 말할 수 있다네.
一言眞妙訣(일언진묘결)
이 뜻을 이해할 사람 없을 듯하여,
無人會此意(무인회차의)
시를 지어 창가 벽 여기저기 써 붙이네.
題詩遍窓壁(제시편창벽)

시인은 '상생의 법칙은 보편성을 띄우니 만큼 개개인의 마음에 일괄적으로 내재하고 있으나 개인마다 품부 받은 기질은 청·탁清濁이 서로 달라 그 반응 또한 차이성이 있다.'는 것을 피력한 것이다. 그리하여 마음이란 평소에 닦아두지 않으면 천당과 지옥을 오가게 된다는 것을 일깨워주고자 하고 있다. 그래서 아무리 닦아도 부족한 마음의 본성을 읊어서 재사齋寺 벽면의 여기저기에 붙여둔다는 것이다. 시인의 이러한 자리이타적自利利他的인 실천행위는 바로 '인성仁性'의 작용인 측은지심의 발로라 할 것이다.

다음은 사위에 대한 애틋한 측은지심을 읊은 시, 「조서방직이 연안으로 돌아가는 것을 전송하면서 지은 시 두 수(送趙甥稷還延安 二首)」 중 제1수를 본다. 본 시는 천리 먼 길에서 찾아온 사위를 다시 이별할 때의 슬픔을 읊은 것이다. 기·승 2구는 유독 이번의 이별은 더욱 참기 어렵다는 화자의 마음을 토로한 것이고, 전·결 2구는 작별 후 사위가 가지게 될 마음을 상상한 것이다.

천리 먼 길 찾아와서 열흘 머물렀는데,
千里來尋十日留(천리내심십일유)
이번 이별 더욱 섭섭하니 어찌 견딜꼬!
那堪此別更悠悠(나감차별갱유유)

작별후면 그리운 이 곳 기억하고 싶을 터인데,

欲知別後相思處(욕지별후상사처)

아마도 강촌에 만발했던 꽃이며 연좌루燕坐樓에가득 찼던 달빛이겠지?

花滿江村月滿樓(화만강촌월만루)

기·승 두 구에서는 유독 금 번의 이별은 더욱 견디기 어렵다는 것을 토로하면서도 내심에는 회자정리會者定離의 이법理法을 받아드리는 틈새를 허용하고 있다. "어찌 견딜꼬(那堪)!"라는 반어가 바로 역설의 공간을 만들어주고 있기 때문이다. 그리하여 전·결 두 구에 와서는 사위 직이 저리 쉽게 떠나가지만 기실은 그 역시도 돌아가서는 곧장 '이곳 하회마을의 화창하고 청명한 경관을 그리워하게 될 것'이라는 예상을 서술하여 사위의 마음도 화자와 다르지 않다는 것으로 위안 받고 있음을 알 수 있겠다. 이는 화자의 사위에 대한 애틋한 측은지심이 환기한 덕분이라 할 수 있을 것이다. 고로 화자와 객체는 서로 몸은 공간을 달리하고 있으나 마음에 상생의 에너지가 오가면서 두 사람은 언제나 함께 하고 있음을 감상자로 하여금 알아차리게 하고 있는 것이다.

다음은 제자 경세經世 정경임鄭景任의 시에 차운한 시, 「정경임의 두 수 시에 차운하여 답장으로 부치다(次韻寄答鄭景任 二首)」 중 제2 수에서 화자 자신의 삶에서 겪은 경험과 그 한계를 오히려 제자의 삶을 윤택하게 하는 계기로 삼고자 하는 속 깊은 측은지심을 보여주고 있는 시이다.

배움의 길을 잃은 지도 어느덧 사십년,
失學居然四十年(실학거연사십년)
매번 한밤중이면 나 혼자 슬퍼한다네.
每憑中夜獨悽然(매빙중야독처연)
길 잘못 들고도 늦게 물러남은 참된 용기 아닌데,
迷塗晩退非眞勇(미도만퇴비진용)
세상사 다 겪고 돌아오느라 좋은 기연機緣 잃어버렸다네.
閱世歸來少好緣(열세귀래소호연)
잎 따려고 가지 찾음은 결국 자신의 과오인데,
摘葉尋枝終自誤(적엽심지종자오)
모래 뭉쳐 바다 막으려 한다면 더구나 누가 귀애하리!
摶沙障海更誰憐(단사장해갱수연)
재삼 당부하니 자네는 반드시 이 말을 기억하게나,
丁寧一語君應記(정녕일어군응기)
만사가 지금은 급류에 휩쓸린 배 타고 가는 격임을!
萬事如今下瀨船(만사여금하뢰선)

상반부 네 구는 왕사往事의 성찰을 통해 화자가 잃게 된 것이 무엇인지를 밝히고 있는 내용이고 하반부 네 구는 자신의 지나온 삶이 사리에 부합되지 않았기에 타자에게도 감동을 줄 수 없었다는 회한을 고백하면서 제자를 향해 “인생의 만사는 급류에 휩쓸린 배를 타고 가는 격”임을 명심하라는 주의를 주고 있다. 화자의 이러한 마음 씀은 자신이 삶의 현실에 굴복한 마음을 전하는 것이지만 그러나 그 마음을 숨기지 않고 드러내는 데에서 측은지심의 실천의지를 감지할 수 있다. 이는 자신의 과오에 대한 부끄럽고 죄송해하는 마음을 통해 ‘자기를 넘어서는 보편적이고 객관적인 대아大我의 측은지심’을 전달함으로써 제자가 세상과 조화를 이루는 삶을 살 수 있도록 경계하는 것이라 할 것이다.

이러한 제자사랑의 마음은 다시 그의 또 다른 제자인 홍중弘仲 노경임盧景任[4]이 보내온 시에 차운한 시, 「홍중 노경임이 학문을 논한 시를 보내와서 그 뜻에 감동하여 차운한 시(盧弘仲景任寄詩論學感其意次韻)」에서도 보인다. 이 시는 무려 20구로 된 5언 고시인데, 전반부 10구는 사람의 마음에 대하여 사욕을 지닌 인심人心과 공리公理를 지닌 도심道心의 경우를 읊고 있다. 사람의 마음은 본시 하늘로부터 품부 받은 천지지성天地之性을 본성으로 하고 있는데, 기질의 제약으로 인해 쉽게 불선不善으로 흐를 수 있기 때문에 ‘위태롭다는 것’이 성리학의 관점이다. 마음은 오로지 하나의 통로를 가지고 있기 때문에 한쪽이 닫히면 다른 한

4) 백씨 겸암(謙菴) 류운룡(柳雲龍)의 사위이기도 함.

쪽이 열린다는 것이다. 그래서 호흡 한 번 내 쉬는 찰나지간에도, 한 치의 생각차로 성인聖人이 되기도 하고 광인狂人이 되기도 한다는 심리구조의 현실적 의미를 들려주고 있는 것이다.

후반부 10구는 화자 자신은 아직도 이러한 도리를 철저하게 체득하지 못하여 생각이 수시로 한쪽으로 치우쳐서 마치 길을 잃은 사람처럼 헤매고 있음을 고백하고 있다. 그러니만큼 제자만은 자신의 전철前轍을 밟지 않토록 경계를 하고 나서는 측은지심의 일면을 보여주고 있는 것이다.

……

내 늙어서도 아직 도리 깨치지 못해,

我老未聞道(아로미문도)

생각은 날마다 한쪽으로 치우치네.

心念日頗側(심념일파측)

저 길을 잃어버린 사람처럼,

如彼失路人(여피실로인)

갈팡질팡하면서 나아 갈 곳을 알지 못하네.

倀倀無所適(창창무소적)

자네처럼 나이 젊고 원기 왕성할 때는

如君富年力(여군부년력)

뜻을 세운 의지가 금석같이 굳어야 하네.

篤志如金石(독지여금석)

평소에 쓰는 말도 반드시 삼가고,

庸言必加謹(용언필가근)

평상시 행동도 필히 신중히 행하게나.

庸行必加飭(용행필가칙)

의지가 한결같으면 기개는 절로 따르나니,

志壹氣自隨(지일기자수)

마음속에 품고 단념하지 말기 바라네

夾持期無斁(협지기무역)

말하자면, 제자에게 이른바 "앞 수레의 엎어진 자국은(前車覆轍), 뒷 수레의 경계警戒가 된다(後車之戒)."(『한서漢書·가의전賈山傳』)는 식의 철리를 들려주고 있는 것이라 할 것이다. 이는 자신이 초래했던 내면의 불균형을 자신의 성찰로 순화시킴과 동시에 이러한 과오가 제자에게서는 다시 되풀이 되지 않토록 소망하는 지극한 측은지심이 한 수의 시로써 형상화 된 것이라 할 수 있겠다.

다음은 마지막으로 그의 동료이자 벗이기도 한 이순신 장군의 죽음을 애도한 시, 「이 통제사를 애도하다(哀李統制)」를 감상해 보기로 한다. 본 시는 통제사 이순신장군의 죽음을 애도한 것이다. 장군은 정유재란丁酉再亂때의 마지막 격전激戰인 노량해전露梁海戰 당시, 노량을 연결하는 해역海域인 관음포觀音浦에서 혼비백산하여 달아나는 왜장 고니시 유키나가小西行長를 추격하다가 적의 유탄流彈에 맞아 장렬한 최후를 맞았다. 선생은 그때

장군이 사직과 백성을 위해 살신성인하고도 당시의 조정으로부터 그의 죽음을 외면당했던 애통함을 한편의 시로 묘사하여 벗에 대한 애틋한 측은지심을 드러낸 것이다.[5)]

5) 서애가 쓴 『징비록(懲毖錄)』(이재호역)에 보면, 정유재란 때 명군(明軍)을 총괄적으로 지휘하고 있던 군문(軍門)의 수장(首將) 형개(邢玠)까지도 장군의 전사소식을 듣고 "'바닷가에 사당을 세워 그의 충혼을 제사지내야 마땅하다.' 고 하였으나 이 일은 결국 시행되지 못하였다(邢軍門謂當立祠海上 以奬忠魂 事竟不行)."라고 한 기록이 보인다. 또한 "이에 해변 사람들이 서로 모여 사당을 짓고 이를 민충사(愍忠祠)라 하여 사시(四時)로 제사를 지냈으며, 상인과 어선들도 왕래하면서, 그 곳을 지내는 사람마다 제사지냈었다(於是海邊之人 相率爲祠號曰愍忠 以時致祭 商賈漁船 往來過其下者 人人祭之云)."라고 하는 기록도 있다.

주지하다시피 선생은 왜란대비를 위하여 임난발발 1년 전인 1591년 7월에 만호(萬戶)와 군관(軍官)을 거친 이순신의 능력을 눈여겨보고 당시 정읍현감(井邑縣監)으로 재직하던 그를 과감하게 전라좌수사(全羅左水使)로 천거했었다. 이 천거는 종6품에서 정3품으로 7단계나 올린 파격적인 인사였다. 그런데 선조는 조정대신들의 반발에도 불구하고 이를 받아들였다. 선생은 또한 임난발발 직전에 그가 저술한 『증손전수방략(增損戰守方略)』이라는 병서를 장군에게 보내어 보국안민(輔國安民)의 의지를 굳건히 하자는 결의를 다시 표명하였다.(서애연보1592년 3월 조항) 실제로 선생은 임난 7년 전쟁(1592~1598)을 거의 전(全) 기간 동안 군정(軍政)의 최고책임자로 불철주야 동분서주하고 있었던 터이라, 장군의 전사소식은 그의 가슴을 도려내는 아픔이고 슬픔이었을 것이다.

장군이 노량해전(露梁海戰)에서 유탄에 맞아 유명(幽明)을 달리한 그 날이 바로 7년 전쟁을 승리로 이끈 날이었는데, 공교롭게도 선생 또한 바로 그날(1598년11월19일) 북인(北人)들로부터 주화오국(主和誤國)하였다는 모함을 받고 파직 당했던 날이기도 하다. 두 사람이 모두 조선왕조의 동량(棟梁)이 되어 왜란을 승리로 이끌었으면서도 동시에 함께 이렇게 비운의 운명을 맞이했던 것이다.

본 시의 전반 6구는 장군이 7년 전쟁에서 죽음을 불사하고 남해바다의 제해권과 서해바닷길을 지켜낸 쾌거를 읊었다. 그러나 후반 7구는 전공은 그렇게도 컸지만 조정에서의 시기와 모함을 피하지 못하여 살신성인을 이룩한 위대한 죽음조차 완전히 외면당한 현실 앞에 애도를 금치 못함을 묘사하였다. 우리 독자는 서애의 본 시를 통해 이장군의 애국애민했던 위대한 긍휼지심을 다시 한 번 떠올리면서 '죽어야 산다'는 철리를 되새기는 좋은 기회가 될 것이다.

…

전공은 컸지만 시기와 모함의 덫 피하지 못하면서도,

功高不免讒妬構(공고불면참투구)

목숨은 깃털처럼 여겼으니 얼마나 애석한가.

性命鴻毛安足惜(성명홍모안족석)

그대는 못봤는가? 현수산峴首山 동쪽기슭의 비석 앞에,

君不見、東頭一片石(군불견, 동두일편석)

양공이 타계한 후에 사람들이 흐느껴 우는 것을.

羊公去後人垂泣(양공거후인수읍)

처량하구나 몇 칸의 민충사는,

凄凉數間愍忠祠(처량수간민충사)

연년이 비바람에 훼손돼도 수리조차 못했는데,

風雨年年毀不修(풍우연년훼불수)

수시로 지네 나오는 사당에 소리 없는 곡성 들리네.

時有蜒戶呑聲哭(시유연호탄성곡)

조정에서도 외면당한 장군의 죽음을 그러나 장군이 숨을 거둔 이곳 섬마을 사람들은 방관하지 않았다. 그들은 서로 정성을 모아 사당[민충사]을 짓고 사시四時로 제사를 지내어 고혼을 달래주었다. 시인은 이러한 정경을 중국 서진西晉의 무장武將 양호(羊祜221~278)의 고사故事에 빗대어 읊었다. 양호라는 사람은 호북성湖北省 소재의 양양襄陽으로 쳐들어온 오吳나라 장수 육항陸抗과 대치하는 과정에서 그의 적장을 대하는 태도와 무장으로서 대국적 견지를 잃지 않은 덕망을 보여주었던 인물이다. 그리하여 그곳의 주민들은 그가 죽자, 그곳에 주둔할 당시 휴식을 취할 때면 올라가서 술을 마시며 시를 읊곤 했던 현수산峴首山의 동쪽 기슭에 그를 기리는 비석[일명 타루비墮淚碑]을 세웠다. 그리하여 그가 그리울 때면 거기에 가서 눈물을 흘렸다고 한다. 시인은 당시 양호를 기리며 눈물을 흘렸던 그들의 측은지심이나 지금 민충사를 찾아와서 곡성을 터뜨리던 이곳 섬사람들의 측은지심이 서로 다를 바 없음을 언외에 함축하여 시인의 장군을 향한 측은지심 또한 다르지 않음을 이에 기탁하고 있는 것으로 보인다.

진실로 슬픔자체에는 그 어떤 의미도 없다. 그러나 그것이

나의 측은지심을 자극하는 순간 그것은 동시적으로 우주적 인 의식이 되어 자타自他가 따로 없는 비극적 에너지로 작용하게 된다. 여기 민충사를 건립한 섬사람들의 비애의식이나 저 서진의 덕장德將을 기리며 비석을 세웠던 양양 주민의 비애가 모두 성리학에서 주장하는 우리인간의 본연지성인 인덕仁德의 단서가 되는 측은지심의 작용이라고 할 수 있겠다. 시인이 본 시를 창작할 당시의 시적경계나 독자가 본 시를 감상할 때의 감상경계가 모두 두 마음이 아닐 것이다. 우리는 본 시의 하반부에서 처량하기 짝이 없는 '민충사'의 쓸쓸하고 열악한 경관에 대한 묘사에서 감상자의 마음 또한 무한한 연민을 환기하고 있음을 알 수 있을 것이다. 해마다 비바람에 훼손되어도 수리조차 못하고 있다는 것, 이곳 사당에는 수시로 지네들이 출몰한다는 것, 그러나 이러한 사당을 마다않고 찾아와서 소리 없는 통곡을 하고 가는 사람들의 발길이 끊어지지 않고 있다는 것 등은 모두 감상자의 측은지심까지 일깨우는 사건들이 아니겠는가?

말하자면, 독자도 시인이 묘사해낸 이순신의 죽음을 함께 애통해하는 이유는 다름 아닌 장군으로서의 그의 역할에 이순신이라는 개인을 위한 사적 의도가 없었기 때문이다. 오로지 사직과 백성을 지키고자 하는 대의大義만으로 심신을 소진燒盡했기 때문에, 이순신의 육신이 우리 곁을 떠난 지 400년이 넘었지만 아직도 그의 위대한 정신은 우리의 가슴에 살아 있는 것이다.

이상에서 감상한 위의 시들은 모두 대상과 일체一體를 이룩하는 상생상성相生相成의 경계를 보여주고 있다. 여기에는 무슨 의도된 목적에 의해서 제한 받는 소아적 작위의 틈새가 보이지 않는다. 오로지 하늘이 품부한 순수한 원덕元德의 측은지심으로 존재하는 사랑만을 그의 시적 장소에 소환하였다. 그래서 시적화자도 본 시를 감상하는 독자도 모두 잠시라도 현실의 아픔과 현실에서의 결핍감을 잊어버리고 군말이 없어지는 '평화와 조화'의 경계에 심취할 수 있는 게 아닌가 생각 된다.

측은지심은 소아小我를 넘어서는 상생의 기운이다

4.

지금까지 우리는 서애의 시를 통해, 전쟁터나 혹은 평일의 일상장소들이 모두 그의 측은지심을 일깨우거나 실천하는 성소聖所가 되고 있음을 확인할 수 있었다. 이를테면, 연꽃을 기르는 지당池塘, 전쟁 상황을 순찰하는 현장, 농작물이 자라는 들판, 자신과 만물이 혹서酷暑에 시달리는 집의 안과 밖의 세계, 이름 있는 날이면 참배하곤 하는 재사齋舍, 자신의 고독과 슬픔을 만나게 해주는 육친·문도門徒·동료 벗 등의 객체가 다 그러했다.

이러한 현장들은 도학자였던 시인 자신이 평소에 '거경居敬'과 '궁리窮理'로써 잃어버린 자아自我를 되찾는 장소가 될 수 있었기에 가능했던 것이라고 보아진다. 이러한 수양공부로 수련되지 않았다면 어찌 난마亂麻처럼 뒤얽힌 인생사로부터 쉽게 미학적 거리를 둘 수 있었겠는가! 시인은 평소에 '경敬'을 마음 중심에 두고 '존양성찰存養省察'이라는 마음공부를 쌓아온 덕에 소아小我를 넘어서는 상생의 기운을 함양할 수 있었던 것이 아니었을까? 사실 연꽃의 성쇠에서 그들 연꽃과 나누는

묵언默言, 전쟁터나 일상의 현장에서 그들 공동체와 혹은 그들 개개인과 나누는 비애적 절규나 애틋한 그리움 및 배려와 분별심이 깃든 말 건넴 등등은 모두 시인 자신이 그의 존재감을 잃지 않으려는 무의식의 언어였겠지만, 결과적으로는 개체의 특수성을 지닌 독자들에게 까지 장애 없이 관통이 되는 치유성治癒性의 효과를 거두지 않았을까?

대개의 사람들은 육신에 근원하는 오욕칠정에 갇히어서 항상 '나와 함께 해줄 사람이 없다'는 것을 불평한다. 반면에 어떤 사람들은 타자에게 과잉 적응을 하느라고 자신을 잃어버리는 사람들도 있다. 양쪽 모두 보편적이지 못하다. 보편성이란 사계절의 순환처럼 끊임없이 만물의 생명을 낳고 기르면서도 자신이 이룩한 성과에 무심無心한 것을 의미한다. 이렇게 될 수 있자면 자신의 공덕功德을 내세우지 않는 모성母性같은 측은지심을 항상 보존할 수 있어야 할 것이다.

조선시대의 사대부들이 국학으로 배우고 닦았던 성리학은 이와 같은 상생의 철리를 지향하였기에 학문하는 자는 '천인합일天人合一'이라는 대아의 경지를 세계관으로 하는 꿈을 꿀 수 있지 않았을까? 그들에게 있어서 도학[유학]이란, 끊임없이 자신을 향해 올리는 예배 같은 것이 아니었을까 또한 이러한 정신적 가치는 오늘을 사는 우리 모두에게도 결코 쓸모없는 구유물이 아니지 않을까? 라는 생각들을 해보게 된다.

한 태 문

/

부산대 국어국문학과 교수. 부산대에서 국문학을 전공하고 고전문학으로 박사학위를 받았다. 고전문학이 한국문학의 바탕이라는 자긍심으로 민속학, 지역학, 동아시아 비교문학 등에 관심을 가졌고, 특히 조선시대 한일 문화교류의 주인공이었던 조선통신사를 연구하고 선양하는 활동에 주력해 왔다. 저서로 『조선통신사의 길에서 오늘을 묻다』(2012)가 있고, 공저로 『조선통신사 옛길을 따라서』(2009), 『밀양설화집』(2009), 『밀양민요집』(2010), 『한국고전문학강의』(2012), 『옛 문인의 삶과 사상, 문학으로 만나다』(2017), 『부산학의 선구자들』(2020) 등이 있다. 조선통신사 유네스코 세계기록유산 한국 측 학술위원 및 한국문학회 회장을 역임했다. '조선후기 통신사 사행문학 연구'로 제5회 나손학술상(1995)을 수상했고, 일본 오카야마(岡山)대학과 히로시마(廣島)대학의 객원연구원을 지냈다.

산육의례産育儀禮에서
잊고 있던 '나'를 찾다

들어가기

1.

우리는 흔히 현대사회의 특징으로 '과학 문명의 발달', '도시화의 진전', '다양성의 인정' 등을 꼽기도 한다. 하지만 정작 우리가 맞닥뜨리는 현실은 그렇지 않다. 과학의 발달과 도시화로 인간소외 현상이 발생하고, 다양성의 이면에 보이지 않는 차별이 존재한다. 게다가 최근에는 생전 경험하지 못한 코로나의 유행으로 일상마저 무너져 무력감을 호소하는 이들도 많다. 그러다 보니 자신을 바라보는 시선조차 긍정적이지 않을 정도로 자존감이 현저하게 떨어진 경우가 허다하다. 전혀 예상이나 의도하지도 않았던 이와 같은 부작용을 해결할 방법은 없을까?

어떤 사업가는 어려움이 닥치면 자신이 맨 처음 가게를 열었던 장소를 다시 찾는다고 한다. 가게를 처음 열 때 지녔던 초심을 잊지 않기 위해서이다. 어떤 작가는 창작의 고비가 올 때마다 고향의 뒷산을 찾는다고 한다. 축 늘어진 소나무 가지에 새끼줄을 걸어 그네를 타고 놀던, 어린 시절의 해맑은 모습과 넉넉한 마음을 되찾고 싶어서이다.

이처럼 우리는 스스로 감당하기 힘든 어려운 일에 부닥치게 되면 가장 원초적인 시점으로 돌아가 그 속에서 해결책을 찾는 경우가 허다하다. 오늘날 무너진 자존감을 회복하는 최고의 해결책도 어쩌면 우리가 세상에 첫발을 내디딘 시점에서 찾을 수 있지 않을까? 이 글에서는 '병부작용을 다스려 낫게 하다.'는 '치유治癒'의 의미를 되살려, 그 해결책을 우리의 전통문화 중 인간의 삶에 있어 가장 원초적인 의례인 '산육의례産育儀禮'를 통해 살펴보고자 한다.

2.

통과의례通過儀禮 : 삶의 마디마디에 의미를 부여하다

오랫동안 일정한 문화권에서 살아온 구성원 사이에는 마치 약속처럼 자연스럽게 치르는 행사가 있다. 이를 흔히 '의례儀禮'라 부른다. 신기하게도 비슷한 발음의 순우리말인 '으레'도 '경험으로 보아 마땅히'·'늘'이란 뜻을 지닌다. 의례는 삶의 내용과 역사적 경험을 바탕으로 형성되기에 종종 그 집단의 전통문화를 이해하는 중요한 잣대가 되곤 한다.

의례는 목적과 시기에 따라 크게 세시歲時의례·임시臨時의례·통과通過의례 등으로 나누어진다. '세시'는 한 해를 스물넷으로 나눈 절기節氣나 달 또는 계절에 따른 일정한 때를 일컫는다. 따라서 세시의례는 '설·정월대보름·단오·추석·동지'처럼 1년을 주기로 특별한 날을 정하여 계절의 변화에 의미를 부여하며 치러진다. 임시의례는 그야말로 특별한 일이 있을 때 특별한 목적을 이루기 위해 임시로 치르는 행사이다. 오랜 가뭄에 비가 내리길 바라며 지내는 '기우제祈雨祭'나 지루한 장마에 비를 그치길 바라며 지내는 '개청제開晴祭'가 대표적인 예이다.

통과의례는 사람의 일생에서 마디가 되는 '출생·성년·혼인·회갑·죽음' 등에서 치르는 의례이다. 세시의례가 마을 단위의 지역 공동체와 관련이 있다면, 통과의례는 대체로 가족과 친족 등 혈연집단과 관련이 있다. 우리 민속학에서는 사람의 일생을 확대 해석하여 아기를 가지기를 비는 기자祈子풍속에서부터 죽고 난 뒤 추모하여 지내는 제사까지를 통과의례로 보기도 한다. 하지만 제사는 가족과 집안에서 행하는 조상숭배의 성격이 강해 '민간신앙'에서 주로 다룬다. 따라서 통과의례는 출생·성년·혼인·회갑·죽음과 관련된 산육의례産育儀禮·관례冠禮·혼례婚禮·수연례壽筵禮·상례喪禮 등을 포함하는 것이 일반적이다.

산육의례는 통과의례 가운데 출생과 관련이 있는 의례이다. 이는 결혼을 한 여성이 아기를 가지기를 소망하는 '기자祈子'에서부터 잉태와 출산을 거쳐 아기가 태어난 후 만 1년이 되는 '돌'까지의 사이사이 중요한 계기에 행해진다. 곧 아기를 낳기 직전까지의 '산전産前의례'와 출산이 임박한 기간과 당일까지의 '출산出産의례', 그리고 태어난 후 돌을 맞기까지의 '산후産後의례'가 포함된다. 출생과 관련된 의례이지만 '낳아 기른다.'는 산육産育의 뜻처럼 해산에서 끝나지 않고 돌까지를 포함한다. 아기가 태어나 사계절을 겪어야 가족이나 사회의 구성원으로서 온전한 삶을 살아갈 수 있다는 우리 민족의 의식이 바탕에 깔려 있다.

산전産前의례
: 아이 가지기를 간절히 빌고 태아를 안전하게 지키다

3.

혼인을 통해 부부가 된 신랑과 신부에게는 새로운 책임과 임무가 주어진다. 바로 '아이의 출산'이다. 특히 전통사회에서 가문의 대를 잇고 조상의 제사까지 받들어야 하는 아이의 출산은 결혼한 여인에겐 피할 수 없는 숙명이었다. 아이를 낳지 못한 여인은 조상 대대로 이어져 온 혈통을 단절시켰다는 이유로 시댁에서 내쫓기거나, 눈물을 머금고 '첩'이나 아이를 대신 낳아주는 '씨받이'의 존재를 받아들여야만 했다.

그러다 보니 신랑 측에서는 아예 맞선을 볼 때부터 아이를 잘 가질 수 있는 여인을 신붓감으로 골랐다. '천성이 상냥할 것, 눈썹이 길고 이마가 펑퍼짐할 것, 머리카락이 검고 콧날이 오뚝할 것, 피부에 윤기가 흐르고 목소리가 맑고 고를 것, 엉덩이가 펀펀할 것' 등이 선택의 조건이었다. 그런데, 조건에 맞는 신붓감을 구하기도 어렵지만, 설령 구했다 해도 생각만큼 아이를 쉽게 가지지 못하는 경우가 많았다. 아이를 낳아야 한다는 중압감은 자연스레 초인적이고 신령스러운 힘에 대한 믿음으로 연결되었다. 그 결과 신령스러운 대상에게 아이를 가질 수 있기를 간절히 바라며 비는 '기자속祈子俗'이 생겨났다.

1) 기자속

전통사회의 '기자속'은 크게 치성致誠기자와 주물呪物기자로 나뉜다. 치성致誠기자는 아이를 낳을 수 있게 이름난 산이나 거목, 부처·산신·용왕과 같은 신령스러운 대상에게 정성을 올리며 비는 것이다. 대체로 설날·정월 대보름·사월 초파일·단오·칠석·동지에 시어머니나 친정어머니, 그리고 당사자가 치성을 올렸다. 우리의 역사서와 문학서에도 치성기자의 모습이 등장한다. <단군신화>의 웅녀는 신단수에, <춘향전>의 월매는 지리산 산신에게, <심청전>의 곽씨부인은 돌미륵에 자식을 빌어 각각 단군·춘향·심청을 낳았다.

특히 혼례를 앞둔 예비 신부는 친정어머니의 지도로 '달힘 마시기吸月精'를 했다. 갓 떠오르는 달을 바라보고 서서 숨을 3·5·7 홀수 단위로 크게 들이마신 뒤 참았다가 한 번 내뱉는 것을 반복했다. 이렇게 하면 여성을 상징하는 달의 기운이 몸속으로 빨려 들어와 출산력을 강하게 하고 아이를 쉽게 낳을 수 있다고 믿었다.

주물呪物기자는 주술의 힘으로 아이를 얻을 수 있다고 여겨 주술적인 물건을 지니거나 먹는 것이다. 무당이나 절의 주지로부터 아이를 낳을 수 있는 부적을 얻어와 몸에 지니거나, 조그마한 쇠도끼를 만들어 허리춤에 차고 다녔다. 또 아이를 낳았던 사람이 입었던 피 묻은 속옷을 받아 임신할 때까지 입거나, 아이가 태어난 집의 금줄을 몰래 걷어와 신부가 자는 방구석에 모셔 놓기도 했다. 특히 아들을 낳기 위해 남성성의 상징으로 여겨지는 돌미륵이나 망부석의 코를 갈아 그 돌가루를 물에 타서 마시기도 했다.

2) 성별 예측

아이를 얻기 위한 간절한 소망은 '태몽胎夢'으로 이어지기도 한다. 태몽은 여인이 임신할 전후를 기점으로 꾸는 꿈으로, 남편이나 양가 부모가 대신 꾸어주기도 했다. 태몽은 태어날 아이의 성별·성격·미래 등에 어떤 계시를 준다고 믿었다. 아이를 단순히 성행위의 결과물이 아닌 하늘이 내려준 선물로 여겼기 때문이다.

'호랑이·용·원숭이·큰 뱀·말·돼지·자라·잉어·붉은 고추·익은 대추·고구마·노란 호박·무·가지·알배추·실타래·불·

해·산신령' 등을 꿈에서 보면 아들을 낳는다고 여겼다. 그리고 '작은 뱀·실지렁이·미꾸라지·송어·조개·올챙이·애호박·푸른 고추·풋감·꽃' 등을 꿈에서 보면 딸을 낳는다고 여겼다. 그 가운데서도 해·달·별·호랑이·용 등의 꿈을 꾸고 낳은 아이는 큰 인물이 되고, 돼지 꿈을 꾸고 낳은 아이는 부자가 되며, 실타래 꿈을 꾸고 낳은 아이는 장수한다고 여겼다. 반면에 소 꿈을 꾸고 낳은 아이는 평생 일만 하고, 버섯 꿈을 꾸고 낳은 아이는 일찍 죽으며, 잘린 뱀의 꿈을 꾸면 유산한다고 여겼다. 한편 태몽과 다르게 성별이 바뀌어 태어나면 아이의 성격은 원래 태몽을 따라간다고 생각했다.

태몽 외에도 다양한 성별 예측 방법이 있었다. 곧 '계측법'·'태동胎動감지법'·'임신한 여인의 신체 변화 및 태도에 의한 방법'·'먼저 낳은 자식의 성격·태도·행위로 아는 방법' 등이다. 이들을 태몽과 구별하여 달리 '태점胎占'이라고도 한다. '계측법'은 부부의 나이를 합쳐 3으로 나눈 나머지가 1이면 아들 0이나 2이면 딸이라고 보거나, 부부의 나이를 합한 수가 홀수이면 아들, 짝수이면 딸이라고 예측하는 것이다. '태동감지법'은 뱃속 태아가 왼쪽·위쪽·한군데에서 놀면 아들이고, 오른쪽·아래쪽·여기저기에서 놀면 딸이라고 예측하는 것이다.

'임신한 여인의 신체 변화나 태도에 의한 방법'은 배가 넓적하고 얼굴이 지저분하며, 엉덩이가 좁고, 국·고기·떡·복숭아·고구마를 좋아하며, 젖을 벽에 발랐을 때 붉게 변하거나 왼쪽으로 누우며, 뒤에서 불렀을 때 고개를 왼쪽으로 돌리면 아들이고, 그 반대는 딸이라고 예측하는 것이다. 그리고 '먼저 낳은 자식의 성격·태도·행위로 아는 방법'은 먼저 낳은 아이를 불러 안았을 때 뒤로 안기거나 가지고 노는 물건을 목에 걸거나 배꼽 밑에 금이 있으면 아들, 앞으로 안기거나 물건을 머리에 이고, 금이 없으면 딸이라 예측하는 것이다.

3) 임신 중의 금기와 유산의 방지

간절한 기도 끝에 어렵게 얻은 태아인 만큼 임신한 여인에게는 많은 제약이 따랐다. 생각이나 행동이 고스란히 태아에게 영향을 미친다고 여겼기 때문이다. 뼈대 있는 집안에서는 『태중훈문胎中訓文』·『규합총서閨閤叢書』·『내훈內訓』 등의 서적을 통해 '태교胎敎'를 시행했다. 태교가 태아에 대한 체계적인 교육이라면, 우리 민속에서의 태교는 '임신 중의 금기'라는 이름으로 행해졌다. '금기禁忌'는 해서는 안 될 일을 마음에 꺼려서 하지 않거나 피하는 것이다. 임신 중의 금기는 크게 음식을 가리는 '음식금기'와 행동을 삼가는 '행위금기'로 나뉜다.

음식금기로는 "오징어나 가오리를 먹으면 아기의 뼈가 물

렁뼈가 된다."·"오리고기를 먹으면 아기의 손가락과 발가락이 붙는다."·"낙지나 문어를 먹으면 아기의 뼈가 물러지거나 대머리가 된다."·"토끼고기를 먹으면 아기가 언청이가 된다."·"게를 먹으면 아기가 게거품을 물거나 젖을 물 때 아프게 깨문다."·"식초를 먹으면 아기의 뼈가 약해진다." 등이 있다.

행위금기로는 "깨진 바가지에 물을 담아 먹으면 아기의 수염이 나지 않는다."·"모서리에 앉으면 아기가 큰 인물이 되지 못한다."·"담을 넘으면 아기가 도둑이 된다." 등이 있다. 또 산길을 오르거나 냇물을 건너서도 안 되고, 가로눕거나 기대어 앉아서도 안 되었다. 특히 '삼불三不'이라 하여 나쁜 것을 듣거나 보지 말고 나쁜 생각을 품지 못하게 했다.

이처럼 임신 중의 금기에는 대체로 합리적인 근거보다 음식이 지닌 형태적 특성과 속성을 고려한 것이거나, 바람직하지 못한 행동을 경계하는 의미가 담겨 있다. 따라서 임신 중의 금기를 비합리적이라 하여 단순히 미신이나 주술로 치부할 것이 아니다. 임신 중의 금기는 태아에 대한 부정不淨이나 불결不潔을 예방하기 위한 지극히 경험적인 내용으로 구성되어 있다. 따라서 우리 민중의 위험 신앙 및 의식구조를 잘 반영하고 있는 것이라 할 수 있다.

임신한 여인이 가장 두려워한 것은 어렵게 얻은 태아를 원치 않게 잃게 되는 '유산流産'이었다. '유산'은 임신 4개월 이

내에 많이 발생했기에 임신을 알게 된 순간부터 부적을 지니거나 삼신할매·용왕·산신에게 유산이 되지 않게 빌었다. 예방책으로 줄기에 강하게 붙어 자라는 호박·하늘 수박의 줄기나 순을 삶아 그 물을 마시거나 끈끈한 접착력을 지닌 밀가루를 물에 타서 마셨다. 또 설사를 멎게 하는 기능을 지닌 감꽃과 감꼭지를 삶아 먹거나, 부정을 방지하기 위해 은가락지를 삶은 물을 마시기도 했다. 특히 유산의 조짐이 확실하게 보일 때에는 여인들이 머리숱이 많게 보이려 머리에 덧대던 '다리'의 꼭지를 거꾸로 물고 구토를 했다. 그렇게 하면 아래로 흘러내리던 태아가 구토 덕에 다시 올라붙는다고 여겼다.

출산出産의례
: 엄마의 배 속에서 나온 아기, 독립된 개체가 되다

4.

출산은 흔히 '몸을 푼다.'라고 하여 '해산解産'이라고도 부른다. 엄마의 배 속에서 자란 태아는 10개월이 되면 완전한 형태를 갖추고 모체 밖에서 생존할 수 있는 능력을 갖추게 된다. 산모를 둘러싼 가족은 출산이 다가오면 새로운 성원을 맞이하기 위한 준비로 분주해진다. 출산의례는 출산이 임박한 기간과 출산 당일의 행사를 포함한다.

1) 출산 금기

임신 중의 금기처럼 출산이 임박해서도 금기가 있었다. 새롭게 태어나는 생명을 아무 탈 없이 가장 깨끗하게 맞이하고 싶은 것은 산모를 비롯한 모든 가족의 간절한 바람이었다. 특히 출산이 임박한 즈음의 금기는 태아와 산모의 건강과 생명에 직결된다고 여겨 그 어느 때보다 엄격하게 지켜졌다. 임신

때와 마찬가지로 음식과 행위에 관한 것이 중심을 이루었지만, 상대적으로 행위금기가 더 강조되었다.

산모는 상가나 제삿집에서 가져온 음식은 '궂은 음식'이라 하여 먹지 않았다. 집안 또는 이웃의 잔치나 장례 등 경조사에 참여하지 않고, 집에서 가축도 잡지 않았다. 또 부엌·아궁이·방구들·담장·화장실·굴뚝 등의 집수리는 물론, 문구멍을 바르거나 아궁이의 재가 가득 차도 치우지 않았다. 아궁이나 굴뚝을 고치면 아기가 언청이로 태어나고 문구멍을 바르면 출산 때 어려움을 겪게 된다고 믿었기 때문이다.

2) 난산의 방지 및 처치

출산이 임박해지면 가족은 아이를 편안히 낳을 수 있는 공간인 '산실産室'을 마련하고, 산모의 출산을 도울 산바라지인 '산파産婆'를 신중하게 골랐다. 산방은 별도의 공간을 마련하기도 했지만, 대체로 산모의 심신 안정을 고려해 평소 머물던 방이 선택되었다. 산파는 시어머니와 친정어머니를 비롯한 가족이나 이웃 가운데 평소 성품이 바르고 아이를 많이 낳았거나 출산을 도운 경험이 많은 여성이 선택되었다. 다만 같은 달에 다른 아기의 출산을 받은 적이 있거나 자기 집안에 임신부가 있는 산파는 아기의 복이 나누어진다고 하여 선택에서 제외되었다.

삼신상三神床이 모셔진 산실에 산모와 함께 남게 된 산파는 '손날짜를 따라 방향을 달리하며 일을 방해한다는 나쁜 신'이 없는 방향을 골라 치마나 담요를 깔고 그 위에 산모를 가지런히 눕힌 뒤 출산 준비에 들어갔다. 통증과 함께 양수가 터지면서 출산이 시작되면 태아의 머리가 먼저 나오면서 온몸이 모체에서 무사히 빠져나오게 되는데, 이를 '순산順産'이라 한다. 실제 출산 현장에서는 손부터 나오는 '횡산橫産'이나 발부터 나오는 '역산逆產' 등 '난산難産'도 많았다. 난산은 산모나 태아 모두에게 치명적인 결과를 가져올 수 있는 위급상황이었기에 누구나 가장 피하고 싶은 경험이었다.

따라서 이를 방지하기 위해 미리 대책을 마련하고, 실제 그런 기미가 보일 경우 다양한 민간처치법을 행했다. 곧 삼신상 앞에서 삼신에게 순산을 빌고, 산모에게는 '미역국·흰죽·쌀뜨물·닭 삶은 국물·생계란·참기름·피마자기름' 등의 음식을 먹게 했다. 또 남편이 지붕 위에 소나 말의 안장인 길마를 올려두고, 닫혀 있던 장롱문과 창문을 열어 놓았다. 부엌의 솥뚜껑을 열어두고 아궁이의 재를 치는가 하면, 먼저 아기를 순산한 경험이 있는 여인이 산모의 배 위를 여러 번 타고 넘기도 했다. 이들은 모두 미끌미끌한 속성을 지닌 것을 먹거나 막혀

있는 곳을 바람이 통하게 뚫어줌으로써 순산을 유도하는 주술적 행위라 할 수 있다.

3) 태의 처리

'태胎'는 '태반胎盤'과 '탯줄'로 구성된다. 태반은 임신 중 산모의 자궁에서 태아를 길러내는 아기방석이고, 탯줄은 태반과 태아를 연결하여 영양분을 공급하고 배설물을 내보내는 기능을 한다. 예로부터 우리 민족은 탯줄을 하늘과 땅, 그리고 가문의 대를 이어주는 신성한 띠로 여겼다. 태아가 탯줄을 단 채로 산모의 몸 밖으로 빠져나오면 바로 '탯줄 끊기'가 행해진다.

탯줄은 대부분 산파가 가위로 끊지만, 아기가 장수하라는 뜻으로 낫을 쓰거나 아기의 아버지가 이로 끊기도 한다. 낫은 초목을 자르는 도구이고, 이는 계속 자라나는 속성을 지닌다. 아기가 초목과 이가 지닌 생생력生生力을 본받아 아무 탈 없이 자라기를 소망한 것이다. 탯줄은 너무 길게 자르면 아기가 오줌을 더디게 누고 너무 짧으면 자주 눈다고 여겨 산모와 아기의 양쪽을 실로 묶은 뒤 정확히 가운데를 잘랐다. 탯줄 끊기가 끝나면 아기는 비로소 산모에서 분리되어 독립된 개체로서의 자격을 지니게 된다.

잘린 탯줄은 신생아의 건강과 운명은 물론, 뒤에 태어날 동생에게도 영향을 미친다고 보아 신중히 처리했다. 아무 데나 버리면 부정을 타거나 아기의 수명이 짧아지고, 특히 손 있는 방향에 버리면 자손이 끊긴다고 여겼다. 잘린 탯줄은 시어머니·남편·산파 등이 처리했다. 사람의 왕래가 드문 새벽이나 한밤중에 짚이나 왕겨불로 태워 재가 된 후에 땅에 묻거나, 작은 단지에 담아 땅속에 묻었다. 집안에 따라서는 강물에 흘려보내기도 했다.

5.

산후產後의례
: 산모와 아기를 보호하고 공동체에 스며들게 하다

산후의례는 보통은 출산 후 삼칠일21일까지 행해지는 의례를 말한다. 하지만, 범위를 넓혀 태어나 돌까지의 사이사이에 행해지는 의례까지를 포함한다. 산육의례에서 아기의 출산과 함께 중요하게 여긴 것은 어렵게 태어난 아기가 별 탈 없이 건강하게 자라는 것이다.

1) '첫 사흘째'의 의례

'태극기'에서 보듯 우리 민족은 예로부터 음양의 조화를 무척 중하게 여겼다. 이는 우리 민족이 가장 좋아하는 숫자가 '3'이라는 사실에서도 확인된다. 숫자 '3'은 최초의 홀수이자 양陽의 숫자인 '1'과 최초의 짝수이자 음陰의 숫자인 '2'가 결합하여 만들어진 것이다. 음양이 결합한 최초의 완전수이기에 '3'은 '완성·안정·조화'의 의미를 지녔다. '삼재三才(천·지·인), 삼세

三世(과거·현재·미래), 삼보三寶(부처·경전·승려), 삼년상, 삼세번' 등 주변에서 흔히 접할 수 있는 관용어에도 모두 '3'이 들어 있다. 이는 산후의례에서도 마찬가지이다. 아기가 태어난 후 최초로 이루어지는 '첫 목욕 시키기, 첫 옷 입히기, 첫 젖 먹이기' 등이 대부분 태어난 후 사흘째에 행해졌다.

태어난 후 이틀까지 물에 적신 수건으로 몸을 닦던 아기는 사흘째가 되면 산모와 함께 따뜻한 물에서 첫 목욕을 한다. 목욕물은 쑥을 달인 것으로 정화의 의미를 지닌다. 보통 시어머니가 목욕을 시키는데, 아기의 머리부터 씻겨 내려가고, 다음번 목욕 때는 발부터 씻겨 올라온다. 이렇게 해야 살이 골고루 올라 아기가 탈 없이 건강하게 자랄 수 있다고 여겼다.

첫 목욕이 끝난 아기는 양가의 할머니들이 마련한 '배내옷'을 입었다. 이틀 동안 포대기에 싸여 있던 아기에게 주어지는 생애 첫 옷이었다. 배내옷은 아기의 연약한 피부를 고려하여 최대한 부드러운 천으로 만들었는데, 보통의 아기 옷과는 그 모양새가 달랐다. 아기의 살에 닿아 짓무를 것을 염려해 깃을 없애고 시접이나 솔기를 밖으로 처리하였다. 또 손톱으로 얼굴을 할퀴지 못하게 소매를 길게 하고, 장수를 바라는 마음에 옷의 고름을 실 끈으로 달았다.

아기에게 먹이는 첫 젖도 태어난 후 사흘째에 먹였다. 산모의 젖은 보통 2~3일이 지나야 나오므로 그전에는 아기의 입

술을 물로 적셔주었다. 산모의 젖은 갓난아기의 건강과 생명에 직결되었기에 젖의 양이 많고 적음은 출산 후 산모와 가족의 큰 관심사였다. 젖샘을 풍부하게 하기 위해 산모에게는 미역국·쌀뜨물·녹두죽 등이나 가물치·족발 등을 삶아 먹였다. 그리고 우물물이 든 병 두 개를 줄에 매어 산모의 목에 걸고 약간씩 흘러내리게 한 뒤 병에 남은 물을 삼신상에 올리고 젖이 많아지도록 빌었다. 없던 젖을 용왕과 심신에 빌어 얻었다고 하여 이를 '젖 타온다'라고 부르기도 한다.

2) '삼칠일'의 의례

'첫 사흘째의 의례'만큼 중하게 여긴 산후 풍속으로 '삼칠일[21일]'이 있다. 삼칠일은 태어난 아기가 일주일의 단위인 '이레'를 3번 지낼 동안 치르는 의례이다. '첫 사흘째의 의례'도 당연히 '삼칠일의 의례'에 포함된다. 삼칠일의 풍속은 『삼국유사』의 <단군신화>에도 등장할 정도로 그 역사가 오래되었다. 곧 곰이 쑥과 마늘을 먹으며 햇빛과 차단된 굴속에서 삼칠일을 견뎌 여자인 '웅녀'가 되고 환웅과 결혼해 단군을 낳았다.

탯줄의 처리로 출산에 관한 모든 의례가 끝나면 남편이나 시아버지는 가장 먼저 대문의 양쪽 기둥 사이에 금줄[禁繩]을 쳐 아기의 출생을 알렸다. 이를 '금줄치기'라 한다. '금줄'은 오른쪽으로 꼰 보통의 새끼줄과는 달리 왼 새끼줄을 사용하여 비일상적인 공간임을 나타낸다. 그리고 금줄을 일곱 마디로 내되 양 끝을 자르지 않아 수명을 관장하는 칠성신에게 신생아의 무병장수도 기원하였다. 금줄의 사이사이에는 아들이면 고추와 숯을, 딸이면 솔가지와 숯을 끼워 넣어 아기의 성별도 함께 알렸다. '생솔가지'는 변하지 않는 기운과 사악한 기운을 몰아내는 힘을, '붉은 고추'는 양성과 남성을, '숯'은 정화를, '흰 종이'는 화폐 또는, 신에게 바치는 공물을 상징했다.

금줄은 보통 삼칠일[21일] 동안 쳐 두었는데, 이 기간에는 출입과 행동에 제약이 많았다. 가족은 친인척과 이웃의 경조사에 참여할 수 없었고, 외부인의 출입도 엄격히 통제되었다. 이때에는 아기와 산모의 건강을 위한 산후 금기도 많았다. 먼저 아기를 위한 것으로 산모가 푸성귀·풋과일·찬 것을 먹으면 아기가 설사하고, 인삼을 먹거나 엿을 달이면 젖이 마르며, 깨나 콩을 볶으면 아기에게 부스럼이 생기고, 빨래를 삶으면 아기 피부가 노랗게 변한다고 하여 금하였다. 심지어 마당을 쓸 때 문밖으로 쓸거나 물건을 집 밖으로 내면 아기의 복이 쓸려 나간다고도 여겨 금했다. 산모를 위해서는 이가 상할 수 있어 딱딱한 과일이나 무를 먹지 못하게 하고, 중풍이 온다고 하여 닭고기를 먹지 못하게 했다.

'첫 사흘째'의 의례를 성대히 치른 것처럼 세 번의 '이레' 때마다 각각 아기를 위한 특색 있는 행사를 치렀다. 물론 매번의 행사에서 공통으로 빠지지 않은 것은 아기의 목욕과 함께 삼신상에 밥·미역국·물을 차려 놓고 삼신에게 아기와 산모의 건강을 비는 것이었다.

먼저 '첫 이레'에는 포대기를 새로 바꾸어 주고 긴 소매로 덮었거나 동여매었던 아기의 한쪽 팔을 자유롭게 해주고, 할아버지와 첫 대면도 했다. 아기와 할아버지의 첫 대면은 직계 가족과의 통합을 상징한다. '두 이레'에는 나머지 한 손도 자유롭게 해주고 외조부모와 대면하여 인척과의 통합도 이루어진다. '세 이레'가 되면 쳐두었던 대문의 금줄을 걷어 한쪽 문기둥에 묶어두거나 깨끗한 곳에서 태운다. 이날 아기는 바지도 입어 처음으로 제대로 '바지저고리'를 갖춰 입게 된다. 공식적인 금기가 끝났기에 아기와 친척·이웃의 만남이 이루어져 친인척 집단과 지역 공동체 집단과의 통합도 자연스레 이루어진다.

'삼칠일' 의례에는 우리 민족의 지혜가 고스란히 담겨 있다. 금줄치기를 통해 아기의 출산을 외부에 알리고, 면역력이 현저히 떨어진 신생아와 산모의 건강을 위해 사람들의 출입을 철저히 통제했다. 그 속에서 산모는 출산으로 잠시 분리되었던 일상으로 점차 복귀 준비를 할 수 있었고, 아기 또한 새로운 구성원으로서 점진적으로 공동체에 통합할 수 있게 되었다.

3) 천한 이름 짓기와 아이 팔기

가족과 사회의 새로운 구성원이 된 아기에게는 자신만의 이름이 주어졌다. 가족들은 부르기 쉽고 듣기 좋으며, 좋은 뜻을 지닌 데다 장래에 대한 가족의 소망까지 담아 이름을 지었다. '만복·복순·순복'처럼 이름에 '복'자가 깃들게 하여 무궁한 복록을 기원하였다. 또 딸이 많을 경우 이름을 '끝순·말숙·막녀' 등으로 지어 딸로서는 끝이라는 의미를 담거나, 다음은 꼭 아들을 얻기 위해 딸의 이름을 '순남·득남·후남' 등으로 짓기도 했다.

그런데 아기에게는 이와 같은 공식적인 이름 외에 가족들이 편하게 부르는 이름인 '아명兒名'도 따로 주어졌다. 아들은 '똥개·강아지·바우·차돌'로, 딸은 '소쿠리·광주리·못난이' 등으로 아명을 지었다. 조선 고종임금의 아명은 '개똥이'였고, 황희 정승은 '도야지'였으며, 진주대첩의 김시민 장군은 '김치'였다. 귀하게 태어난 아기에게 붙이는 이름치고는 고약하기 그지없다. 하지만 이는 험하고 천한 이름을 아기에게 붙여

주어야 오히려 잡귀의 시샘에서 벗어나 잔병치레 없이 오래 살 수 있다는 생각에서 비롯된 풍속이다.

한편, '아기 팔기賣子'도 이루어졌다. 귀한 아기의 장래가 궁금했던 가족은 점쟁이에게 아기의 사주를 보게 했다. 만약 아기의 사주가 부모와 맞지 않고, 수명이 짧거나 복이 적으며 불운한 운세라는 점괘가 나오면, 다른 다복한 사람이나 무당, 또는 바위·거목과 같은 신령스러운 대상을 수양부모로 정해 아기를 임시로 팔았다. 아기를 팔 경우 서로 약속한 상태에서 친부모가 아기를 수양부모의 대문 앞에 놓아두면 수양부모가 '업둥이'를 얻었다며 아기를 안고 들어간다. 하루를 지난 후 이번에는 수양부모가 다시 아기 부모의 대문 앞에 놓아두면 아기의 엄마가 '업둥이'를 얻었다며 아기를 안고 들어감으로써 원래의 액운을 떨쳤다고 생각한다. 수양부모에게는 아기가 소년이 될 때까지 명절 때마다 선물을 들고 인사하게 했다. 이처럼 '아기 팔기'에는 영유아 사망률이 높았던 시대에 귀하게 얻은 아기의 수복강녕을 소망하는 부모의 바람이 깃들어 있다.

4) '백일'과 '돌'

'백일'은 아기가 태어난 후 100일째 되는 날을 기념하여 베푸는 행사이다. 삼칠일 의례가 산모와 신생아 모두를 위한 의례라면, 백일은 오로지 아기만을 위한 축하의례이다. 백일을 특별히 기념하는 이유에 대해서는 다양한 견해가 존재한다.

첫째는 숫자 '100'이 우리 일상에서 대체로 '많다·다양하다·오래고 길다·완벽하다' 등 긍정적인 의미로 사용되고 있다는 점이다. 실제로 숫자 100이 사용된 것으로 '백만장자·백배사죄' 등은 '많다'라는 뜻을, '백과사전·백화점' 등은 '다양하다'라는 뜻을, '백년대계·백년해로' 등은 '오래고 길다'라는 뜻을, '백 점 만점'은 '완벽하다'라는 뜻을 지닌다. 그 가운데서도 아이를 갖기 위해 신령한 대상에게 100일 동안 비는 것을 '백일기도'라 부르는 데서도 알 수 있듯, '백일'은 태어난 아기가 사회적 구성원으로서 온전한 존재가 되었음을 축하하기 위한 행사라는 것이다.

둘째는 생물학적인 특성으로, 아기마다 차이가 있긴 하지만 백일이 지나야 스스로 목을 제대로 가눌 수 있기에 이를 기념한다는 것이다. 셋째는 우리의 자연환경과 관련이 있다고 본다. 사계절의 기온 변화가 현저한 우리의 경우, 대체로 아기의 질병으로 인한 죽음은 환절기에 가장 빈번하게 발생했다. 사계절이 3개월을 단위로 전환됨을 고려할 때 '백일'은 한 계절과 계절 사이의 변화를 아무 탈 없이 잘 넘겼다는 의미가 되기에 이를 기념한다는 것이다.

어느 것이든 '백일'이 태어난 아기가 중심이 되는 의례인 동시에 아기의 출생을 사회적으로 공인하는 성격을 지닌다는 점에서는 동일하다. 따라서 이를 축복하고, 나아가 아기의 훌륭한 성장을 바라는 풍속이 자연스레 자리를 잡게 되었다.

백일 아침, 아기 엄마는 흰밥과 미역국으로 삼신상을 차려 삼신에게 감사의 치성을 드린 후, 상에 올린 밥과 미역국으로 미역국밥을 만들어 먹었다. 고모가 아기의 배냇머리를 깎고 나면, 깃과 섶을 달지 않았던 배냇저고리를 벗고 섶과 옷고름이 달린 새 옷을 아기에게 입혔다. 그리고 가족들이 모여 각각 '순수함과 신성함'·'부정 방지'·'단단한 내실' 등을 상징하는 백설기·수수 팥떡·인절미 등으로 백일상을 차렸다. 행사를 끝나면 '백일 떡' 100개를 준비하여 이웃과 길가에 오가는 이들에게 나누어 주었다. 이는 백일 떡을 백 명의 사람과 나누어 먹어야 아기의 수명이 길어지고 액을 면할 수 있다고 믿었기 때문이다. 물론, 이웃이나 지역의 많은 사람에게 새로운 구성원의 존재를 알리기 위한 의미가 훨씬 컸다. 백일떡을 선물 받은 이웃은 떡을 담아온 접시에 '실타래·쌀·돈' 등을 답례로 얹어 주며 아기가 건강하고 복되게 살기를 축복하였다.

'돌周年'은 아기가 태어나 맞이하는 첫 생일이다. 이때가 되면 아기가 일어서고 걷기 시작하는 등 육체적인 성장이 두드러진다. 게다가 사계절의 기후 변화를 온전히 다 경험하였기에 아기의 생존 가능성도 '백일' 때보다 훨씬 높아지게 된다. 가족들은 아기가 성장의 초기 과정에서 가장 어려운 한고비를 무사히 넘긴 것을 축하하기 위해 백일잔치보다 훨씬 성대하게 돌잔치를 치렀다. 가족 중심으로 치르던 백일잔치와는 달리, 돌잔치는 가까운 친인척과 이웃들을 대거 초대하여 아기를 지역사회의 구성원으로 공표하는 성격을 지녔다.

돌잔치가 열리는 날의 아침은 아기의 엄마가 삼신상을 차려 놓고 '삼신'에게 감사의 인사와 함께 아기의 수명·재주·복·건강을 비는 것으로 시작한다. 이어 아기에게 머리에 쓰는 '쓰개'를 비롯하여 옷과 신발, 그리고 장신구 등 미리 준비해 두었던 '돌 빔'을 입혔다. 머리에는 남자아기의 경우 남바위를, 여자아기에겐 족두리를 씌웠다. 이전의 흰색 위주의 옷과 달리 원색 옷감을 소재로 한 화려한 옷을 입혔다. 그리고 돌 주머니엔 붉은 실로 '수복귀壽福貴' 세 글자를 수놓아 아기가 오래 살고, 복을 많이 받으며, 고귀한 사람이 되기를 축원하였다.

돌잔치에서 가장 흥미로운 행사는 '돌잡이'였다. 돌잡이는 돌상 위에 각종 물건을 올려 두고 아기에게 잡게 한 뒤 잡은 물건을 통해 아기의 장래를 점치던 의식이다. 대체로 '연필·붓·책·돈·떡·실타래·활' 등의 물건을 올렸다. 연필·붓·책을 집으면 재주가 있고 공부를 잘하며, 실타래를 집으면 오래 살고, 활을 집으면 장군이 되고, 돈·떡을 집으면 먹을 걱정 없는 부자가 된다고 예측했다. 사실상 돌상에 오른 물건 중 어느 것을 집어도 모두 긍정적인 예측이 펼쳐질 수 있게 함으로써 첫돌을 맞은 아기의 밝은 미래를 축원하고자 했다.

마무리

6.

오늘날, 현대화라는 이름 아래 우리 선인들이 소중하게 여겨오던 것들이 자취를 감추고 생소한 것들이 그 자리를 메우고 있다. 그러나 시대가 바뀌었다고 우리 전통문화가 지닌 본래의 가치마저 사라진 것은 결코 아니다. 오늘날의 아기들은 대부분 집이 아닌 산부인과 병원 건물을 '고향'으로 태어난다. 하지만, 아기가 생기기를 바라며 들이는 정성에서부터 돌잔치를 하며 수복 장수를 바라는 그 마음은 옛날과 그리 다르지 않다.

앞에서 확인했듯이 오늘날을 살아가는 우리는 모두 그 '정성'과 '바람'의 결정체이다. '나'는 결코 '보잘것없는 존재'가 아니라 이 세상 그 누구와, 또 그 무엇과도 바꿀 수 없는 유일하고 소중하며 특별한 존재이다. 똑같은 돌을 두고도 그냥 돌로 보는 이가 있고 보석으로 보는 이가 있듯, 결국 무너진 자존감을 회복하는 방법은 "쓸모 있는 소중한 존재"로서 자신의 가치를 재발견하는 데서 시작할 수밖에 없다.[1)]

1) 이 글은 필자가 이미 발표한 논저를 바탕으로 이 책자의 발간 취지에 맞게 수정·보완하여 재구성한 것이다. 또한, 이글에서 설명을 위해 든 사례들은 필자가 부산 지역에서 직접 제보자를 만나 채집한 것이므로 다른 지역의 사례들과 차이가 있을 수 있음을 미리 밝혀 둔다.

홍 성 민(토마스 아퀴나스)

/

천주교 부산교구 사제이며 부산가톨릭대학교 인성교양학부 교수. 미국 인디애나주 St. Meinrad School of Theology에서 Master of Divinity를 받고, 대구가톨릭대학교 종교영성학과에서 박사 수료하였다. 현재 한국중독전문가협회에서 윤리위원장과 부산지부 이사를 맡고 있으며, 알코올 회복자 모임인 AA(Alcoholics Anonymous)에서 비상임이사를 맡고 있다. 명예 보호관찰관과 법사랑 위원 자격으로 보호관찰소에 불법 약물 사용자들을 상담하고 있으며, 한국마약퇴치운동본부 영남권재활센타에서 자문위원으로 활동하고 있다. 학교에서는 평생교육원장과 가톨릭상담센타장을 맡고 있으며, 중독전문가 2급 과정과 가톨릭상담심리사 2급 과정을 운영하고 있다. 저서로는 『신부님 저도 중독인가요』(2019)가 있다.

중독 _나를 잃어버리다

중독이란?

일상적인 대화에서 사용되는 중독의 의미는 무엇을 너무 많이 하거나, 너무 자주 한다는 뜻이다. 그런데 문제는 어느 정도를 기준으로 '많이'와 '자주'라는 말을 사용할 수 있을지, 그 기준이 너무 모호하다는 것이다. 엄마가 보기에 아이가 하루 2시간 게임을 하는 것은 너무 많이 하는 것이지만, 아이에게는 적당하거나 충분하지 못한 시간일 수 있다. 아내는 이틀에 한 번꼴로 술을 먹는 남편이 너무 자주 마신다고 생각하지만, 남편 입장에서는 대한민국 남자들의 평균이라고 생각할 수 있다. 사람마다 기준이 달라서, 중독인지 아닌지를 두고 늘 논란이 일어난다.

중독을 이렇게 이해하다 보니, 중독자의 가족들이 요청하는 것은 대부분 안 하게 하거나 줄여 달라는 것이다. "제발, 술만 안 먹게 해주세요!", "제발 게임 좀 안 하게 해주세요!" 상담 현장에서는 이런 요청을 제일 많이 듣는다. 그리고 이러한 생각들은 근본적인 해결책을 찾는 데에 오히려 방해가 된다. 단지 문제라고 생각하는 행동의 횟수와 양을 줄이거나 끊는 데에만 집중하다 보니, 진짜 문제를 보지 못한다. 진짜 문제가 술이라면, 술을 끊고 나면 문제가 해결되어야 한다. 하지만 술을 끊고도 쇼핑이나 도박에 빠지는 경우도 많다.

사실, 중독은 그 자체의 문제라기보다, 더 큰 진짜 문제 때문에 드러나는 증상이라고 할 수 있다. 마음이 우울해서 술을 마신다면, 술을 마시게 한 우울함이 더 큰 문제이다. 가족 안에서 큰 상처가 있고, 그 상처를 잊기 위해 게임에 빠졌다면, 게임 중독보다 가족관계가 더 큰 문제이다. 그러한 문제들 때문에 술에 빠지고 게임에 빠지게 된 것이다.

중독의 원인은 잘못된 삶의 태도

꼭 심각한 중독이 아니라고 하더라도, 우리는 살아가면서 가볍거나 일시적인 중독 현상을 경험한다. 예를 들어, 내일이 시험인데 충분히 공부하지 못해서 불안할 때가 있다. 그런데 꼭 그럴 때는 이상하게 갑자기 책상 정리를 하고 싶어진다. 잠시만 정리하려고 시작했는데 멈추지를 못하고, 나아가 책상 서랍 안에 있는 물건을 다 꺼내 정리하다가 결국 방 전체를 대청소하기도 한다. 또, 늘 책꽂이에 꽂혀있었고, 예전에 이미 읽은 열 권짜리 소설책이 시험 전날 갑자기 읽고 싶어서, 잠깐 읽어볼까 하고 일 권부터 읽기 시작했는데 결국 멈추지 못해 밤을 꼴딱 새우고 십 권을 완독하기도 한다. 이러한 일시적 중독 경험은 사실 누구나 할 수 있다.

마음이 불안할 때, 무엇인가에 의지하고 싶고 나를 불안하게 하는 것으로부터 도망치거나 숨고 싶은 마음이 우리 모두 안에는 있다. 사실 중독은 이러한 우리의 불안을 달래거나 피하려고 하는 데에서 시작된다.

어렵고 힘든 마음을 술로 달래고, 게임으로 피하고, 약으로 잊어버리고자 하는 것이다. 그러므로 중독에서 제대로 벗어나기 위해서는, 단지 줄이고 끊는 것으로만 해결되지 않는다. 피하려고만 하고, 제대로 바라보려고 하지 않던 삶의 태도를 바꿔, 더는 피하지 않고 직면해야 한다.

어떻게 술을 끊을 것인가가 아니라
술 없이 어떻게 살 것인가

태도는 '몸의 모양새'라는 뜻도 있지만, 어떤 일이나 사람을 대하는 마음가짐을 말하기도 한다. 똑같은 사건이나 상황도 그것을 대하는 태도는 사람마다 다르다. 그리고 그 태도에 따라 똑같은 것도 전혀 다른 의미와 결과를 가져온다.

이런 의미에서 중독은 단지 술 문제나 도박 문제가 아니라, 삶의 문제이다. 자신의 어려움, 힘겨움, 혹은 즐거움과 행복을 술에 의존해서 풀어내고 표현했던 사람이 이제는 술 없이 살아가려면, "어떻게 술을 끊을 수 있을까요?"라는 질문은 충분하지 않다. "어떻게 살아야 할까요?"라고 물어야 한다. 술을 끊는 방법이 아니라, 새롭게 살아가는 방법에 관해 물어야 하고, 고민해야 한다.

알코올 중독환자들이 회복하기 위해 서로 만나는 AA라는 모임이 있다. 술을 끊기 위한 금주 모임이기에, AA에 가면 술 마시지 않고 사는 법에 관해 이야기할 거로 흔히들 생각한다. 하지만 AA에서는 술 마시지 않고 사는 것을 넘어서, 정말 어떻게 살아야 하는지를 이야기한다. 정직하게 살아야 한다고 하고, 현재에 집중에 살라고 한다. 그렇게 살아야 단주도 유지할 수 있기 때문이다. 중독에서 회복되기 위해서, 또 중독을 예방하기 위해서는 술을 마시지 않고, 도박을 멀리해야 한다고 생각하지만 사실 더 중요한 것은 그 사람이 가진 삶의 태도가 어떤가이다.

첫 번째 중독의 삶의 태도, 내성

알코올 중독과 같은 물질중독, 그리고 도박과 같은 행위중독 둘 다 공통으로 나타나는 증상 중에 '내성'이라는 것이 있다. 내성은 지금까지와 같은 양, 같은 강도, 같은 자극으로는 더는 만족하지 못하는 것을 말한다. 약도 자주 먹다 보면, 약에 대한 내성이 생겨서 약효가 떨어진다. 그래서 더 자주 먹거나, 약효가 더 센 것으로 바꿔야 한다. 술도 먹다 보면 주량이 느는데, 술이 세졌다고 생각하지만, 사실은 술에 대한 내성이 생기는 것이다. 요즘 우리 사회에서는 커피를 마시는 것이 눈에 띄게 늘었는데, 밤에 커피를 마셔도 자기는 잘 잔다고 말하는 사람도 많다. 건강이 좋은 것이 아니라, 카페인에 내성이 생긴 것이다.

생각해보면 단지 어떤 물질을 많이 사용했기 때문에 그 물질에 대한 내성이 생겼고, 그 물질에 의존하게 되었다고만 설명할 수는 없다. 중독의 대표증상인 내성도 삶을 대하는 태도로 설명해 볼 수 있다.

지금 행복한 사람

꼭 중독자가 아니라고 하더라도 대부분 우리는 지금의 것에 만족하며 사는 것보다는 지금보다 더 많은 것, 더 좋은 것을 원한다. 미래에 관한 목표를 세우고, 그것을 이루기 위해 열심히 사는 삶의 태도는 분명 좋은 것이다. 하지만 항상 지금보다 더 좋은 것, 더 많은 것을 바라고 산다면, 그러한 삶의 태도는 지금의 행복을 보지 못하게 한다. 지금 내가 목표로 하는 그것이 내 것이 된다고 하더라도 거기에 만족하고 행복함은 느끼지 못할 것이기 때문이다.

정말 행복한 사람은 지금, 이 순간에 행복할 줄 아는 사람이다. 지금 내가 가지고 있는 것, 그것에 가치를 알고 소중히 여기며 감사할 줄 아는 사람이다. 이렇게 항상 더 많은 것, 더 좋은 것을 원하는 것이 '내성'이고, 내성이 대표적인 중독적인 삶의 태도라면 그것에 반대되는 삶의 태도는 지금의 것에 감사하는 것이다.

두 번째 중독의 삶의 태도, 금단

어떤 물질을 계속 사용하다가 중지하면, 여러 가지 이유로 심리적, 그리고 신체적인 불편함을 경험하게 되는데, 이것을 금단증상이라고 한다. 술을 마시지 않으면 손이 떨리고, 담배를 끊으면 마음이 불안해져서, 그래서 벗어나지 못한다. 금단증상은 중독에 빠진 사람이 그 속에서 벗어나지 못하게 만드는 가장 큰 원인이다.

중독에 빠지게 되는 원인은 너무나 많다. 유전적인 영향이 크고, 심리적인 문제로, 혹은 사회화 과정에서 잘못된 학습으로 인해 중독에 빠지게 된다. 하지만 보다 더 큰 이유는 내가 감당해야 하는 현실의 고통에서 벗어나고자 하는 마음이다. 생각해 보면 중독 현상은 참 모순적이다. 고통을 겪고 싶지 않고 피해가고 싶어서 선택한 것이 나를 중독으로 이끌었는데, 이제 그것 때문에 처음에는 없던 새로운 고통이 생긴 것이다. 그러기에 중독을 예방하고, 중독에서 벗어나고자 한다면 내 삶에 주어지는 '고통'을 바라보는 새로운 삶의 태도가 필요하다.

고통을 없애는 것이 아니라, 고통에 의미를 부여하기

어릴 때 가장 싫어했던 사람은 치과 의사였다. 어머니의 손에 끌려 치과에 가면, 죽을 만큼 아픔 고통을 겪어야 했기 때문이다. 당시에는 내가 왜 이러한 아픔을 견뎌야 하는지 이해할 수 없었기에, 그 선생님이 싫었고, 나를 치과에 데려가시는 어머니가 미웠다. 그런데 지금 성인이 된 나는 내 발로 치과에 간다. 어른이 되었지만, 치과 치료는 여전히 아프고 싫다. 하지만 어린이 되어 바뀐 것은 이제는 그 고통을 스스로 선택한다는 것이다. 왜냐하면 그것이 나에게 필요한 것이라는 것을 알기 때문이다. 고통을 이기는 진짜 방법은 고통을 없애주는 것이 아니라, 그 고통에 의미를 아는 것이다.

“배는 항구에 있는 것이 가장 안전하다. 그러나 배를 만든 목적이 항구에 두기 위함은 아니다.” 우리가 고통을 겪지 않으려면 아무 일도 안 하고, 아무도 만나지 않으면 된다. 그러면 실패할 일도, 상처를 입을 일도 없다. 하지만 내가 이 세상에 태어난 목적이 상처 입지 않고, 고통을 겪지 않기 위해 태어난 것은 분명 아닐 것이다.

또 이런 말이 있다. “물에 빠져 죽는 사람은 없다. 물에 빠져서 못 나와서 죽은 거다.” 중독 환자들이 다른 사람보다 더 큰 고통을 겪었기에 중독에 빠지게 된 것이 아니다. 고통의 크고 작음이 아니라, 그 고통을 어떻게 바라보고, 어떻게 해결하려 했는지에 따라 달라진 결과이다. 모든 사람이 고통을 원하지 않지만, 모든 삶에는 고통이 존재한다. 그렇다면 중요한 것은 고통이 없는 삶이 아니라, 고통을 이겨낼 힘을 가지는 것이다.

종교중독

많은 사람이 고통 중에 종교를 찾고, 종교 안에서 고통을 이길 힘을 얻는다. 그런데 중독 중에 종교중독도 있다. 현실의 어려움을 신앙을 통해 잊으려고만 하고 피하려고만 한다면 그것이 종교중독이다. 이러한 의미에서 사이비 종교는 종교 중독과 비슷하다. 사이비 종교에서는 자신들 밖의 바깥세상은 어둠이고 악이라 하고, 자신들 안에서만 사는 것이 안전하고 선한 것이라고 한다. 그래서 자신들 안에서만 머물게 한다.

꼭 사이비 종교가 아니라고 하더라도 신앙의 태도에 따라, 얼마든지 종교 중독으로 갈 수 있습니다. 성당이나 교회에서 머물며 기도하기를 좋아하다가, 신(神)의 품이 너무 좋아서 그 안에만 머물고자 한다면, 그래서 다시 가정으로, 직장으로, 세상으로 가지 못하게 된다면, 그것은 술이 주는 달콤한 위로에 빠져 거기에서 나오지 않고 술독에 빠져 사는 것과 다르지 않다.

세 번째 중독의 삶의 태도, 자기기만

중독환자의 특징 중 하나가 '부정', '합리화', 그리고 '투사'이다. 이를 통해 자신의 문제를 보지 않고, 계속해서 거짓말을 반복한다. 그런데 진짜는 남을 속이는 것이 아니다. 중독은 자기가 자기한테 속는 병이다.

부정은 자신의 가진 문제를 인정하지 않는 것이다. 주위에서 아무리 술 문제를 이야기해도 자신은 문제가 없다 하고,

'나는 알코올 중독이 아니다!'라고 말한다. 거짓말을 하는 것이 아니라 정말로 그렇게 생각하는 것이다. 계속해서 자신의 문제를 부정하다가, 더는 버틸 수 없는 상황이 되면, 그때부터는 자신의 문제를 '합리화'한다. 내가 문제를 조금 가지고는 있지만, 그럴 수밖에 없었다고 이야기한다. 사업만 잘 풀리면, 부부 사이가 조금만 더 좋아지면, 자식이 조금만 속을 썩이지 않으면 지금 당장이라고 술을 안 마실 수 있다고 말한다. 물론 이것도 거짓말이 아니라 진심으로 그렇게 생각하는 것이다. 이러한 삶의 태도는 꼭 중독 문제뿐 아니라, 내 삶에 일어나는 모든 갈등과 사건에서 다른 사람의 탓을 찾고, 나의 탓마저도 모두 그 사람에게 뒤집어씌우는 것이다. 이것을 '투사'라고 하는데, 투사(projection)는, 자신의 숨겨진 생각이나 욕구, 기분을 다른 사람의 탓으로 돌리는 것이다. 이러한 점들 때문에 사람들은 중독환자들을 '거짓말쟁이'라고 생각하는 경우가 많다. 하지만 엄밀히 말해 거짓말을 하는 것이 아니라 '자기 자신에게 속고 있는 것'이다.

자신에게 솔직하기

그런데 정도의 차이가 있을 뿐 자신에게 속는 것은 중독환자가 아니라도 모든 사람들이 갖고 있고 경험하는 일이다. 사실 자신에게 속지 않고, 자신의 모습을 있는 그대로 보고, 또 다른 사람 앞에서 그렇게 드러낼 수 있는 것은 말처럼 쉬운 일이 아니다.

세상에 완벽한 사람이란 없다. 이건 지극히 상식적인 말이다. 완벽한 사람이 없다는 것은 모든 사람은 문제가 있다는 뜻이다. 그런데 내가 문제가 있다고 생각하는 경우는 삶에서 그리 자주 있지 않다. 대부분 내가 아니라 남이 문제라고 생각하다. 내 주변의 누군가가 내 문제를 지적하면 쉽게 받아들이지 못한다. 우리가 자신의 문제를 보지 못하고, 나아가 부정, 합리화, 투사를 사용하는 이유는 나의 진짜 모습을 두려움 없이 보지 못하기 때문이다.

엄마에게 거짓말을 한 아이가 있다. 엄마는 그 아이에게 기회를 주고 싶다. 그래서 "너 정말 사실대로 말하면 엄마가 용서해 줄 거야."라고 다시 한번 묻는다. 이제 아이는 선택해야 한다. 끝까지 거짓말을 할 것인지, 아니면 사실대로 말하고 용서를 빌 것인지 선택해야 한다. 이때 아이가 솔직하게 사실대로 말하기 위해서 가장 필요한 것이 무엇일까? 강의 때 사람들에게 물어보면, 대부분 '용기'라고 답한다. 물론 용기가 필요하다. 하지만 아이가 용기를 내기 위해서는 엄마가 나를 사랑해주고 용서해 줄 거라는 믿음이 있어야 한다. 만약 그런 믿음이 없다면 아이는 결코 용기를 낼 수 없을 것이다.

중독 환자들이 거짓말을 많이 하는 이유는, 중독은 거짓말을 하는 자신에게 실망하고, 나아가 세상 누구보다도 자신이 자신을 미워하게 하는 병이기 때문이다. 그래서 중독 환자는 마지막에는 죽고 싶어 한다. 자신을 사랑할 수 없기 때문이다.

내가 나를 이해할 수 없고, 내가 나를 용서할 수 없으며, 내가 나를 사랑할 수 없기에 다른 사람의 사랑을 믿을 수가 없고, 그래서 더 솔직하게 자신을 바라볼 수 없게 되는 것이다.

어릴 때 읽은 동화책 중에서, 해님과 바람이 한 나그네의 외투를 두고, 누가 먼저 벗기는가에 대해 내기하는 이야기가 있었다. 우리가 다른 사람 앞에서뿐만 아니라 자기 앞에서조차도 솔직해지지 못하는 이유는 '두려움' 때문이다. 그 두려움이 자신을 다른 것으로 꾸미고 감추게 한다. 두려움은 자신이 안전하다고 느낄 때 비로소 사라진다. 그런데 만약 내가 완전해지고, 완벽해져야만 안전할 수 있다고 여긴다면 우린 죽은 그날까지 계속해서 불안에 떨어야 할 것이다. 중독의 원인이 불안이라는 말을 앞에서 했는데, 중독을 예방하고, 또 치유하기 위해서는 이러한 근원인 불안이 다스려져야 한다. 그것은 바로 자신이 사랑받고 용서받을 수 있다는 믿음이다. 완전하지 않고 완벽하지 않아도 괜찮다는 믿음, 그런 믿음이 있어야 중독에 빠지지 않고, 또 중독에서 빠져나올 수 있다.

나는 중독자라는 고백

AA 모임(단주 모임)에 가면 멤버들이 자신을 소개할 때, 이름 대신 '알코올중독자'라는 말을 붙인다. AA는 '익명의 알코올 중독자(Alcoholics Anonymous)'라는 뜻인데, 이것은 내가 과거에서 지금까지 누구였든 간에 지금 이곳에는 '알코올 중독자로서 와 있다.'라는 뜻이다. 자신의 이름 앞에 알코올 중독자라는 말을 붙이는 것이 우리 눈에는 별로 어려워 보이지 않지만, 사실은 엄청나게 큰 변화이다. 지금까지 부정하고 합리화하고 투사하면서 제대로 보지 않으려 애썼던 자신의 진짜 문제를, 이제 자신의 것으로 인정하고 받아들인다는 것이기 때문이다.

AA의 힘은 구성원들이 자신들의 가진 상처와 아픔을 다른 이들 앞에 내보이면서 동질감을 느끼고, 그 동질감이 각자에게 솔직해져도 된다는 믿음을 주기 때문이다. 이 세상 누구도 완벽한 인간 앞에 자신의 부끄러움을 드러내고 싶지 않다. 오히려 나와 같은 사람, 나와 비슷한 경험을 한 사람, 나의 부끄러움을 이해해주고, 나의 부족함을 적어도 판단하지 않을 사람 앞에서 우리는 솔직해질 수 있다.

중독은 노예가 되는 것

우리말에 중독은 두 가지 뜻이 있다. 첫째, 중독(中毒)은 'poisoning', 'intoxication(toxic)'이다. 말 그대로 독이 내 몸에 들어왔다는 뜻이다. '연탄가스중독', '식중독'이라는 말처럼, 어떤 해로운 물질이 내 몸에 들어와서 그것 때문에 해를 입는 것을 '중독'이라고 한다. 요즘 해독(detoxication)이라는 뜻의 '디톡스'라는 말이 유행이던데, '해독'은 여기서 말하는 '중독'의 반대 뜻이다.

그런데 우리가 지금 말하고 있는 중독은 그런 뜻이 아니다. 둘째 뜻의 중독(addiction)은 '노예가 되다'는 뜻이다. 영어 addiction의 어원은 라틴어 addicere '양도하다', '굴복하다'에서 온 것이다. 중독자를 뜻하는 addict는 고대 로마 법정에서 잡혀서 감금된 노예나 주인에게 넘겨진 사람, 노예라는 말에서 나온다. 노예는 똑같은 사람이지만, 자유가 없는 사람이다. 자기 뜻대로 살지 못하고, 주인의 뜻에 따라 움직이고, 주인의 뜻에 복종해야 하는 존재가 노예이다. 중독을 표현할 때 '강박적 집착'이라고 한다. 계속해서 반복되는 집착이라는 뜻이다. 이때 집착(attachment)이라는 단어는 고대 프랑스어인 아타쉬 'atache'(못을 박는다)에서 파생되었다. 곧 마치 못이 박혀 꼼짝달싹 못 하는 것이 집착이다.

그것이 무엇이든 중독의 대상이 되면, 그것이 나의 주인이 되고, 내가 그것에 속해 버리게 된다. 이렇게 볼 때 중독의 의미는 단순히 특정 행동을 많이 하고, 특정 물질을 자주 취하는 것을 넘어서, 영적인 의미가 있다. 엄밀히 말해 중독은 인간이 자기 자신을 잃어버린 상태이기 때문이다. 이런 의미에서 중독은 '영적인 질병'이다.

1964년 세계보건기구(WHO)는 '중독'이라는 용어 대신 '남용'(abuse)과 '의존'(dependence)이라는 용어로 바꾸어 사용하라고 권고하였다. 그러다가 2013년에 개정된 정신질환을 진단하는 기준표인 DSM-V(The Diagnostic and Statistical Manual of Mental Disorders, Fifth Edition)가 나오면서, 중독(addiction)을 이제 진단명으로 사용하게 되었다.

중독은 단계가 아니라 과정이다.

지금 자신의 상태를 설명하면서, 이 정도면 중독인지 아닌지를 물어보는 사람들이 있다. 물론, 현재 나타나는 증상이나 반복되는 상황을 보고, 어느 정도 단계인지 진단 내릴 수도 있겠지만, 엄밀히 말해 중독은 단계라기보다는 과정이다.

중독은 진행성 질환이다. 진행되어 가는 질병이기에, 그렇게 되어 가는 과정이라고 이해해야 한다. 지금의 단계가 중독이면 위험하고, 아니면 안심해도 되는 것이 아니다. 어떤 문제가 발생하고 있다면 일단 멈추거나 줄여야 한다. '나만 그런 것도 아닌데, 괜찮겠지.'라고 생각하며 계속 그와 같은 일을 반복한다면, 결국 점점 더 안 좋아지는 것이 중독이다.

중독에서의 회복은 잃어버린 나를 찾는 것

중독(addiction)의 뜻은 '노예'가 된다는 것이다. 그렇다면 중독의 반대는 주인, 자기 삶의 주인이 되는 것이다. 중독을 예방하고 중독에서 회복되는 것은 술을 끊고 도박을 그만두는 것만이 아니라, 자기 자신이 주인으로서 자신의 삶에 대해 스스로 선택하고, 그 선택에 대한 책임에서 도망치지 않는 것이다. "네 삶의 주인은 너다!", "주체적으로 살아라!"는 말은 우리가 어디서나 자주 듣는 말이다. 하지만 삶의 주인이 된다는 것은 쉽지 않은 일이다. 선택의 여지가 없고, 선택권이 주어지지 않을 때는 억울해하지만, 막상 내가 어떤 결정을 내야 하는 순간에는 두렵고 불안하기 때문에 주저하게 된다. 자신 삶에 자신이 주인으로서 살아가는 것은 너무나 당연한 일이지만, 사실 그렇게 사는 것은 쉬운 일이 아니다.

우리나라 사람들에게 '뭐 먹을래?'라고 물어보면 정말 대부분이 '아무거나!'라고 대답한다. 왜 그렇게 답하느냐고 물어보면 아마, "내가 먼저 나 먹고 싶은 걸 이야기하면, 상대방이 나 때문에 자기가 먹고 싶은 걸 이야기하지 못할까 봐, 양보하고 배려하는 마음에서 상대방에게 선택권을 주는 거다"라고 말할 것이다. 하지만 진짜 이유는 그게 아니다.

우리가 "아무거나, 아무데나'라고 대답하는 진짜 이유는, 내가 정말 바라는 것이 무엇인지 모르기 때문이다. 그래서 상대방에게 선택권을 넘기고, 내가 원하는 것을 상대방이 대신 찾아주기를 기대하는 거다. 사실 점심 한 끼의 선택이야 남에게 넘겨도 크게 문제 될 것은 없다. 하지만 만약 이러한 삶의 태도가 점심 한 끼의 문제가 아니라, 오늘 하루를 대하는 내 삶의 태도라면, 나아가 올 한 해를 대하는 내 삶의 태도라면, 나는 정말 행복해지기 어려울 것이다.

무엇이 진정한 행복인지, 행복을 어떤 상태라고 정의할 수 있는지를 말하는 것은 쉬운 일이 아니다. 하지만 아주 단순하게 말해본다면, 지금 내가 하고 싶은 것을 할 때 사람은 행복하다. 점심으로 김치찌개가 먹고 싶었는데, 김치찌개를 먹는 사람은 그 점심시간이 행복하다. 아침에 일어났을 때, 그날 하루 동안 자신이 하고 싶은 게 있고, 먹고 싶은 게 있고, 만나고 싶은 사람이 있는 사람은 그 하루가 행복할 수 있다.

하지만 반대로, 내가 무엇을 하고 싶은지가 없는 사람은, 주변에 있는 사람들에게 나를 행복하게 만들어 달라고 주문하고 기대한다. 그래서 좀처럼 행복해지기가 어렵다. 사실 중독의 대상이 되는 물질이나 행동들은 다 행복해지고 싶어서 선택한 것들이다. 더 행복해지고 싶어서 선택한 것들이 나를 불행하게 만드는 것이 중독이 보여주는 아이러니다.

나를 찾는다는 것은 결국 내가 진정 무엇을 원하는지를 알아내는 것이다. 내가 정말 바라는 것이 무엇이고, 좋아하는 것이 무엇이며, 나아가 진정으로 사랑하는 것이 무엇인지 아는 것이다. 사람이 자신이 진정 사랑하는 것을 알면 그것을 위해 모든 것을 희생할 수 있다. 희생한다고 하더라도 힘들다기보다는 보람 있고 행복하다고 말할 수 있다.

중독은 신성한 질병

스콧 팩은 "끝나지 않은 여행"이라는 책에서 중독을 신성한 질병이라고 말한다. 처음 이 말을 들었을 때, 도무지 무슨 뜻인지 알 수가 없었다. 그때까지 내가 경험한 중독이라는 병은, 한 사람의 신체 일부분을 손상시키거나 삶의 한 부분에 손실을 입히는 것이 아니라 삶 전체를 송두리째 무너트리는 것이었다. 또, 자신의 삶뿐만 아니라 주변의 가족, 이웃의 삶까지도 힘들게 하는 지독한 병인데, '어떻게 중독을 성스럽다고 말할 수 있을까?' 하는 생각이 들었다. 그런데 중독 문제를 고민해 오면서, 그리고 특히 중독 문제에서 벗어나기 위해 노력하는 사람들을 만나면서 스콧 팩이 왜 이런 말을 했는지 알게 되었고, 나아가 이제는 이 말에 전적으로 동의한다.

먼저 중독 환자들은 중독이라는 문제를 통해서 자신의 삶이 문제가 있음을 인정할 수밖에 없다. 처음에는 '나는 문제가 없다.'고 부정하고 도망치려 하지만, 결국 어느 순간이 되면 더는 부정할 수 없고 도망칠 수 없는 곳에 다다르게 된다. 알코올 회복자 모임인 AA에서는 이때를 '바닥치기'라고 한다. 바닥치기를 경험하면, 어쩔 수 없이 자신의 문제를 바라볼 수밖에 없고, 인정할 수밖에 없다. 하지만 중독문제가 없는 소위 정상인들은 대부분 자신의 삶에는 큰 문제가 없다고 생각한다. 그렇게 생각하며 살아도 자기 삶에 큰 문제가 생기지 않기에 변화하려고 노력하지 않고, 또 변화해야 한다는 생각조차도 하지 않는 경우가 많다.

반면, 중독환자들은 술을 끊거나 도박을 그만두고 나면 자신을 '회복자'라고 부른다. 생각해보면, 자신의 삶이 현재 회복 중이라고 말할 수 있는 사람은 그리 많지 않다. 대부분은 시간이 지날수록 삶이 더 좋아지는 것보다는 더 나빠진다. 시간이 지날수록 몸도 약해지고, 건강도 나빠지고, 죄만 더 느는 것 같다. 무엇으로부터 달라질 것인지, 자신의 삶에서 구체적으로 무엇을 바꿀 것인지, 정확한 대상이 없기 때문에 삶의 변화를 원하고 시도한다 하더라도, 구체적으로 무엇을 바꿔야 할지 모르고, 안다고 하더라도 절박하지 않아서 시도조차 안하는 경우가 많다.

하지만 중독환자들은 더는 도망갈 수가 없게 되면, 자신의 문제를 직면할 수밖에 없고, 문제에서 벗어나려고 노력하는 그 순간부터 자신을 '회복자'라고 부른다. 그리고 정말 회복의 삶을 살게 된다.

중독이라는 문제 그 자체가 좋다고 말할 수는 없지만, 중독이라는 문제 때문에 자신의 진짜 문제가 무엇인지 깨닫고, 회복을 위해 삶을 바꿔 갈 수 있다면 중독은 분명 축복받은 질병, 성스러운 질병이라 할 수 있을 것이다.

행복하십니까?

중독(addiction)은 한 사람이 가진 여러 문제 중 하나가 아니다. 삶 전체의 문제이다. 중독은 자신의 삶을 대하는 잘못된 태도로 때문에 시작되고, 점점 생활의 일부가 아니라 삶 전체가 '중독의 삶'을 향해 가기 때문이다. 이렇게 생각한다면, 중독을 예방하고 치유하기 위해서는 삶의 올바른 태도가 무엇인지 알고, 그러한 태도로 살 수 있어야 한다.

모든 사람은 행복해지길 원한다. 지금 우리가 하는 모든 생각과 말과 행동은 궁극적으로는 행복을 얻고, 지키기 위한 것들이다. 행복한 삶을 살고자 공부하고, 일하며, 노력한다.
그런데 만약 누군가가 "지금 행복하십니까?"라고 물으면 답하기가 쉽지 않다. 무엇이 나에게 행복인지, 지금 내 삶에서 행복의 기준이 무엇인지 명확하지 않기 때문이다.

따지고 보면 사실, 우리가 하는 노력은 행복해지기 위한 것이 아니라, 불행해지지 않기 위한 노력일 때가 많다. 좋은 학교와 직장을 다니지 못하면 불행할까 봐, 돈이 없으면 불행할까 봐, 건강을 잃으면 불행할까 봐, 그렇게 되지 않기 위해 열심히 노력한다. 그래서 만약 누가 "지금 불행하십니까?"라는 질문을 한다면, 그것에는 쉽게 그렇지 않다고 답할 수 있을 것이다. 그런데 죽기 전, "나는 적어도 불행하진 않았어. 그러니까 행복해!"라고 말하는 사람은 아마 없을 것이다.

행복은 불행하지 않아서 느끼는 마음이 아니다. 불행한 상황 속에서도 자신을 위로할 수 있고, 사랑할 수 있는 마음이다. 그 마음을 가지려면 자신의 삶에서 가장 중요한 것이 무엇인지 알고 있어야한다.

중독은 자기 삶에 일부를 잃어버리는 것이 아니라, 자기 자신을 잃어버리는 것이라고 했다. 그러므로 중독을 예방하고 또 중독에서 벗어나기 위해서는, 자기가 원하는 것이 무엇인지 적극적으로 생각해보고, 원하는 바대로 살아야 한다고 했다. 그런데 이렇게 말하면, "사람이 어떻게 하고 싶은 것만 하면서 삽니까? 하고 싶지 않아도 해야 하는 일이 있지 않나요?"라고 말할 수도 있을 것이다.

어린아이라면 모를까 성인이라면, 하기 싫은 일도 해야 한다는 것을 안다. 그것을 알기에 참고 견딘다. 하지만 분명한 것은, 하고 싶지 않은 게 있는 것과 하고 싶은 것이 아예 없는 것은 완전히 다르다는 것이다. 문제는 성인이 되어 갈수록 많은 사람이 자신이 정말 하고 싶은 게 무엇인지 궁금해하지 않는 데 있다.

정말 갖고 싶었던 물건을 샀는데 얼마 지나지 않으면 나에게 별로 필요가 없다는 것을 알게 될 때가 있다. 자신에 관해서 잘 모르기 때문에 우리는 내가 바라지 않는 것을 바라고, 불안하지 않은 것에 불안해하며, 두렵지 않은 것을 두려워한다. 그러므로 정말 끊임없이 자신에게 물어보아야 한다. 내가 정말 원하는 것이 무엇인지, 내가 정말 하고자 하는 것이 이것인지 질문할 수 있어야 한다. 종교에서 말하는 기도가 바로 그러한 작업이다. 신을 통해 계속 자신이 원하는 삶에 관해 질문하는 것이 종교적 삶이다.

진정으로 좋아하는 것을 하고, 좋아하는 사람을 만나고, 좋아하는 장소에 가고, 좋아하는 것을 먹다 보면, 그중에 자신이 정말 사랑하는 것을 발견하게 된다. 그 대상은 때로는 사람이거나, 어떤 일이나 행동이거나, 직업이거나, 어떤 공동체나 가치일 수도 있다. 자신이 사랑하는 대상을 만난 사람은 좋아하는 것을 하는 사람의 행복을 넘어선다. 좋아하는 것과 사랑하는 것은 비슷해 보이지만, 차원이 아주 다르기 때문이다.

고양이는 쥐를 좋아한다. 하지만 사랑하지는 않는다. 만약 고양이가 쥐를 사랑하게 된다면, 자신의 배고픔을 희생해서라도 쥐를 잡아먹지 않을 것이다. 사랑할 대상을 찾은 사람은 희생의 고통을 기쁨으로 승화시킨다. 힘든 것을 단지 억지로 참는 것이 아니라, 더 깊고 많은 삶의 의미가 부여되어 자신의 삶을 더 사랑할 수 있게 된다.

나는 누구인가?

중독이 자기 자신을 잃어버리는 것이라고 정의한다면 중독의 회복은 잃어버린 자신을 되찾는 것이다. 그런데 무엇이 나인지, 나를 누구라고 답할 것인지는 그리 간단한 것이 아니다.

어린아이들이 자신을 소개할 때는 자기 이름, 나이, 부모님이나 형제들의 관계를 이야기한다. 좀 더 자라면 자기가 다니는 학교 반 번호가 자기소개가 된다. 좀 더 커도 내가 다니는 혹은 다닌 학교나 회사, 하는 일, 버는 보수나 사는 집의 형태가 나 자신이라고 생각한다. 하지만 그 모든 것은 시간이 가면 계속 변화되고 결국 없어지는 것들이다. 하지만 그것이 변했다고 내가 변하는 것이 아니고, 그것들이 모두 사라진다고 해도 내가 사라지는 것은 아니다. 그 모든 것은 내가 가진 나의 것들이지, 내가 아니다.

그럼 나는 누구인가를 어떻게 말해 줄 수 있을까? 내가 진정으로 사랑하는 것을 통해 우리는 내가 누구인지 말할 수 있다. 내가 진정으로 사랑하는 일, 사랑하는 사람, 사랑하는 가치가 바로 내가 누구인지를 설명해준다.

중독은 행복하게 살고자 하는 마음에서 비롯된다. 인간의 참된 행복은 자기 자신이 누구인지 아는 것이고, 자신을 아는 것은 자신이 무엇을 사랑하는지를 아는 것이다. 그리고 그 사랑의 궁극은 자신을 사랑하는 것이고, 자신을 가장 사랑하는 방법은 자신이 그 사랑이 되는 것이다. 내가 누군가를 진심으로 사랑할 때, 우리는 세상에서 가장 자신을 사랑할 수 있게 된다.

차 윤 정

/

부산대학교 교양교육원 교수. 부산대에서 국어학을 전공하여 박사 학위를 받았다. 한국어와 한국어교육, 지역어와 지역문화 등에 관심을 가지고 공부해 왔다. 최근에는 지역과 지역인의 소외에 대해 관심을 갖고, 지역어와 지역문화의 가치를 재정립하고자 노력하고 있다. 특히 지역어와 지역문화의 다층성과 역동성 대한 연구, 지역에서의 삶과 지역사회의 주체로서 지역인들의 (언어)권리에 대한 인식의 필요성을 주장하고 있다. 이러한 연구의 결과물로는 「로컬언어 다시보기」, 「비동일성의 관점에서 본 로컬리티와 표상」, 「로컬 서사를 통해 본 차이의 가능성」, 「신자유주의에 대한 대안적 상상과 재현의 정치-암남공원 해녀공동체를 중심으로」, 「기호 '센텀'의 확산 형상에 반영된 사회문화적 의미 읽기」, 「한국어 학습자를 위한 부산 지역 방언 의문형 어미의 교육 방안」 등의 논문과 『장소경험과 로컬 정체성』, 『마을연구와 로컬리티』, 『지역에서 행복을 찾다』, 『부산 시공간의 형성과 다층성』, 『로컬리티 담론과 인문학』 등의 저서가 있으며, 삼광학술상을 수상하였다.

지역 방언, 치유를 말하다.

소외되는 인간과 언어

1.

*

"사람은 태어나면 서울로 보내고 말은 태어나면 제주도로 보내라."는 말이 있다. 사람이든 말이든 모름지기 큰물에서 놀아야 한다는 뜻의 옛말이다. 그래서 그런지 말 그대로 서울의 인구는 지속적으로 늘어나고 있고, 특히 대학을 졸업한 젊은이들은 취업을 위해 전국 각지에서 서울로 서울로 모여들고 있다. 그런데 취업을 위해 서울로 모여드는 지방 출신 젊은이들을 힘들게 하는 것은 팍팍한 인심과 낯선 서울살이뿐만이 아니다.

몇 달 전 모 일간지에 보도된 글이다.

"취업위해 사투리 교정…500만원 썼습니다"

부산의 한 국립대학에서는 취업 준비생들을 위해 '표준어 구사능력 향상과정'을 개설했는데, 이 강좌에서 표준어는 물론 개인별 억양과 정확한 발음, 표정관리 등을 교육한다. 특히 서울경기지역 취업을 원하는 학생들에게 인기다.

이밖에도 사투리를 교정하려 학원까지 찾는 지방 수강생이 상당히 많은 것으로 27일 조사됐다. 사투리가 취업에 불리하다는 인식이 여전히 강한 만큼 학생들은 터무니없는 비싼 수강료도 감당하고 있다.

최근 업계에 따르면 사투리를 고치려 말하기 '스피치' 강습을 듣는 수강생이 계속 늘어나는 추세다. 상경해 취업을 준비한다는 A씨(27)는 "택시에서 사투리를 쓰면 기사님이 먼 길로 돌아간다는 말도 있다. 면접에서도 불리하게 작용할 것 같아 사투리를 교정해주는 스피치 학원에 등록했다"라고 말했다.

표준어 강습은 지역마다 다른 사투리 특성상 1대1 맞춤 수업으로 진행된다. 1회 10만원부터 비싼 곳은 수십만 원을 호가하는 곳도 있다. 비싼 곳은 6개월 종합 과정으로 500만원도 호가한다.[1)]

기사에 따르면 지방 출신 취업준비생들은 지방에서 태어난 죄로 취업을 위한 전공 공부 외에도, 학원비를 들여가며 표준어를 배워야 하는 또 다른 어려움을 겪고 있다. 태어나면서부터 배우고 사용해 온 자신의 말을 교정하기 위해, 스피치 학원을 다니며 입가에 경련이 날 정도로 피나는 노력을 기울

1) https://www.seoul.co.kr/news/newsView.php?id=20210327500063&wlog_tag3=daum (서울신문 2021.3.27. 중)

이는 것이 오늘의 현실이다.

만약 서울에서 취업해 사투리를 고치지 않고 생활한다면 어떻게 될까? 최근 온라인을 뜨겁게 달구었던 아래 글이 그 답을 보여주는 듯하다.

> 저희 회사에 부산에서 올라온 사람이 있는데 1년 넘게 사투리를 안 고쳐서 좀 고민이에요.
> 아무래도 부산 사투리 너무 억양 쎄고... 좀 그렇잖아요. 다른 거래처랑 만날 때도 막 그 특유 억양이 나와서 거래처 사람들도 다들 웃고...
> 그래서 입사초반에 좀 고쳐주실 수 있나요?라고 했는데 열심히 노력하고 있다 말로는 그러는데 참 안 고치더라고요.
> 솔직히 미안해서 말은 안 하고 있지만 뒤에서 다들 욕해요. 참 별로라고. 원래 아무리 시골 출신이어도 서울에 1년 정도 있음 거의 없어지거든요. 근데 이분은 참. 왜 이러는 걸까요? 반항하는 건가? 싶기도 하고 대놓고 충격요법으로 말을 해야 되는 걸까요?[2)]

모든 사람들이 이 글을 올린 사람과 같은 생각을 가졌다고는 할 수 없다. 하지만 위의 신문 기사에서처럼 사투리 교정학원에 다니는 사람들이 많다는 것은, 사투리를 사용하는 대부분의 사람들이 자신의 말, 즉 사투리라고 불리는 지역의 방언을 사용하는 데 부담을 느끼고 있다는 사실을 보여주는 것이다.

2) https://cafe.daum.net/ok1221/9Zdf/2066894

물론 그들이 사용하는 말이 의사소통에 문제가 있으면 교정이 필요하다. 하지만 과연 교육과 매스컴을 통해 표준어의 세례를 받고 자란 이들이 의사소통에 문제가 있을 정도로 사투리를 사용하고 있는가? 그렇지 않다고 본다. 왜냐하면 오늘날 우리들은 오히려 지역 방언의 소멸을 걱정하고 있을 정도이니 말이다. 기껏해야 그들이 사용하는 지역 방언은 억양과 발음 정도의 문제이다. 가끔 어휘 사용에 문제가 있다 하더라도 그것은 대화상황에서 충분히 해결이 가능한 정도이며, 억양과 발음 역시 의사소통에서 문제를 초래할 정도는 아니다.

그럼에도 불구하고 위의 기사나 온라인상의 글에서처럼 우리 사회에서는 지역 방언이 '교정의 대상'으로 여겨지고 있는 것이 현실이다. 이처럼 의사소통이라는 언어 기능적 측면에서 별 문제가 없는데도 지역 방언을 사용한다는 이유만으로 취업에 불이익을 당하고, 발음부터 억양까지 교정을 받아야 한다는 것은 지역 방언에 대한 인식의 문제라고 할 수 있다. 지역 방언은 사투리로 촌스럽고 품위 없는 말이라는 인식이 지역 방언을 배제하고, 지역 방언 사용에 따르는 불이익을 정당화하는 논리를 만드는 데 작용한 것이다. 그리고 이러한 논리는 언어에만 적용되는 것이 아니라 그것을 사용하는 사람들에게까지 전염되어, 지역 방언을 사용하는 사람들은 촌스럽고 품위 없는 사람이라고 은연중에 규정하게 된다. 이러한 지역 방언에 대한 인식이 언어를 통한 소외를 낳게 된다. 말을 고치지 않아 뒤에서 다들 욕을 한다는 위의 글은 언어를 통한 소외의 예를 잘 보여준다.

**

지방이 고향인 사람들은 표준어 사용 환경에서 자신의 생각이나 의사를 표현할 때, 머뭇거리거나 긴장하는 등 불안한 감정을 경험하는 경우가 종종 있다. 이것은 우리가 태어나고 자라면서 자연스럽게 습득한 말을 의사소통 상황에서 자유롭게 사용하지 못하는 상태, 즉 언어로부터의 소외를 경험하는 것이다. 언어적 소외로 나타나는 긴장과 불안, 부자유스러움 등의 감정은 우리가 언어적 유대감을 상실했을 때 나타난다. 언어적 유대감은 동일한 언어의 사용을 통해 형성된다. 그래서 특정 지역의 방언을 사용하는 사람들 사이에는 그들만의 언어적 유대감이 존재한다. 지역의 방언은 지역이라는 공간을 기반으로 한 지역인들의 사유와 경험이 녹아 있을 뿐만 아니라, 그들의 일상적인 생활언어이기 때문이다. 이런 이유로 어릴 적부터 자연스럽게 습득한 지역의 방언, 즉 고향의 말을 사용하여 의사소통하면서 감정을 나눌 수 있는 언어환경에서는, 언어적 소외와 그에 따른 심리적 긴장이나 불안을 경험하지 않아도 된다.

지역 방언과 사투리

2.

흔히 지역에서 사용되는 언어-언어학에서는 이를 방언이라고 부른다-를 바라보는 관점은 크게 두 가지 정도로 나누어 볼 수 있다. 하나는 표준어와 대립되는 관계로 파악하여 비표준어라는 관점에서 지역에서 사용되는 언어를 바라보는 것이다. '방송에서 방언을 함부로 써서는 안 된다'라든가, '공식적인 대화에서 방언을 써서는 안 된다'라든가 할 때의 '방언'은 표준어와 대립되는 개념으로서 지역에서 사용되는 말을 가리킨다. 이러한 개념으로서 지역에서 사용되는 언어는 '사투리'라는 이름으로 불리는 경우가 많다. '충청도 사투리', '평안도 사투리'라고 할 때의 사투리가 바로 이러한 개념으로 쓰이는 경우다. 이때의 방언이나 사투리는, 표준어가 아닌 지방의 말을 뜻하며, 나아가서는 표준어보다 열등한, 세련되지 못한, 품위 없는, 규범이 없어 문자로 표현되기 어려운 등과 같은 부정적인 의미들을 수반한다. 이런 경우 방언 내지 사투리는 대개 한 고장의 언어체계 전반을 가리키기보다는 그 고장의 말 가운데서 표준어에는 없는, 그 고장 특유의 언어요소만을 일컫는 것이 보통이다. "사투리 때문에 못 알아듣겠다."라고 할 때의 사투리가 바로 이러한 용법으로 쓰인 경우이다. 언어가 사회를 반영한다고 할 때, 지역에서 사용되는 언어에 부여된 부정적인 의미는 지역 방언이 사용되고 있는 공간인 지방에도 유사한 의미로 전이된다. 그리고 이러한 의미는 지방이 가진 경제·사회·문화적 조건 같은 또 다른 조건들과 결합하여, 지방은 표준어의 공간적 기반인 서울에 비해 세련되지 못하고 주변적이며 열등하다는 의미를 강화시킨다.

지역에서 사용되는 언어를 바라보는 또 다른 관점은, 한 언어를 형성하고 있는 하위 단위로서 특정 지역에 기반을 두고 그 지역인들에 의해서 사용되는 언어라고 보는 것이다. 이는 특정 지역을 기반으로 지역인들에 의해 사용된다는 점에서 지역 방언이라는 이름으로 불릴 수 있다. 가령 한국어를 예로 들면 한국어를 이루고 있는 각 지역의 말들을 가리킨다. 이때 지역 방언은 지역의 특징적인 말들만을 가리키는 것이 아니라 언어체계 전부를 가리킨다. '충청도지역 방언'은, 충청도에서만 쓰이는, 표준어에도 없고 다른 도道의 말에도 없는 충청도 특유의 언어요소만을 가리키는 것이 아니라, 충청도에서 전래적으로 써 온 한국어 전부를 가리킨다. 이 점에서 한국어는 우리나라에서 쓰이는 각 지역 방언의 집합이라고 할 수 있다. 그리고 각 지역의 언어는 한국어의 다양한 변종들이라고 정의할 수 있다. 따라서 지역 방언은 표준어와 대립되거나 표준어보다 못한 언어라는 것이 함의되지 않는, 한국어라는 한 언어의 하위부류인 것이다.

하지만 일반적으로 지역 방언은 표준어와 대립되는 부정적 의미를 함축한 채 사투리라는 이름으로 불린다. 『표준국어대사전』에서는 표준어를 한 나라에서 공용어로 쓰는 규범으로서의 언어, 의사소통의 불편을 덜기 위해 국민이 공통적으로 쓸 공용어의 자격을 부여받은 말이라고 정의하고 있다. 이는 표준어의 효율성과 공통어로서의 규범성을 강조한 것이다. 표준어는 인위적이고 의식적인 방식에 의해 규범화와 표준화가 이루어진 언어이다. 다양한 변이형이 존재할 수밖에 없는 자연언어가 공통어로 되는 과정에서는 지역적 특색의 삭제나 언어순화, 어휘의 현대화 등과 같은 인위적인 방식을 통한 표준화가 수반되기 때문이다. 표준어가 의사소통의 효율성을 높이기 위해 인공적으로 가공된 언어임에 비해, 지역 방언은 그러한 가공을 거치지 않은 자연적인 언어이다. 지역 방언은 지역이라는 공간을 기반으로 해서 지역인들이 자신들의 사유와 경험을 표상한 표상 체계이자, 그들이 일상적인 의사소통을 위해 사용하는 언어 즉 지역의 생활언어인 것이다.

3.

3.1. 언어적 유대감과 지역 방언

언어를 의사소통의 수단으로 삼는 인간은, 공통의 언어 사용을 통해 유대 관계를 형성한다. 그래서 특정 지역의 방언을 사용하는 사람들 사이에는 그들만의 유대감이 존재한다. 방언은 지역이라는 장소를 기반으로 지역의 사람들이 자신들의 사유와 경험을 표상한 표상 체계이자, 그들이 의사소통을 위해 사용하는 일상적인 생활언어이기 때문이다. 일상의 생활언어로 방언을 사용하는 사람들에게 있어, 방언은 머리가 아닌 몸으로 익힌 말이다. 생활과 유리된 채 특별한 목적이나 필요성에 의해 머리로만 받아들인 말이 아니라 삶을 살아가는 과정에서 자연스럽게 몸에 새겨진 말이다. 그래서 지역 방언으로 소통할 수 있는 상황에서는 특별한 주의를 기울이지 않고 자연스럽게 말을 해도, 상황에 맞지 않다거나 상대방이 오해한다거나 하는 염려를 하지 않아도 된다. 그 지역 방언을 사용하는 공동체 구성원들은 그들의 언어 속에 담긴 특성-소리적인(음운적) 특성, 어휘적 특성, 문법적 특성, 언어 사용(말하기 방식 등)의 특성-들을 공유하고 있기 때문이다. 이러한 특성들은 그들의 지역 방언을 다른 지역 방언과 구별해 주는 특징들이다. 특정 지역 방언의 사용자들은 그들 방언의 특성에 익숙해져 있으며, 심지어는 이러한 특성들을 이용하여 표준어나 다른 지역의 언어로는 표현할 수 없는 섬세한 의미를 전달하기도 하고, 그들이 공유하는 말하기 방식으로 의사소통을 함으로써 그들 사이의 유대감을 확인하기도 한다. 이러한 언어적 유대감의 확인은 언어를 통한 소외감을 치유해 준다.

경상도 방언에서 찾은 언어적 유대감

1) 세밀한 의미의 공유

경상도에서는 친밀한 관계의 대화에서 비속적 표현을 사용하는 경우가 종종 있다. 경상도 방언에서 흔히 사용되는 '가시나'는 여자아이를 가리키는 표현으로 그 자체로는 비속적 표현이다. 하지만 아래의 대화에서 보듯이 '가시나'는 반드시 상대방을 낮추거나 욕설의 의미로 사용되는 것이 아니다.

연희: 울 아부지랑 싸웠나. 와 그라고 있노, 일로 온나.

만식: (피식 웃으며 돌아선다) 가시나… (영화 <해운대> 대사 중)

친밀한 관계에서는, 좋고 부끄러운 감정을 '가시나'라는 말에 담아 표현하기도 하고 또래의 여자나 여자아이를 정감 있게 부를 때 '가시나'를 사용하기도 한다. 이 경우 '가시나'는 본래 의미보다는 친밀감을 드러내는 장치로 사용된다고 할 수 있다. 이러한 표현의 또 다른 것으로는 '문디'가 있다. '문디'라는 표현은 본래 '문둥이'의 경상도 방언으로 나병환자를 낮잡아 가리키는 말이다. 하지만 아래의 예에서 '문디'는 본래의 의미로 사용되지 않고 있다.

(오래간만에 친구를 만난 상황) 문디가시나, 이기 얼마만이고.

(친구에게 선물을 받는 상황) 문디가시나, 이기 먼데?

'문디'라는 표현은 단독으로, 또는 '가시나', '머시마' 같은 표현들과 결합되어 사용되기도 하는데, 가깝고 친밀한 관계에서 주로 사용된다. 위의 예에서 보듯이 오랜만에 만나서 반가움을 표현하거나, 부끄럽고 겸연쩍은 상황 등 다양한 상황에서 사용된다. 모두 서로가 가깝고 친밀한 사이라는 공통점이 있다.

경상도 방언에서 '가시나, 머시마, 문디, 문디자슥, 문디가시나, 지랄하네'와 같은 비속적 표현들이 반가움이나 친밀감을 나타내는 데 사용될 수 있다는 것을 모르는 다른 지역사람들은, 경상도 방언이 거칠고 무례하다고 생각할 수 있다. 하지만 경상도 방언에서는 비속적 표현의 표면적 의미 아래에, 친밀감의 소통이라는 또 다른 의미가 자리한다. 전면에 드러나지 않는 친밀감이라는 의미는, 그 표현들이 사용되는 상황의 반복을 통해 경상도 사람들이 자연스럽게 습득하게 된 것이다. 경상도 사람들은 그런 내밀한 의미를 알고 있으며, 그것을 상황에 따라 적절하게 활용하기도 한다. 그래서 보고 싶었던 친구에게 '문디가시나, 이기 얼마만이고'라는 말을 할 수 있고, 또 듣는 사람은 '문디가시나'를 욕으로 받아들이지 않고, 오히려 그 바닥에 깔린 끈끈한 애정을 읽어낼 수 있는 것이다. 이것이 같은 지역 방언을 사용하는 사람들 사이에 형성되어 있는 유대감이다. 동일한 언어를 사용하여 서로 간의 유대감을 확인하게 될 때, 우리는 소외감에서 벗어나 자유롭게 언어를 사용할 수 있다.

2) 말하기 방식의 공유

언어의 기본적인 기능은 의사소통이다. 오해 없는 원활한 의사소통을 위해서는 상호작용 과정에서 나타나는 갈등과 충돌을 최소화함으로써 개인 간의 교류와 상호작용이 용이하도록 해야 하는데, 이런 의미에서 필요한 것이 예의이다. 레이코프(Lakoff)는 원활한 의사소통을 위해 대화 참여자들은 상대방의 일에 개입하거나 강제하지 말아야 하며, 상대방에게 선택의 여지를 제공하고 상대방을 기분 좋게 함으로써 서로 대등하고 우호적인 관계를 유지해야 한다는 예의규칙을 제시하였다.

의사소통 시 자신의 생각을 표현하는 방법에는, 원하는 것을 직접적으로 표현하는 방법과 그것을 관련되는 다른 표현으로 돌려 말하는 간접적 표현 방법이 있다. 직접적으로 표현하는 방법이란 궁금한 정보가 있을 때는 질문을 통해 표현하고 요구 사항이 있을 때는 명령을 통해 표현하는 것 같은 직접적이고 단선적인 표현 방법이다. 이에 대해 간접적인 방법은 질문의 형식으로 나타나지만 실제적으로는 요구나 주장 등의 의미를 표현하는 경우와 같이, 표면적으로 드러난 형식과 실제적으로 전달되는 의미가 다른 경우이다. 예를 들어 목이 마를 때 '물 좀 줘.'라고 말할 수 있지만 '물 좀 줄래?'라고 말할 수도 있다. '물 좀 줘'는 말하는 이가 물을 달라는 자신의 요구사항을 명령문으로 직접 표현하고 있다. 이에 비해 '물 좀 줄래?'나 '물 좀 주시겠어요?'는 말하는 이가 물을 줄 수 있는지를 물음으로써, 듣는 이가 질문의 의도를 짐작하도록 한다. 이에 대해 듣는 이는 말하는 이가 목이 마르기 때문에 이 질문을 했다고 생각하고 물을 주게 된다. 이처럼 두 가지 표현이 모두 물을 주는 행위로 이어지지만, '물 좀 줘'가 자신의 생각을 직접적으로 표현했다면, '물 좀 줄래?'는 간접적으로 표현한 것이다.

그런데 직접적으로 자신의 의사를 표현하는 명령문은 일방적으로 말하는 이의 의사를 전달하는 것으로, 듣는 이에게 선택 여부의 기회를 주지 않는다. 이런 점에서는 직접적인 표현은 듣는 이의 입장을 고려하지 않는 표현이 될 수 있다. 하지만 후자의 의문문은 듣는 이에게 상황에 따른 선택의 기회를 줌으로써 듣는 이의 심리적 부담을 줄이고 있다.

이처럼 간접적으로 의사표현을 하는 행위는, 레이코프가 제시한 예의규칙에서와 같이 대화 시 직접적으로 표현하기 어려운 이야기나 상대방에게 부담이 되는 이야기를 둘러말함으로써, 사회적인 관계를 부드럽게 하고 인간적인 갈등을 일으키는 요소를 줄이는 역할을 한다. 그래서 일반적으로 간접적으로 표현하는 것이 직접적으로 표현하는 것보다 훨씬 예의바르고 정중한 표현이라고 생각한다.

그런데 경상도 사람들의 대화에서는 간접적인 표현보다는 직접적인 표현이 더 많이 사용되는 경향이 있다. 경상도 사람들은 물이 마시고 싶을 때 상대방에게, '물 좀 줄래?'나 '물 좀 주시겠어요?'라고 의문문으로 말하기보다는, '물 쫌 도'나 '물 쫌 주소' 등의 명령문 형식으로 표현하는 경우가 많다. 경상도 말에 익숙하지 않은 사람들에게는 이러한 표현들이 명령조로 무례하고 거칠게 들릴 것이다. 하지만 경상도 사람들은 '물 쫌 도'나 '물 쫌 주소'라는 표현이 그렇게 무례하다고 생각하지 않는다. 왜냐하면 이 표현이 명령문 형식을 띠고는 있지만, 그것이 명령문이라는 형식이 가지는 것과 동일한 정도의 명령 의미를 가진다고 받아들이지 않기 때문이다. 듣는 이는 말하는 이가 명령을 하기보다는 물이 먹고 싶다는 표현을 분명히 했다고 생각한다. 이러한 생각은 일상적인 언어생활을 통해 경상도 사람들의 말하기 방식을 자연스럽게 습득하고 이해하는 과정에서 형성된 것이다. 즉 경상도 사람들은 동일한 말하기 방식을 공유함으로써 언어를 통한 유대감을 형성한 것이다.

또한 경상도 사람들은 말할 때 일반적으로 군더더기말이나 인사치레말을 잘 사용하지 않는다. 이는 경상도 사람들이 대화 시 본론과 관계없는 말을 생략하고 단도직입적으로 본론을 말하는 경향에서도 드러난다. 다음의 대화를 보자. 이 대화가 이루어지는 상황은 골목에 주인을 모르는 빗자루가 놓여 있고, 골목을 지나던 동네 할머니가 빗자루 주인을 찾아주기 위해 이웃집으로 들어간다. 그리고 이웃집의 젊은이에게 말을 하는 상황이다.

할머니가 집으로 들어오신다.
이웃집 젊은이: 와예?
할머니: 이 빗자루 느그꺼 아이가?
이웃집 젊은이: 아이예, 아입니더.
할머니: 그라믄 누낀고?
할머니가 나가신다.
이웃집 젊은이: 가이소

현장 상황을 상상하면 경상도 사람들에겐 이 대화가 전혀 어색하거나 무뚝뚝하게 느껴지지 않는다. 이는 경상도 사람들에게는 이러한 말하기 방식이 익숙하기 때문이다. 하지만 다른 지역 사람들은 이와 같이 생각하지 않는다. 할머니가 들어오시는데 인사도 없이 어른에게 "와예?"라고 말하는 이웃집 젊은이나, 다짜고짜 "이 빗자루 느그꺼 아이가?"라고 자신의 용건부터 말하는 할머니나 모두가 무례하게 느껴지는 것은 분명한 것 같다.

인사말 같은 관계 형성을 위한 말을 하지 않고 본론만 간단히 말하는 경향은 특히 경상도 남자들의 말에서 두드러지는 경향이 있는데, 이는 한때 인터넷에서 우스갯소리로 회자

되기도 하였다. 경상도 출신의 남편이 퇴근 후에 집에 와서 아내에게 하는 단 세 마디의 말이, '아는? 밥 묵자, 자자'라는 것이다. 이러한 우스갯소리는 필요한 말만하는 무뚝뚝한 경상도 사람들의 경향을 과장해서 표현한 것이다. 물론 이러한 우스갯소리는 과장되고 희화화된 것이며, 모든 경상도 사람들의 말의 특성을 포괄하지는 않는다. 그렇다고 해도 경상도 사람들의 말하기 방식의 특징을 대체적으로 반영하고 있다는 데에는 동감할 수 있다.

실제로 경상도 사람들은 인사치레말과 같은, 다른 사람과의 관계 형성을 하기 위한 말이 포함된 대화에 불편함을 느끼기도 한다. 그래서 대화 시 본론에 앞서 상대방의 기분을 고려해 상황을 설명하거나 인사치레 말을 늘어놓게 되면, 아첨한다는 생각을 하거나 기다리지 못하고 '본론이 머꼬?'라고 본론을 재촉한다. 이처럼 듣는 이와의 관계 형성을 위한 표현 없이 단도직입적으로 본론으로 들어가는 경상도 사람들의 말하기 방식은, 경상도 말이 직설적이고 무례하다는 인상과 함께 경상도 사람들이 성급하고 비사교적이며 예의 없다는 인상을 주기도 한다.

하지만 예의 없고 비사교적으로 보이는 경상도 사람들의 말하기 방식의 이면에는 의사소통과 관련된 또 다른 의미가 자리한다. 경상도 사람들은 관계 형성을 위한 겉치레말이나 군더더기말은 수식적인 의미를 가질 뿐, 전달하려는 본래의 의미가 아니라고 생각한다. 그래서 상대방에게 본인의 요구사항을 솔직하고 명확히 밝히고 상대방에게도 요구사항을 정확히 전달해 주기를 바라는 것이다. 즉 불필요한 내용을 줄임으로써 의사소통에 오해가 없도록 하려는 심리가 작용하는 것을 보여주는 것이다. 이러한 언어 사용 방식이 몸에 밴 경상도 방언 사용자들은 단도직입적인 말하기에 무례함과 불편함을 느끼기보다는, 솔직하고 꾸밈없이 말한다고 인식하며 편안함을 느낀다.

이렇게 직접적인 표현을 특별히 불쾌해하지 않는 것, 그리고 본인 또한 자연스럽게 직접적인 표현을 사용하는 것, 인사치레말 같은 관계 형성을 위한 말을 잘 사용하지 않는 것 등은 대체로 경상도 사람들이 공유하는 말하기 방식이다. 경상도 사람들은 일상의 의사소통에서 말하기 방식들을 공유하며 자신도 모르게 이러한 특징을 습득하고, 그에 맞도록 언어를 사용해온 것이다. 그 과정에서 동일한 언어를 사용하는 언어 공동체의 구성원이 되고, 공동체 내에서 언어를 통해 서로 간의 유대감을 형성하게 된다. 그리고 몸에 밴 이 말을 사용하고 들음으로써 언어를 통한 유대감을 확인할 때, 외로움과 소외감에서 벗어나 정서적 안정을 느끼게 된다.

3.2. 방언으로 그려내는 고향

동일한 지역 방언을 사용하는 사람들은 언어 공동체의 구성원으로서 서로에게 유대감을 갖기도 하지만, 자신이 사용하는 방언 자체에 대해서도 애착 관계를 형성하게 된다. 이러한 애착 관계는 마치 우리가 고향이라는 장소에 대해 애착 관계를 형성하고 있는 것과도 유사하다. 우리가 태어나고 자란 장소, 우리의 삶이 기록된 장소에 대해 애착을 갖듯이, 태어나고 자라면서 몸이 익힌 말, 우리의 삶을 기억 속에 기록하고 또 표현하게 하는 수단으로서의 말에 대해서도 애착을 갖는 것이다. 고향이라는 장소가 우리의 삶이 뿌리 내린 장소라면, 고향의 말은 우리를 관계 맺게 하고 우리의 삶을 기억할 수 있게 한 것이기 때문이다.

고향의 말은 고향이라는 장소와 분리되지 않는다. 우리 마음속의 고향에서는 우리가 자라면서 배운 고향의 말이 그대로 살아있다. 그래서 고향이라는 장소가 우리의 삶이 이루어진 원초적 공간이라면, 고향의 말은 태어나 어머니로부터 배우고 고향의 친구들과 함께 써온 탯말이 되는 것이다. 그래서 우리가 타지에서 고향의 방언을 들으면 아련한 향수와 함께 포근하고 따뜻한 기억들을 떠올리게 되는 것이리라.

2008년 부산비엔날레 기간 동안 수영구 문화센터 건물에는 부산 방언을 사용한 간판 여러 개가 걸려 있었다. 이진경 작가의 <부산갈매기가 그냥 갈매긴 줄 아나>라는 작품이었다. 지역 방언에 대한 연구를 하는 필자는 그 작품에 대한 사람들의 생각이 궁금해서 구경 온 사람에게 간단한 질문을 던졌던 기억이 있다. 왜 이 작품을 보러 왔는지, 이 작품을 보고 어떤 생각이 드는지 등의 물음이었다. 젊은 사람들은 그냥 궁금해서 왔다거나 지나가다 왔다고 했으며, 반응도 대부분 재미있다는 것이었지만, 나이가 지긋한 분들은 일부러 보러왔다며, 이런 간판을 보니 마음이 따뜻해지고 옛날 생각이 난다는 반응들이었다. 아마 이러한 반응의 차이는 방언에 대한 개인적 경험의 차이라고 생각된다. 어쨌든 시민들의 반응을 통해 보면 고향의 말은 우리에게 아무런 맛이나 의미가 없는 단순한 말은 아닌 것 같다. 그래서 지금은 잘 들을 수 없지만 자신이 어릴 적 사용했던 말을 어디선가 다시 보거나 듣는다는 것만으로도 향수를 느끼거나 심리적 위안을 받는 것이다. 이러한 것이 우리가 고향의 말을 통해 얻는 치유 가운데 하나가 아닐까 한다.

시나 소설 같은 문학작품에서는 향토색 짙은 고향의 분위기 연출이나 향토적인 인물의 성격 묘사, 또는 현장성의 표현 같은 여러 가지 문학적 효과를 주기 위해서 지역의 방언을 많이 활용해왔다. 그런데 문학적 효과를 위한 작가의 의도와는 별개로 작품을 읽는 독자들은 방언을 사용한 문학 작품을 통해 유년기를 추억하거나 고향에 대한 그리움을 느끼면서 마음의 위안을 얻는다. 어릴 적 듣던 고향의 방언은 고향을 소환한다. 방언을 통해, 고향은 가족이 함께한 장소, 유년의 따뜻한 기억이 있는 장소, 그리고 도시로 떠나기 이전의 안정된 세계 등으로 부활한다. 고향을 떠나 흔들리며 살아온 우리에게 고향은 근원적인 안정감을 지닌 장소이자 영원한 그리움의 대상인 장소이다.

시 작품의 경우 고향의 방언을 적극 활용한 작가가 백석이다. 백석은 일제강점기라는 시대적 분위기 속에서 시를 통해 조국 상실에 대한 절망감을 고향 상실감으로 표출하였다.

그는 고향인 평안북도 정주의 방언을 활용하여 작품 속에서 정주의 고유 음식, 풍습, 생활 등을 생생하게 보여주었고 이를 통해 고향을 구체적으로 그려냄으로써 그 그리움을 표현하고 있다.

> 눈이 많이 와서/ 산엣새가 벌로 나려 멕이고/눈구덩이에 토끼가 더러 빠지기도 하면/마을에는 그 무슨 반가운 것이 오는가 보다./ 한가한 애동들은 어둡도록 꿩사냥을 하고/ 가난한 엄매는 밤중에 김치가 재미로 가고/ 마을을 구수한 즐거움에 싸서 은근하니 홍성홍성 들뜨게 하며/이것은 오는 것이다./ … 이 조용한 마을과 이 마을의 으젓한

사람들과 살틀하니 친한 것은 무엇인가/ 이 그지없이 고담(枯淡)하고 소박(素朴)한 것은 무엇인가 <국수> 중

이 시는 눈 오는 날 국수를 함께 나눠 먹던 고향 마을에 대한 추억을 다루고 있는 시 <국수>의 일부이다. 시인은 '산엣새', '멕이고', '애동', '어매', '김치가재미' 같은 정주 방언들을 사용하여 눈 오는 날의 고향 풍경과 고향의 음식, 고향 사람들을 그려내고 있다. 특히 '김치가재미'같은 정주 방언은 겨울철 정주 음식의 별미인 동치미에 만 국수를 기다리던 유년 시절의 기억을 소환함으로써 고향을 생생하게 그려내고 있다. 또 '애동'이나 '어매' 같은 방언들은 고향 사람들과 유년 시절의 추억을 회상하는 매개로 사용됨으로써 고향에 대한 그리움을 한층 강화시키고 있다. 이 시가 발표된 1941년은 일제에 의해 우리말 사용이 금지되었던 시기이다. 이 시에서 정주 방언을 통해 고향을 그려낸 것은 상실한 조국과 고향, 그리고 흩어져버린 고향사람들에 대한 그리움을 표현하는 동시에, 해체되어 버린 고향의 공동체와 잃어버린 유대감을 회복하고 싶어하는 바람이 담겨 있다고 볼 수 있다.

당콩밥에 가지냉국의 저녁을 먹고 나서/ 바가지꽃 하이얀 지붕에 박각시 주락시 붕붕 날아오면/ 집은 안팎 문을 횅하니 열젖기고/인간들

은 모두 뒷등성으로 올라 멍석자리를 하고 바람을 쐬이는데/ 풀밭에는 어느새 하이얀 대림질감들이 한불 널리고/ 돌우래며 팟중이 산 옆이 들썩하니 울어댄다./ 이리하여 한울에 별이 잔콩 마당 같고/ 강낭밭에 이슬이 비 오듯 하는 밤이 된다. <박각시 오는 저녁>

이 시는 여름밤 고향의 풍경을 그려내고 있다. '당콩밥, 주락시, 열젖기고, 대림질감, 한불, 돌우래, 팟중이, 잔콩' 등의 정주 방언을 활용하여, 고향에서 여름 저녁에 먹는 음식, 고향 사람들이 밥을 먹고 바람을 쐬러 뒷등성이에 오르는 일상의 풍경, 온갖 벌레들의 울음소리와 별이 가득한 여름 밤하늘의 모습 등을 생생하게 그려내고 있다.

백석은 시에서 놀이와 음식, 생활 풍습을 통해 고향의 모습을 그려내는데, 이를 위해 사용된 것이 고향 정주의 방언이다. 고향의 방언을 사용하는 것은 생생한 고향의 모습을 그려내는 것뿐만 아니라 친밀한 공간으로서의 고향을 그려내는 데에도 도움을 준다. 같은 말을 하고 같이 놀고 같은 음식을 먹으면서 친밀감을 형성한 공동체로 이루어진 고향은, 이웃과 더불어 끈끈한 유대 관계를 맺고 있는 화해로운 공간이다. 이러한 공간에서는 군중 속에서 파편화된 개인, 소외된 개인은 존재하지 않는다. 우리가 그의 시에서 위안을 받는다면 아마 그가 그려낸 고향이 우리가 상실한 고향의 이미지를 담고 있기 때문일 것이다.

백석과는 또 다른 층위에서 지역의 방언을 통해 고향을 그려낸 시인이 박목월이다. 특히 그의 시 <사투리>에는 고향의 말에 대한 그의 감정이 잘 드러나 있다.

> 우리 고장에서는/ 오빠를/ 오라베라 했다
> 그 무뚝뚝하고/ 왁살스러운 악센트로/ 오라베 하고 부르면
> 나는/ 앞이 칵 막히도록 좋았다
>
> 나는 머루처럼 투명한/ 밤하늘을 사랑했다
> 그리고 오디가 새까만/ 뽕나무를 사랑했다
> 혹은 울타리 섶에 피는/ 이슬마꽃 같은 것을…
> 그런 것은/ 하늘이나 나무나 꽃이라기보다/ 내 고장의 그 사투리라 싶었다.
>
> 참말로/ 경상도 사투리에는/ 약간 풀냄새가 난다/ 약간 이슬냄새가 난다
> 그리고 입안에 마르는/黃土흙 타는 냄새가 난다 <사투리>

시에서는 '오라베', '칵' 같은 경주 방언을 활용하여 고향을 환기시키고 있다. 특히 오빠를 가리키는 경주 방언 '오라베'는 고향을 환기시키는 것은 물론, 어린 시절 누이동생을 떠올리게 하여 동기간의 그리움도 함께 표현하고 있다. 또 경

상도 방언의 억양과 정서를 직감적으로 느낄 수 있게 하는 시어 '칵'을 사용하여 고향에 대한 서정을 '앞이 칵 막히도록 좋았다'로 표현하고 있는데, 이 표현은 경상도 사람들이라면 말로는 표현할 수 없지만 그 특별한 감정을 감각적으로 느낄 수 있게 한다. 그리고 '머루처럼 투명한 밤하늘', '오디가 새까만 뽕나무', '울타리 섶에 피는 이슬마꽃'과 같은 표현으로 고향의 풍경을 그려내는 한편, 사투리에서 '풀냄새', '이슬냄새', '황토흙 타는 냄새'가 난다고 표현함으로써, 고향의 말이 고향을 환기시킨다는 것을 보여주고 있다.

끝없는 경쟁 속에서 어디에도 뿌리내리지 못하고 누구와도 깊은 유대감을 느끼지 못하는 현대인들은, 외로움과 소외, 우울과 불안 같은 심리적 질병들을 안고 살아가고 있다. 이러한 심리적 질병을 치유할 수 있는 방법 가운데 하나가 유대감의 회복이라고 할 수 있다.

인간이 살아가는 데에는 유대감이라는 것이 중요한 의미를 갖는다. 장소를 기반으로 살아가는 인간은 자신이 살아가는 장소와 유대 관계를 맺고 애착관계를 형성하는 가운데 안정감을 누릴 수 있다. 또 인간은 혼자서는 살아갈 수 없는 존재라는 점에서 다른 인간과 유대 관계를 맺으며 살아야 하며, 그 과정에서 형성된 질서나 문화 같은 것 속에서 살아야 한다. 그 가운데에서 인간은 외로움을 극복하고 안정감과 행복감을 느낄 수 있다. 고향은 이런 유대감으로 가득한 삶의 근원적인 공간이다. 그래서 고향과 연결될 때 인간은 안정감과 행복감을 느끼게 된다. 고향의 말은 그러한 고향을 환기시킴으로써, 인간으로 하여금 소외와 외로움으로부터 벗어나 안정감을 느낄 수 있게 해준다.

4.

최근 차이와 다양성의 문제가 부각되면서, 문화적 권리와 언어권리에 대한 관심이 증대되고 있다. 문화적 권리란 인간의 문화에 대한 권리로, 이는 인간의 기본적인 권리인 인권에 속한다. 인권의 일차적 개념은, 모든 인간은 평등하며 자유롭다는 자연법적 원칙에 따라 일체의 사회적 차별과 불평등에 대항하여 인간본연의 존엄성을 지켜야 한다는 것이다. 이렇게 본다면 문화적 권리란, 인간은 자신이 살아온 삶의 총체적 방식대로 삶을 영위할 권리를 가진다는 것에 다름 아니다.

흔히 언어를 문화의 DNA라고 하는데, 이는 문화가 언어 속에 담지될 뿐만 아니라, 문화를 대표적으로 표상하는 것이 언어이기 때문이다. 따라서 문화적 권리가 인간의 기본적인 권리라면, 언어권리 역시 인간의 기본적인 권리라고 할 수 있다. 언어권리는 인간의 언어에 대한 권리로서, 인간이 누려야 할 기본적인 권리인 것이다. 언어권리란, 인간이 자신에게 자명한 언어를 자유롭게 선택하고 사용할 수 있는 권리, 그리고 그것을 통해 어떤 불평등한 대우를 받지 않아도 될 권리, 자신이 선택한 언어를 사용하여 창조적으로 다양한 문화적 활동을 할 수 있는 권리라고 정의할 수 있다.

그렇다면 인간에게 자명한 언어란 무엇일까? 이는 인간이 자유로운 상태에서 사용하는 언어를 말한다. 즉 어떠한 외부적 압력이나 감정적 억압이 없는 상태에서 자율적으로 발화하는 언어이다. 이런 관점에서 보면, 인간이 태어나면서부터 배운 언어는 자명한 언어가 될 것이다. 인간은 자신이 태어나서 배우고 익힌 언어에 대해 애착을 가지고 있으며, 이것을 사용해 가장 자연스럽게 소통할 수 있기 때문이다. 그리고 인간은 누구나 이런 언어를, 아무런 제한 없이 사용하고 싶어하는 욕망을 가진다. 언어권리란 자명한 자신의 언어를 자유롭게 사용하고, 그 사용에 따른 배제나 소외, 차별 같은 불평등한 처우를 받지 않을 권리이다.[3)]

이러한 언어권리가 침해되는 상태를 '언어적 차별(linguicism)'이라고 한다. 언어적 차별은 언어의 위상 문제와 관련이 있다. 언어의 위상은 언어에 대한 가치평가가 반영된 것으로, 이는 언어 외적인 시대적, 사회적 상황에 따라 만들어진다. 그리고 이렇게 만들어진 언어들 사이의 수직적 관계가 한 사회의 문화코드로 자리잡게 되면, 이는 그 언어 사용자들의 위상으로

3) 차윤정, 「언어권리와 로컬의 주체형성」『한국민족문화』 40집, 부산대 한국민족문화연구소, 2011, pp.5~7.

전이된다. 곧 어떤 언어를 사용하는가에 따라 그 사회 속에서 언어 사용자들의 위계 관계가 형성된다는 것이다. 그리고 언어 사용자들은 이러한 문화코드를 강제적 혹은 자발적인 과정을 통해 내면화하게 된다. 이렇게 내면화된 문화코드는, 결국 하위에 배치된 주변부 언어(지역 방언 등)의 사용자들이 자신의 언어권리를 포기하거나 포기해야만 하는 결과를 초래하게 한다. 앞의 신문 가사에서처럼 지방 출신 취업준비생들이 자신의 말을 교정하는 것은, 그것이 생존을 위해서이든 어떤 이유에서이든 결국 사회의 문화코드를 내면화하고 언어에 대한 자신의 권리를 포기하는 모습을 보이는 것이다.

언어를 사용함으로써 다른 동물과 구별되는 인간이 진정한 언어적 존재가 되기 위해서는 언어에 대한 인식의 재고, 즉 인간에게 언어가 무엇인지, 왜 인간에게 언어가 필요한지에 등에 대한 인식의 전환이 필요하다. 인간에게 있어 언어는 기본적으로 욕망 실현을 위한 도구가 아닌, 자신의 정체성을 담아낼 수 있는 존재의 집이며, 언어 사용의 권리는 인간이 가진 고유한 권리라는 점에 대한 인식의 재발견이 필요하다. 언어를 사용하는 인간으로서, 주체적인 언어 사용자가 되기 위해서는 이러한 인식이 전제가 되어야 하며, 이러한 인식이 바탕이 되어야 지역 방언 사용자들은 자연스러운 언어생활을 영위할 수 있으며, 언어를 통한 소외에서도 자유로

워질 수 있을 것이다.

김 민 화

/

신한대 유아교육과 교수. 성균관대에서 아동심리학과 발달심리를 전공하고 박사학위를 받았다. 예술을 향유할 수 있는 어진 마음은 생애 가장 어린 경험에서부터 시작된다는 신념으로 유아교사가 될 학생들에게 문학과 미술, 문화예술교육 등을 가르친다. 그러나 대학에서의 전공 때문에 만들어진 연령의 속박을 넘어서고자 한다. 마음을 어루만지고 서로에게 추임새를 넣어 누구나의 삶에도 가치가 있음을 알려주는 이야기가 있다면 이들을 간직하고 감상하고 창작하고 나누고자 한다. 청동말굽'이라는 필명으로 기획하고 쓴 『경복궁에서의 왕의 하루』(2003), 『바람소리 물소리 자연을 닮은 우리 악기』(2008), 『나무가 들려주는 이야기 한국사』(2011) 등의 역사와 전통문화에 관한 시리즈들이 있으며『부끄럼쟁이 아냐, 생각쟁이야!』(2014), 『대화가 즐거워!』(2009),『열세 살, 내 마음이 왜 이러지?』(2011),『나에게 힘을 주는 이야기』(2008)등의 심리동화와 『폭력, 특별한 사람들의 이야기일까?』(2019), 『감정, 정말 다스리기 어려운 걸까?』(2021)등의 어린이 인문학서를 저술했다. 저서 중 다수가 초등학교 교과서에 수록되었으며 지금도 어린이들을 위한 인문서적 기획에 관심을 두고 있다. 한국독서치료학회와 한국이야기치료학회의 회장을 역임했고 지금도 두 학회에서 활동하고 있으며 관련 전공서적들을 집필하고 번역해왔다. 『트라우마 이야기치료』(공역, 2020)는 마음치유에 관심을 가진 활동가들에게 권하고 싶다.

노년을 응원하는 그림책

천변의 아파트단지에 살고 있는 덕분에 어느 때고 나가 걸을 수 있다. 밤 열두시든 새벽 네시든 천변에는 사람들이 걷고 있다. 안전을 걱정하지 않고 천변을 걸을 수 있어 '우리나라 좋은나라'하며 감사하지만 만나는 사람들의 모습에 신나지는 않는다. 그곳에서 가장 많이 만나는 사람은 노인들이기 때문이다. 비척비척 걷는 노인을 보면 몸이 아프신가, 홀로 나온 노인을 보면 얼마나 외로울까, 한 밤중에 마주친 노인을 보면 잠이 안 오시나,.... 가끔 손을 잡고 나온 걷는 노부부를 보기도 하지만 이내 나도 이다음에 저렇게 다닐 수 있을까를 걱정하게 된다.

나는 사람들을 보면서 이야기를 상상하는 버릇이 있다. 천변의 노인들은 더 우여곡절이 많은 이야기를 상상하게 한다. 『천변풍경』을 쓴 박태원도 청계천변을 걸으며 실제로 만난 사람들의 이야기를 소설로 쓴 것일까? 그는 주관적 감상을 철저히 배제하고 천변에 살고 있는 민초들의 생활상을 있는 그대로 묘사했다고 한다. 하지만 나는 그럴 수 없다. 내가 보는 천변풍경에 빨래터나 다방에 모인 사람이나 집나온 아낙네가 있는 것이 아니라 그저 운동복 차림으로 걷는 사람들이 있을 뿐인데도 지극히 감상적이 되어버린다. 노인들에게서는 일종의 동질성이 발견되는데 그 모습에 서글퍼지기도 한다. 균형을 잃은 걸음걸이, 느린 속도, 웃음 없는 표정, 어디를 보고 있는지 모를 눈동자,.... 그들은 좁은 어깨와 가느다란 다리만 남겨 놓고 빠져나가버린 꿈을 어쩌지 못하고 그저 열심히 걷고 있는 것으로 보인다.

집단의 동질성에 민감하게 반응하는 것은 그런 모습들이 긍정적으로 해석되지 않기 때문이다. 자본주의 사회에서 다수의 동질성은 소외를 의미하는 것처럼 느껴진다. 대학생 때, 『난장이가 쏘아올린 작은 공』에서 여공들의 공통된 외모를 기술한 부분을 읽고 온 몸에 소름이 돋을 정도로 충격을 받았었다. 당시 그런 모습을 내 주변에서 쉽게 볼 수 있었기 때문이기도 하지만 그만큼 눈여겨보지도 않았기 때문이었다. 나는 구로공단 전철역에서 우르르 쏟아져 내리는 젊은 아가씨들, 무슨 일 땜에 찾아갔는지 기억나지도 않지만 공장기숙사 창문에 매미처럼 매달려 나를 바라보던 여공들(당시 보이시한 외모의 나를 동료의 남자친구라고 생각했던 것 같다.)의 비슷비슷한 모습들에서 아무것도 읽어내지 못했었다. 아니, 관심도 없었다는 것이 맞을 것이다. 그런데 조세희 작가는 그들의 공통된 체형, 몸의 비율, 옷차림, 시선, 얼굴표정에서 개인의 삶을 넘어 사회를 읽어냈다는 것이 놀라웠다.

천변에서 만나는 노인들의 공통된 모습에서도 사회를 읽을 수 있다. 한국은 고도화된 경제성장과 의료기술의 발달로 2000년 이후 이미 고령화사회로 진입하였으며 2026년

이 되면 노년인구가 전체의 20.8%가 되는 초고령사회로 진입할 것이라고 예상하고 있다. 이러한 인구변화는 걱정을 안겨준다. 자본주의 사회에서 더 이상 생산 활동에 종사하기 어려운 노년은 빈곤과 직결되기 때문이다. 모아놓은 자산이 없다면 더욱 그렇다. 하여 자본주의 노년의 적응은 '생산적 노화(productive aging)'(Kerschner & Pegues, 1980), '활동적 노화(active aging)'(WHO, 2002), '성공적 노화(successful aging)'(Foster & Walker, 2015), 등의 담론에 근거하여 판단하는 경향이 있다. 이들 담론은 노년이 되어서도 사회와 경제적 생산 활동에 참여하는 것에 가치를 두고 있다. 게다가 전 세계를 흥분시킨 '안티에이징(anti-aging)'의 이슈는 상업주의와 손잡고 젊어 보이는 외모를 유지하며 노년의 쇠약해진 신체를 이겨내는 것을 미덕으로 삼게 하였다. 서구화된 사회의 노년여성들이 자신의 미용적 외모(cosmetic feature)와 신체에 대한 불만족을 더 크게 나타났다는 연구결과(Sabik & Cole, 2017)는 특히 사회경제적으로 발달된 사회의 여성들 사이에서 성공적인 노화를 나이 들어 보이지 않는 외모를 유지하는 것으로 여기고 있음을 보여준다. 이러한 담론에 비추어 본다면 천변에서 만나는 노인들은 성공적 노화의 잣대에 적합하지 않은 것으로 보인다. 그들은 열심히 일한 사람이라면 곤히 잠들어 있을 한밤중에 일어나 검은 거리를 돌아다니고 있으며 운동을 하고 있는데도 발산되는 에너지가 느껴지지 않는, 지극히 노인다운 모습을 하고 있다.

그러나 이러한 담론과 유행이 노년의 삶에 대해 획일화된 기준을 만들고 그에 따른 성공과 실패를 나누는 사회적 억압일 수 있다. 푸코(2003)가 『광기의 역사』에서 지적한 바와 다름없는 이성과 권력의 이데올로기에 근거한 배타적이고 독선적인 가치기준으로 노인을 바라보는 것이다. 노인은 기능이 쇄하고 결핍되어 있는 사회적 약자가 아니라 여전히 사회참여와 성취를 할 수 있는 사람으로 존중받아야 한다고 주장하나, 여기서 무엇이 결핍되어 있고 무엇을 성취해야 하는 가에는 부의 생산과 사회에서 필요로 하는 역할을 수행하는 것을 높게 사는 자본주의의 가치가 담겨있는 것이다.

'성공적 노화'라는 신화를 우리의 삶에 대입시키기에 앞서 그 의미를 해체(deconstruction)할 수 있어야 한다. 차이의 체계 속에서 하나의 고정된 의미란 존재하지 않는다는 데리다(1996)의 주장과 같이 서구 중산층의 남성적 관점에서 생성된 '성공적 노화'라는 특권화된 기표를 다시 바라볼 수 있어야 하는 것이다. 현대의 노인은 과거와는 다른 '젊은 노인'으로 보이고 이해되어야 한다는 가치판단은 권력으로 작용하여 오히려 노년의 삶을 억압하고 그렇지 못한 삶을 살고 있는 노인의 삶을 실패한 것으로 여기게 할 수 있다. 돌이켜, 누구보다도 이른 새벽과 잠 못 이루는 깊은 밤에 천변을 걷는 노인들을 보며 지극히 감상적이었던 나를 반성해본다.

최근 '성공적 노화'의 허상을 벗긴 온전한 노년의 삶은 어떠한가에 대한 연구들이 시작되었다. 김일식과 김계령(2019)은 서로가 영적 성장과 인간으로 완성됨을 축하할 수 있는 성숙한 노인문화로의 변화를 강조했다. 한편, 임정신과 윤창국(2019)은 현상학적 연구를 통해 실제 노인들이 인식하는'잘 늙어감'의 의미를 파악했는데 잘 늙어간다는 것은 육체적 유한성의 인정하는 것이며 경제적 비생산성을 강조하는 시각에서 벗어나 사회적 생산이라는 확장된 개념으로 구성됨을 밝혔다. 이들 연구에서와 같이 긍정적인 노인의 모습과 노화에 대한 의미는 재구성될 수 있으며 이것은 '성공적인 노화'와 같은 사회적 담론을 해체하고 개인의 삶에 온전한 가치를 부여할 수 있을 때 가능한 것이다.

그렇다면 노인들은 어떨까? 스스로의 삶을 '성공적 노화'의 담론으로부터 성공적으로 해체시키고 있을까? 이것은 곧 노년이 될 나 자신에게도 묻게 되는 질문이다. 만약 일과 모아둔 자산에만 비추어 자신의 삶을 실패한 것으로 여기고 희망 없는 노년을 살아가는 노인이 있다면 그들의 삶을 어떻게 변화시킬 수 있을까?

우리는 자신을 어딘가에 비춰진 모습을 통해 인식하게 된다. 거울을 통해 비춰진 물리적인 모습만이 아니라 다른 사람에게 비춰진 자신의 이미지를 통해 스스로를 알아간다. 하여 쿠울리(Cooley)라는 미국의 사회학자는 '거울자아(looking glass self)'라는 개념으로 자아상의 형성과정을 설명했다. 이야기도 사회적 거울의 역할을 한다. 이야기에 나오는 나와 같은 이미지를 통해 자신을 보는 것이다. 다수의 이야기가 힘을 가지고 '너의 삶은 이렇다'라고 그 모습을 보여주면 그것을 가치 있는 것으로 받아들이게 된다. 그렇기 때문에 성공적 노화의 담론 해체는 노인들 개인의 몫으로만 남겨둘 수 없다. 회자되는 이야기가 먼저 획일적인 가치판단에서 벗어나 다양한 노인들의 삶을 거울로 비춰줄 수 있어야 한다.

최근 그림책은 광범위한 독자층을 대상으로 하는 매체로 자리 잡고 있다. 그림책은 어린아동에서부터 성인과 노인에 이르기까지 전생애에 걸친 독자들이 쉽게 접하고 즐길 수 있기 때문에(Nikolajeva & Scott, 2006; Sandra, 2013) 담론형성에 미치는 영향력이 점점 커지고 있다. 실제로 그림책에 나타난 이웃이나 성인 등장인물의 연령을 분석한 결과 노인이 가장 많이 나타났으며(서정숙, 한희정, 2014; 장혜미, 현은자, 2008) 그림책 속에 담긴 노인의 모습을 통해서 노화와 노년기의 삶, 그리고 죽음에 이르기까지의 생애주기에 대해 이해할 수 있다(신세니, 조희숙, 2009).

그동안 그림책에 담긴 노인의 이미지는 생활고에 시달리고 가족이나 사회로부터 소외와 단절된 상태로 외로움을 경험하는 것으로 묘사되는 경우가 많았다(신세니, 조희숙, 2009; 최고은, 신세니 및 조희숙, 2011). 그러나 Donowski(2011)는 2000년 이후 10년 동안 칼뎃콧상을 수상한 그림책을 분석한 결과 노인에 대한 묘사가 긍정적으로 개선되었으며 노인의 주요역할 비중이 증가하였음을 발견했다. 또한 그림책을 통해 노인에 대한 긍정적 인식이 증가하였음을 입증한 연구들이 이루어져(김민정, 2007; 김혜숙, 김은심 및 김정희, 2013; 오나리, 2010; 이규연, 2018) 그림책의 효과를 확인할 수 있었다.

여기서 '긍정성'의 내용을 살펴볼 필요가 있다. 박노현(2017)이 텔레비전 프로그램에서 재현된 노인의 삶이 현실의 노인을 온전히 묘파하지 못한 극적 환영에 불과하다고 비판했던 바와 같이 그림책에서의 긍정적 노인 또한 실제가 아닌 환영을 제공할 수 있기 때문이다. 천현숙(2017)도 인쇄광고에 나타난 노인의 모습을 분석하면서 노인이 더 이상 배경이 아닌 주도적 역할을 하고 있으며 전문가답고 여유로우며 활기찬 모습을 보여주고 있지만 실상은 자기 말이 없고 자기주장이 없는 소극적인 모습이었음을 밝힌 바 있다. 마찬가지로 그림책에 재현된 노인의 긍정적 이미지 역시 피상적일 수 있다.

대부분의 그림책 연구들은 그림책에 담긴 노인 모습의 긍정적 변화를 노인의 활동에서 찾았다. 최예린(2018)은 학업이나 일에 새롭게 도전하고 가족 외 다른 사람들과 관계를 맺으며 봉사하고 상담자의 역할을 도맡는 것으로 노인의 긍정적 정체성을 보았다. 현은자와 장혜미(2011)는 적극적인 삶을 사는 노인의 모습을 그리는 그림책이 필요하다고 했는데, 그림책 속 노인의 '적극적인 삶'에 포함되어 있는 의미는 새로운 것을 배우는 것에 도전하고 후세대에게 지식과 지혜를 전달하는 역할을 하며 신체적으로 건강한 모습을 보여주고 자애로운 보호자의 역할을 하는 것이었다(김민정, 2007; 서정숙, 정진, 2007; 양유진, 오한나, 2018; 이규연, 2018; 현은자, 장혜미, 2011). 특히 양유진과 오한나(2018)는 그림책의 노인 등장인물에 대한 새로운 패러다임을 반영하고자 하는 노력이 선행되어야 함을 주장하면서 '액티브 시니어(active senior)'로의 노인 정의를 통해 노인을 새로운 정체성을 가진 존재로서 인식하는 변화가 필요하다고 하였다.

이러한 연구결과들만 보면, 그림책도 성공적 노화의 담론에서 자유롭지 못한 것으로 보인다. 그림책 작가가 의도한 것이든 연구자의 의미부여가 그러한 것이든 그림책에 재현된 노인의 '긍정적' 이미지, 즉 노화에도 불구하고 여전히 젊은 이들처럼 하고자 하며 새로운 일에 도전하는데 주저함이 없으며 경제적 생산 활동을 지속할 수 있는 노인들의 주체적이고 적극적인 모습은 젊은 세대들이 가지고 있는 긍정성의 판단에 맞추어 노인을 이해시키고자 만든 허상일 수 있다. 그리고 실제로 그림책에 재현된 노인의 왜곡된 이미지는 병들고 사회적으로 고립되고 새로운 도전을 두려워하는 모습이 아니라 '젊은 노인'의 모습일 수 있다.

그러나 모든 장르의 매체가 그렇듯 그림책에도 다양한 이야기들이 존재한다. 더 나아가 독자에 따라 같은 그림책이라도 그 의미해석을 달리한다. 하여 어떤 그림책을 어떻게 보는가에 따라 그림책으로 비춰주는 노년의 긍정적 모습을 재구성할 수 있다. 물론 '성공적 노화'의 담론을 내포한 것으로 보였던 그림책도 시선을 바꾸어 바라보면 다른 의미로 해석될 수 있다. 또 그런 그림책이 누군가에게 줄 수 있는 영향력의 가치도 폄하하고 싶지 않다. 그러나 나는 그림책을 가지고 조금은 다른 결로 노인들을 비춰주고 싶다. 천변의 노인들을 성공 또는 실패의 이원론적 평가의 제약에서 벗어나 그대로의 모습을 가치 있게 비춰주고 싶은 것이다.

심리학자 에릭슨(Erikson)은 인생의 각 시기마다 일종의 통과의례와 같이 완수해야할 과업(developmental tasks)을 제안한 바 있다. 그가 구분한 여덟 단계의 가장 마지막인 노년기의 과제는 '자아통합'이다. 항상 성공으로 일관하며 살 수 없는 것이 인생이다. 설령 그렇다고 하더라도 '성공'의 의미가 고정될 수도 없다. 실제로 우리는 크고 작은 실패와 후회를 거듭하며 산다. 그러나 그것을 어떻게 받아들이는가에 따라 생애 마지막 과업의 통과 여부가 달라진다. 자신의 실패와 후회를 수용하고 이루지 못함의 한계를 인정하며 그 안에서 삶의 의미를 찾아낼 수 있을 때 진정한 의미의 '통합감(integrity)'을 얻을 수 있다. 반대로 실패를 받아들이지 못하고 자신의 인생을 헛된 것으로 평가절하하고 죽음에 대한 두려움에 사로잡혀 버리면 '절망감(despair)'에서 헤어 나오지 못한다. 따라서 에릭슨의 이론에 따른 노년의 과제는 젊음을 유지하고 적극적으로 활동하며 생산성을 발휘하는 것이 아니라 생의 한계를 수용하고 실패마저도 자신의 모습으로 통합하는 마음가짐인 것이다.

그림 1. 『테우리 할아버지』. 현기영 글. 정용성 그림. 현북스. 2014.

『테우리 할아버지』는 평생 지울 수 없는 죄책감을 가지고 살아가는 노인의 이야기이다. 테우리 할아버지는 젊은 시절부터 테우리로 일했다. 테우리는 제주도 오름에서 다른 사람의 소를 돌봐주며 사는 사람을 부르는 말이다. 그는 친구의 소들도 돌봐주는데 그 친구는 곧잘 아파 드러누웠다. 제주 4.3 사건 당시 군인들이 총을 쏘고 마을을 불태우자 사람들은 산으로 올라가 숨었는데 그때 그 친구가 크게 다쳤던 것이다. 다친 것은 테우리 할아버지도 마찬가지였다. 군인들은 초원을 소를 몰고 다니는 젊은 테우리 할아버지에게 사람들이 숨은 곳을 대라며 마구 때렸다. 그는 아무 동굴 하나를 가리켰는데 하필 그곳에는 어린아이와 할아버지, 할머니가 숨어 있었고 군인들의 총에 맞아 죽고 말았다. 그때의 깊은 마음의 상처가 그를 평생 초원에서 살게 한 것이다.

어느 날 친구의 암소와 송아지가 사라졌다. 테우리 할아버지는 폭풍이 닥치기 전에 소들을 찾아야 한다며 눈보라를 헤치고 오름을 내려온다. 그렇게 필사적으로 소들을 찾아 헤매는 것은 다시는 자신이 살겠다고 다른 생명을 죽이는 일을 하지 않겠다는 마음에서일지 모른다. 눈 위에 난 소들의 발자국을 따라 한참을 걸어 마을로 내려간 할아버지는 친구의 집에 다다랐다. 소들은 시간이 되어도 데리러 오지 않는 주인을 찾아 집까지 내려간 것이었다. 그는 병든 친구가 마지막 숨을 거두는 순간을 소들과 함께 지켜보았다.

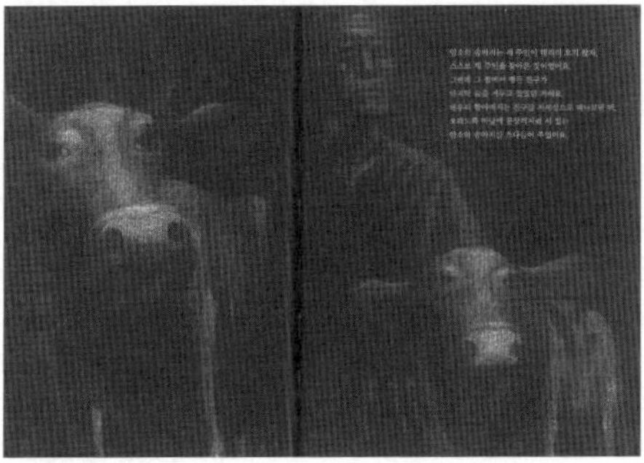

그림 2.『테우리 할아버지』의 친구의 집 마당에 서있는 테우리 할아버지와 소들

테우리 할아버지는 자신의 실수를 만회하겠다고 다른 무언가를 적극적으로 하지 않는다. 초원에서 내려오지 않고 한평생을 다른 사람의 소들을 돌봐주며 지내는 모습이 현실도피를 하는 것으로 보일 수도 있겠다. 그러나 그가 묵묵히 자신의 일을 하며 지내는 것은 무엇을 한들 실수가 완전히 보상될 수 없다는 것을 알기 때문이 아닐까? 씻을 수 없는 상처를 남긴 그 실수마저도 자신의 삶 속에 넣은 체 그대로 테우리로서 살아가고 있는 것일지도 모른다.

그림 3. 테우리 할아버지의 오름 풍경

가운데 큰 상처를 보듬고 불쑥 솟아있는 오름은 테우리 할아버지를 닮았다. 아니, 그가 오름이다. 현기영 작가는 그림책의 끝에서 다음과 같이 말한다.

> "그의 외로운 눈빛, 소떼 가운데서 말을 잃고 살아가는, 눈빛마저 소의 눈을 닮은 그 노인에게서 나는 내 단편 소설의 주인공을 발견하게 되었습니다. 인생행로의 막바지에 다다른 노인, 햇볕에 탄 흙빛 얼굴, 마른 땅바닥의 균열처럼 그물 친 주름살들, 억새꽃같이 허옇게 센 머리칼과 구레나룻, 소처럼 알 수 없는 표정...노인은 늦가을의 이울어 가는 초원 그 자체였습니다."

노인 독자들을 위한 그림책의 가능성을 연구한 이지영(2018)은 현대사에서 겪은 체험을 다룬 그림책은 노인독자에게 치유의 기능을 한다고 했다. 동시대의 체험을 한 인물에게 동일시하며 자신의 고통스런 기억을 꺼내기를 시도하며 과거를 담담히 인정하고 받아들이게 된다는 것이다. 그렇다면 노인들이 젊음을 유지하며 사회적으로, 경제적으로 성공적인 노년의 삶을 살고 있는 그림책 속 노인을 볼 때도 자신을 동일시하고 스스로의 삶을 돌이켜보게 될까? 만약 그렇다면 그때의 감정은 어떤 것일까?

때론 너무 심각해지는 것이 부담스러울 수 있다. 노인에게 웃으면서 당신의 인생은 '더할 나위 없었다!'고 말해줄 수 있었으면 좋겠다. 『고구마구마』는 유쾌한 웃음으로 자신을 바라볼 수 있게 하는 그림책이다. 많은 사람들이 이 책을 말놀이그림책으로 소개하는데 다른 시선으로 바라보면 인생그림책으로서의 의미를 찾아낼 수 있다. 『고구마구마』는 고구마 밭에서 줄기하나를 뽑아 올리는 그림으로 이야기를 시작한다.

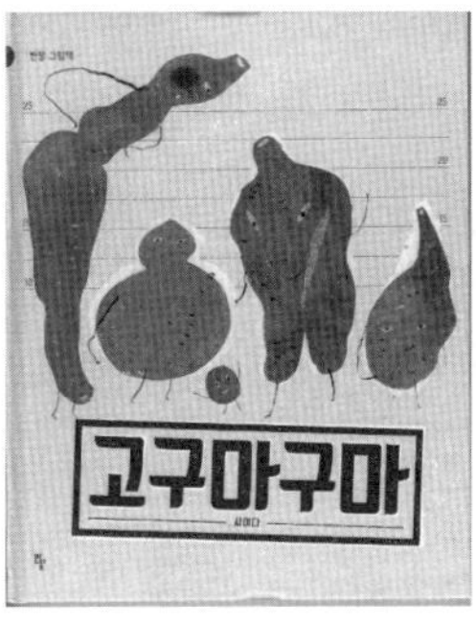

그림 4. 『고구마구마』. 사이다 글 그림. 반달(킨더랜드).2017.

그림 5. 한 줄기에 딸려 나온 고구마들

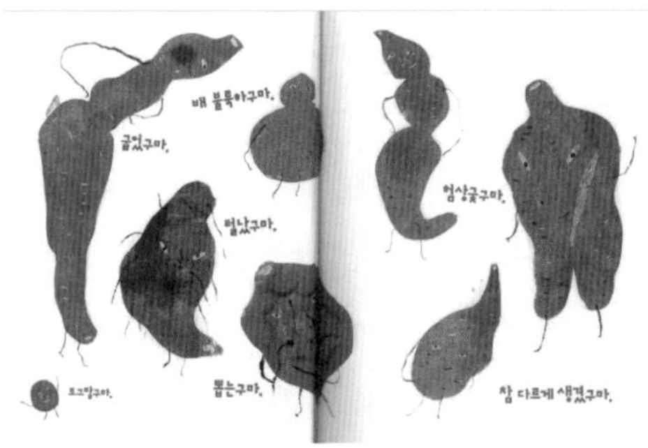

그림 6. 저마다 생긴 모습이 다른 고구마들

둥근 고구마, 길쭉한 고구마, 크고 작은 고구마 외에도 저마다 다르게 생겨먹은 고구마들이 "고구마구마!" 외치며 고구마는 이런 것이라고 정의를 내린다. 그러나 이내 서로의 다름을 인정한다. 그리곤 고구마를 어떻게 먹는 것이 맛있는가를 주장한다. "못생겨도 맛나구마!" 외치는 길쭉한 고구마 옆에 비루먹은 듯 작은 고구마가 "신나구마" 추임새를 넣는 장면은 왠지 모를 자신감을 갖게 한다. 이 작은 고구마는 이후에도 매 장면 출연하면서 고구마들에게 각기 필요한 지지를 보낸다. "나도구마"하며 다른 고구마의 주장에 동의의 뜻을 보내고 튀긴 고구마가 되기 위해 켜켜 잘린 고구마에게는 "아팠겠구마" 위로를 보낸다. 배가 빵빵한 고구마를 힘껏 받쳐주다가도 독한 방귀에 "못 참겠구마"하고 너스레를 떤다.

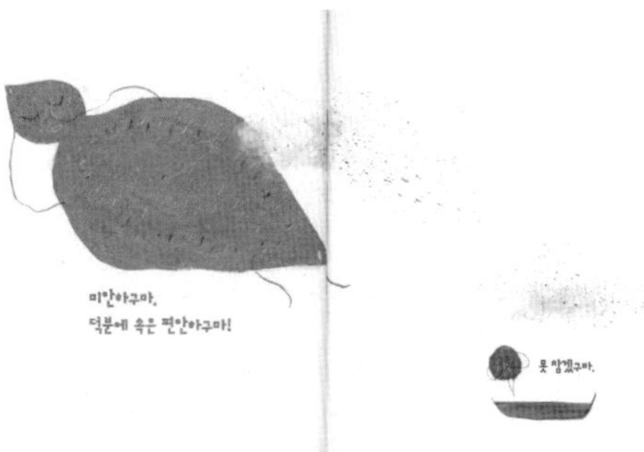

그림 7. 모두를 쓰러뜨릴 정도로 독한 방귀를 뀐 고구마와 작은 고구마

그런데 시원하게 방귀를 뀌고 난 고구마가 길게 누워있는 장면에서 작은 고구마가 수반에 들어가기 시작한다. 무언가 준비를 하는 것처럼. 이후 장면에서 작은 고구마는 "이제 끝이구마"하면서 물속으로 들어간다. 누워있던 고구마는 화면에서

보이지 않는다. 그리고 다음 장면에서 작은 고구마는 “싹났구마!”하면서 다시 물 위로 나온다.

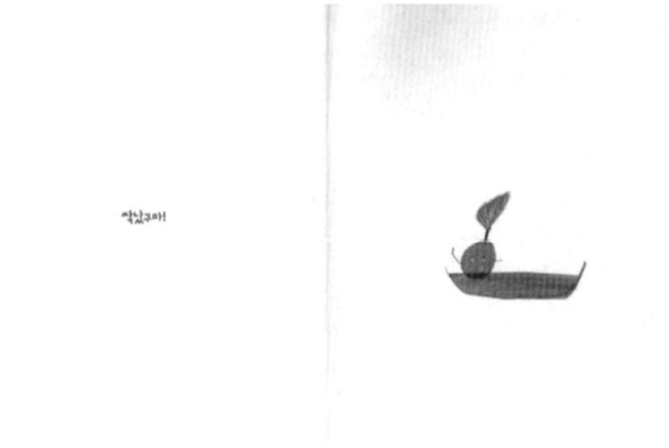

그림 8 . 『고구마구마』의 마지막 장면

나는 이 작은 고구마에게 특별한 가치를 부여하게 된다. 제각기 다른 고구마의 삶을 지지하고 인정해주는 존재. 그것이 노년의 통합감을 성취하게 하는 핵심일 것이다. 그것은 이 그림책에서 고구마로 현현된 개개 노인들의 자아이기도 할 것이며 그들을 바라보는 젊은 세대들의 자아이기도 할 것이다. 저마다의 독특한 삶을 누리다 새로 싹트는 다른 삶에 기꺼이 자리를 내어줄 수 있도록 ‘더할 나위 없었다!’고 말해줄 수 있는 마음 말이다.

저마다 다른 삶을 살고 있다는 것을 인정해도 그를 바라보는 시선을 바꾸지 않으면 위로가 되지 않는다. 성취의 시선으로 보면 '이름'이라는 잣대가 생기고 자본의 시선으로 보면 '자산'이라는 잣대가 생긴다. 이런 잣대들로 '얼마나'를 재고 있다 보면 더 못가진 자의 삶은 비참해지기 마련이다.

우리에겐 전혀 생각지 못했던 새로운 시선이 필요하다. 서로 다름을 독특함으로 인정하면서도 적당한 높이에서 그 다름을 조화롭게 하나로 아울러 '다 같음'으로 바라볼 수 있는 시선 말이다.

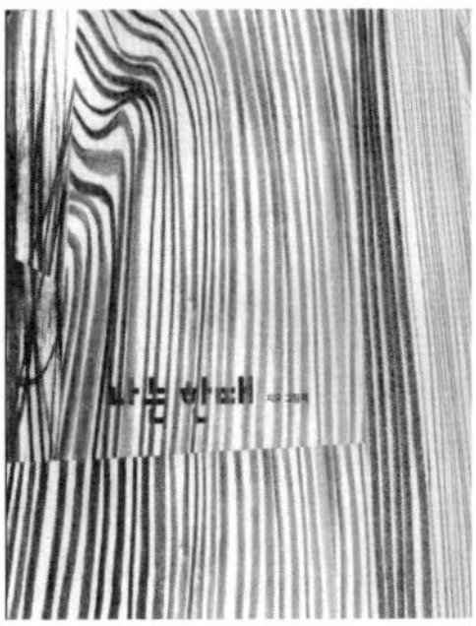

그림 9 『나는 한때』. 지우 글 그림. 반달. 2021.

『나는 한때』에는 엄마 화장대에 올라가 낙서수준의 화장을 하고 머리카락을 자르다 엄마에게 질질 끌려 나가는 여자아이의 그림이 제목보다 앞서 나온다. 하여 작가의 어린 시절로 보이는 이 여자아이가 주인공인가보다 하며 책장을 넘기게 된다. 그러나 속표지의 제목을 읽고 잇따른 그림책의 페이지를 넘기다보면 다음과 같은 문장이 완성된다. "나는 한때 새싹이었고 껌과 친구가 되기도 했고 망아지였다가 커튼이기도 했어." 여기까지는 여자아이의 이야기이다. 이어지는 이야기는 락커(rocker)가 되고 싶었던 남자아이의 성장기이다. "어느 때는 불타고, 노을지고, 터지기도 하면서, 내가 아니기도 했어." 한 사람의 이야기가 아니다. 인생의 주기마다 그림에 등장하는 사람들이 바뀌면서 이야기를 이어나간다. 입사면접을 보는 청년, 아이에게 머리카락을 고삐처럼 잡힌 엄마, 원형탈모로 듬성듬성 머리카락이 빠진 남자, 청춘을 돌려놓겠다고 염색을 하는 중년 남성, 다른 듯 같은 듯 모두가 짧은 파마머리로 함께 모인 어머니 합창단, 결혼식과 함께 자식을 떠나보내는 부모, 균형을 잘 잡지 못해 뒤뚱거리며 걷다가 자신과 걸음걸이가 같은 손주를 만나게 된 할아버지. 그리고 접혀진 그림책의 양쪽 면을 펼치면 이들의 모든 '한때'들을 한 눈에 볼 수 있다.

그림 10. 『나는 한때』 후반부의 양쪽 펼침 그림

저마다의 한때 이야기들이 모여 하나의 이야기가 된 것이다. 이 이야기에는 누구나 공감할 수 있다. 그런데 이야기의 화자는 사람이 아니라 머리카락이다. 머리카락의 시선으로 본 사람들의 삶은 저마다의 한때가 있다. 머리카락은 더 낫고 못하고를 불평하지 않는다. 무엇을 이루라고 재촉하지도 이루지 못했다고 낙담하지도 않는다. 그저 사람들의 한때를 담고 추억한다. 그리고 그 시간들을 엮어 모두가 겪게 되는 인생의 '다 같은' 여정을 만든다.

이 그림책의 작가도 자신의 모습이 담겨 있음을 알고 있었을까? 지우 작가는 책의 서두에서 다음과 같이 말한다.

> "그의 머리카락 숱은 적어지고, 나의 머리카락은 하얘집니다. 누군가의 머리카락은 색이 바뀌고, 누군가의 머리카락은 여행을 떠납니다. 기억에 대한 확신은 없지만 좋은 것을 추억하려고 노력합니다. '시간'을 이해하기는 어렵지만 기억하는 것으로 시간을 느낄 수 있습니다. 어쩌면 우리가 살아온 시간을 고스란히 기억하고 있을 머리카락을 보며 한때 있었을 또는 한때를 맞이할 우리를 응원합니다."

'성공적 노화'의 모습을 보여주는 것과는 다른 결로 노인들을 응원하는 그림책은 앞서 소개한 3가지 그림책 외에도 많이 있다. 그리고 노년의 문제를 새로운 관점으로 조망하는 그림책도 점점 많이 출간되고 있다. 이지영(2018)은 노인을 내포 독자로 하여 노인독자가 읽기에 적합한 그림책을 '노인 그림책'으로 개념화하고 노인그림책의 조건으로 노인이 주요 인물로 등장하여 노년의 삶과 심리를 다루고 노인이 서술자나 초점화자가 될 것을 주장했다. 그러나 그림책은 글과 그림이 함께 이야기를 전개하는 것 외에도 은유적 표현이 중요한 특성인 장르이다. 따라서 노인이 등장하지 않아도 노년의 삶에 대한 이야기를 할 수 있으며 구체적인 갈등을 드러내지 않아도 노년의 삶의 문제가 표현될 수 있다. 또 노인만이 공감할 수 있는 이야기가 구분될 수 있는 것도 아니다. 그림책은 독자의 연령층이나 특성에 따라 다양한 층위에서 의미를 재구성할 수 있기 때문이다. 더 중요한 것은 그림책에서 어떤 의미를 구성하고 나누는가에 있다. 즉, 노인그림책은 노인들에게 필요한 의미가 구성되고 공감을 얻을 수 있을 때 비로소 현현되는 것이다. 그리고 그렇게 노인들을 응원한다.

글을 마무리하면서 나는 다시 천변의 노인들을 떠올려본다. 오늘도 늦은 밤에 나가면 그들을 만나게 될 것이다. 변함없이 그들의 좁은 어깨와 가느다란 다리, 균형을 잃은 걸음걸이, 웃음 없는 표정, 어디를 보고 있는지 모를 눈동자를 보게 될 것이다. 그러나 그들의 모습으로 상상하는 이야기는 걱정이나 안타까움과는 다른 것이 될 것이다. 그 노인들과 함께 그림책을 보면서 테우리 할아버지의 소처럼 알 수 없는 표정에 대해 이야기 나누고, 박장대소하며 서로는 어떤 고구마일까, 고구마는 어떻게 먹는 것이 맛있을까 논쟁을 벌일지도 모르겠다. 그리고 깊은 밤 잠 못 이루고 천변을 걷는 동병상련의 한때를 응원할 것이다. 나도 곧 맞이할 한때, 가지지 못한 것을 부끄러워하지 않고 이루지 못한 것을 안타까워하지 않으며 모든 것을 얼싸 안고 자연과 닮아가는 모두가 다 같은 모습을 자랑스러워 할 것이다.

참고문헌

김민정(2007). 그림책 관련활동을 통한 할아버지 할머니에 대한 유아의 인식 변화. 중앙대학교 대학원 석사학위 논문.

김일식, 김계령(2019). 노화패러다임 변화의 필요성: 성공적 노화에서 인간완성으로. 仙道文化, 26, 329-360.

김혜숙, 김은심, 김정희(2013). 그림책을 활용한 노인이해활동이 유아의 자아존중감과 정서조절에 미치는 영향. 한국영유아보육학, 82, 163-184.

박노현(2017). 시적 노인, 번역된 노년과 낭만적 노화-tvN 미니시리즈 <디어 마이 프렌즈>를 중심으로. 어문총론, 72, 239-262.

박태원(2005). 천변풍경. 서울: 문학과지성사.

서정숙, 정진(2007). 한국 그림책에 나타난 조부모의 특성 분석. 어린이문학교육연구, 8(2), 21-43.

서정숙, 한희정(2014). 그림책에 나타난 이웃의 특성. 어린이문학교육연구, 15(2), 53-77.

신세니, 조희숙(2009). 그림책에 나타난 노인 이미지 분석. 유아교육연구, 29(5), 287-314.

양유진, 오한나(2018). 창작 그림책에 나타난 노인 특성 분석 연구. 어린이미디어연구, 17(4), 1-25.

오나리(2010). 노인관련 동화를 활용한 토의활동이 유아의 노인인식에 미치는 영향, 한국교원대학교 대학원 석사학위 논문.

이규연(2018). 그림책을 활용한 동극활동이 유아의 노인 인식에 미치는 영향. 중앙대학교 대학원 석사학위논문.

이규연(2018). 그림책을 활용한 동극활동이 유아의 노인 인식에 미치는 영향. 중앙대학교 대학원 석사학위논문.

이지영(2018). 노년 그림책의 가능성에 대한 시론. 문학교육학, 61, 297-322.

임정신, 윤창국(2019). 노년 계층이 인식하는 '잘 늙어감'의 의미에 관한 현상학적 접근. 平生敎育學硏究, 25(2), 29-60.

장혜미, 현은자(2008). 그림책에 그려진 성인 등장인물에 대한 연구. 아동학회지, 29(4), 15-26.

조세희(1978). 난장이가 쏘아올린 작은 공. 서울: 문학과지성사.

천현숙(2017). 고령사회, 인쇄광고에 나타난 노인의 모습. 광고연구, 114, 5-41.

최고운, 신세니, 조희숙(2011). 패트리샤 폴라코(Patricaia Polacco)의 그림책에 나타난 노인 인물의 이미지 분석. 어린이미디어연구, 10(2), 113-138.

최예린(2018). 고령화 사회 그림책에 재현된 노인 정체성. 어린이문학교육연구, 19(2), 1-22.

현은자, 장혜미(2011). 창작 그림책에 나타난 노인 등장인물 분석. 유아교육연구, 31(2), 189-207.

Danowski, J. L. (2011). The Portrayal of Older Characters in Popular Children's Picture Books: A Content Analysis from 2000 to 2010. Brigham Young University Master thesis.

Derrida, J, (1996). 해체(Démantèlement). (김보현 역). 서울: 문예출판사.

Foster, L., & Walker, A. (2015). Active and successful aging: A European policy perspective. The Gerontologist, 55(1), 83-90.

Foucault, P. M.(2003). 광기의 역사(Histoire de la folie l' ge classique). (이규현 역). 서울: 나남.

Kerschner, H., & Pegues, J. A. M. (1998). Productive aging: A quality of life agenda. Journal of the American Dietetic Association, 98(12), 1445-1448.

Nikolajeva, N. & Scott, C. (2006). How Picturebooks Work Children's Literature and Culture. Routledge.

Sabik, N. J. & Cole, E. R. (2017). Growing older and staying positive: Associations between diverse aging women's perceptions of age and body satisfaction. Journal of Adult Development, 24, 177-188.

Sandra, B. (2013). Crossover Picturebooks : A Genre for All Ages A Genre for All Ages. Routledge.

World Health Organization. (2002). Active ageing: A policy framework.

전 은 주

/

부산대 사범대학 국어교육과 교수. 고려대학교 국어교육과를 졸업하고 고려대학교 국어국문학과에서 석·박사학위를 취득했다. 한국화법학회 회장을 역임하였으며 현재 국어교육학회 부회장을 맡고 있다. 한국어 화법 이론 탐구와 이를 적용한 화법 교육 이론 개발, 중등 학생의 화법 사용 양상 등에 관심이 있다. 국어과 교육과정 개발에 참여하였으며 중·고등학교 국어 교과서, 화법 교과서 등을 집필하였다. 저서로는 말하기·듣기 교육론, 국어교육의 이해(공저), 공공화법(공저), 어휘교육론(공저) 등이 있으며 역서로는 말하기 불안 어떻게 극복하는가, 토론 어떻게 하는가(공역), 발표와 연설의 핵심 기법(공역), 인간관계와 의사소통(공역) 등이 있다.

마음을 담는 화법

말 한마디의 힘

1.

내 인생의 한 사람 - 위로와 희망을 준 선생님

여러분은 자신에게 영향을 준 "내 인생의 한 사람"을 말해보라고 하면 떠오르는 사람이 있습니까? 소설가 이순원이 초등학교 은사님을 떠올리며 쓴 에세이 '내 마음의 희망등'을 읽어보면 가슴이 뭉클해집니다.[1] 초등학교 5학년 때 백일장에 나가 아무 상도 받지 못하고 빈손으로 돌아와 낙담해 있는 어린이 이순원. 어린 마음인데도 공부로도 무엇으로도 미래에 자신이 없어진 저자에게 선생님께서 다음과 같이 말씀하셨답니다.

"봄에 나무에서 꽃이 피지."

"예."

"그럼 어떤 꽃에서 열매를 맺을까?"

대답을 하지 못하는 제자에게 선생님께서 말씀하셨습니다.

1) 이순원의 에세이는 안도현 외(2004)에서 발췌함.

"같은 나무에서도 일찍 피는 꽃이 더 눈길을 끌지. 그렇지만 선생님이 이제까지 보기에 제일 먼저 핀 꽃들은 열매를 맺지 못하더라. 큰 열매를 맺는 꽃들은 늘 더 많은 준비를 하고 뒤에 피는 거란다. 나는 네가 일찍 피는 꽃이 아니라 이 다음에 큰 열매를 맺기 위해 천천히 피는 꽃이라고 생각한다."

시골초등학교의 작은 교내에서도 별 두각을 나타내지 못했던, 자신감 없던 이순원은 선생님의 이 말에 힘을 얻고 선생님의 조언대로 열심히 독서를 하였답니다. 나중에 진로를 선택할 때도 자신이 잘 하는 것이 무엇일까 고민하던 중 어린 시절 선생님께서 해주셨던 말씀을 떠올리며 습작을 시작하게 되었고 훗날 유명한 소설가가 될 수 있었습니다. 그 선생님은 학생들을 자세히 관찰하고 장점을 찾아 칭찬해주셔서 학생들이 자신감과 희망을 가지고 성장할 수 있도록 했다고 합니다. 가난해서 중학교에 진학하지 못하는 학생에게는 '너는 부지런하니까 이 부지런함만 잃지 않는다면 어른이 되어 큰 부자로 살 거다'하고 선생님은 학생들 하나하나에 용기를 주셨다고 합니다. 선생님과 그런 사연 하나씩을 가진 친구들이 어른이 된 후 모여 그 선생님을 추억하며 감사해 한다는 글은 말이 가진 힘이 얼마나 대단한가를 느끼게 해주는 부분입니다.

말은 사람을 살리기도 하고 죽이기도 합니다. 만약 상처받은 어린 이순원에게 선생님께서 "그럴 줄 알았다. 네가 뭐 하나 제대로 하는 게 있냐.", 또는 "너 보다 잘하는 학생들이 많잖아. 상 못 받은 게 처음도 아닌데 왜 그러냐?"라고 하셨다면 어떻게 되었을까요? 아마 상처를 더 크게 받고 자신감을 잃고 의기소침하게 학교생활을 힘겹게 하며 나중에 소설가가 되지도 못하지 않았을까 하는 생각이 듭니다. 물론 선생님을 추억하는 글도 쓰지 않았겠지요.

우리는 주변에서 상대에게 힘을 주고, 공감해 주며, 위로하는 등 긍정적인 영향을 주는 말을 하는 사람이 있기도 하고, 상대에게 막말을 하고 깎아내리고 비난하고 상처를 주며 훈계하는 등 부정적인 영향을 주는 말을 하는 사람이 있기도 합니다. 긍정적인 영향을 주는 말은 사람을 살리는 말이 되지만 부정적인 영향을 주는 말은 사람을 죽이는 말이 됩니다. 여러분은 어떤 말을 하는 사람이 되고 싶습니까? 어떤 상황에서 별 생각 없이 말을 했는데 나중에 보니 그 말이 상대방에게 큰 상처를 주는 경우도 있습니다. 또 상대를 생각하는 마음으로 신중히 말을 했는데도 상대방이 내 의도와 달리 그 말에 상처를 받기도 합니다. 말하기가 생각보다 참 어렵다고 느끼는 경우가 종종 있을 것입니다.

자신의 마음이 상대에게 오해 없이 잘 전달되게 말을 하려면 다소간의 지식과 연습이 필요합니다. 이 글에서는 말이 가진 힘을 생각해 보고, 말의 기능과 목적, 자아개념과 의사소통, 욕구와 의사소통 등에 대하여 살펴보고 마음을 담아 말하는 방법에 대해 알아보고자 합니다.

2.

말은 마음을 담는 그릇

사람들은 말을 의사전달을 위한 수단으로만 생각하는 경향이 있습니다. 그러나 말은 소통 수단으로도 중요하지만 말을 하는 사람의 생각, 감정, 태도 등을 드러내고 있다는 점에도 매우 중요합니다. 말을 입 밖으로 낸다는 것은 인간이 어떠한 정신 작용을 거쳐서 자신의 생각, 감정, 태도 등을 드러내는 것입니다. 그래서 말하는 것을 보면 말하는 이의 사고 수준, 성격이나 품성 등을 알 수 있다는 것입니다.

우리 말 '마음'은 여러 의미를 가진 단어입니다. '마음'에는 '사람이 다른 사람이나 사물에 대하여 감정이나 의지, 생각 따위를 느끼거나 일으키는 작용이나 태도'라는 의미도 있습니다.[2)] 우리는 상대가 나에 대해 어떻게 생각하고 있는지를 그 사람의 행동만으로는 제대로 알기 어렵습니다. 결국 상

2) 표준국어대사전(https://stdict.korean.go.kr/search/searchResult.do)의 기술을 따름.

대의 말을 통해서 그 사람의 나에 대한 생각, 감정, 태도 등이나 특정 사물이나 사건 등에 대한 생각 등을 더 잘 알게 됩니다. 결국 말에는 말하는 이의 마음이 담겨 있으니 '말은 마음을 담는 그릇'이라는 해도 과언이 아닐 것입니다.

화법 능력의 중요성

화법(話法)은 사전적으로 '말하는 방법'이라는 의미를 가지고 있습니다. 글을 바르고 정확하게 쓰기 위하여 필요한 규칙을 문법(文法)이라고 하는 것처럼 말을 제대로 하는 데 필요한 방법을 명명하기 위하여 사용하기 시작한 용어입니다. '화법'에서 '화(話)'는 '말하다', '이야기하다'는 의미를 가지는데 이는 두 사람 이상이 만나서 구두로 말을 주고받는 상황을 전제로 한 표현입니다. 그러므로 '화법'은 구두 의사소통 상황에서 상대에게 말을 하는 것뿐만 아니라 상대의 말을 듣는 방법까지 포함한 의미로 보아야 합니다. 우리는 구두 의사소통 상황에서 상대에게 말을 할 때는 화자이지만 상대의 말을 들을 때는 청자가 됩니다. 즉, 우리는 화자이면서 동시에 청자의 역할을 하고 있습니다. 발표와 같이 한정된 경우가 아니라면 대부분의 구두 의사소통 상황에서 우리는 화자이기도 하고 청자이기도 합니다. 한 사람이 화자의 역할을 계속 독점하는 상황은 의사가 서로 소통(疏通)된다고 보기 어렵습니다. 이 글에서 사용하는 '말'이라는 표현에는 '말하기'와 '말 듣기'가 모두 포함되어 있습니다.

여러분들은 대부분 초·중·고등학교 시절에 '국어'라는 과목을 공부한 적이 있습니다. 과거나 현재 국어교육 분야에서 교육의 목표는 학생들의 국어 사용 능력의 신장입니다.[3] 즉 학생들이 우리 말과 글을 효과적으로 사용할 수 있고 이해할 수 있게 하겠다는 것입니다. 국어교육의 연구 분야 중 학습자가 효과적으로 말하고 듣는 능력을 기를 수 있게 중점적으로 연구하는 것이 화법 교육론입니다. 화법교육론 분야에서는 효과적으로 말하고 듣는 능력이 중요한 이유를 크게 네 가지로 설명합니다(최미숙 외, 2016:158~159). 첫째는 개인 능력을 표출하고 정보를 받아들이는 중요한 수단이라는 점, 둘째는 말하기와 듣기가 다른 언어 능력 발달에 기여한다는 점, 셋째는 학업 성취도와 높은 상관관계를 갖는다는 점, 넷째는 원만한 인간관계를 맺을 수 있게 한다는 점입니다. 이중 둘째, 셋째는

3) 과거 우리나라 국어교육에서는 '말하기'는 태어나서 사회 속에서 자연스럽게 배우는 것이라고 생각하고 특별히 지도하지 않았습니다. 그러나 언어 사용 능력의 중요성이 사회적으로 부각되면서 1987년 5차 교육과정기 이후부터는 국어교육에서 중요하게 다루기 시작했습니다.

유아와 학령기 학생들에게 매우 중요한 부분이고, 셋째, 넷째는 시대, 지역, 연령, 문화적 배경 등을 불문하고 모두에게 해당되는 부분입니다.

화법의 목적

그렇다면 우리는 왜 말하는 것일까요? 상대방과 말을 하지 않고 살 수는 없는 것일까요? 흔히 인간은 사회적 동물이라고 합니다. 인간은 혼자서 살 수 없고 사회 속에서 서로 관계를 맺어가며 살아갑니다. 은둔형 외톨이와 같이 사회에서 소외되어 살아가고 있는 사람이 있기는 하지만 예외적인 경우입니다. 둘 이상의 사람이 모여서 살아가며 서로 정보나 감정, 의견 등을 나누기 위해서 일차적으로 사용할 수 있는 방법이 말하기와 듣기입니다.

의사소통 참여자들은 정보전달, 설득, 친교 등을 위하여 상대방과 의사소통을 합니다. 여기서 눈여겨 볼 사항은 구두 의사소통의 목적을 크게 두 차원으로 구분하여 본다는 것입니다. 첫째는 자신이 의도한 바를 달성하기 위하여 말하고 듣는 '언행적 목적(언어 행위 차원의 목적)'이 있다는 점입니다. 상대를 설득할 의도로 말을 했다면 상대가 내 말에 설득되어 내가 원하는 행동을 하는 것이 내 말의 언행적 목적이 달성되는 것입니다. 둘째는 의사소통을 통해 상대와 좋은 인간관계를 이루려는 '관계적 목적'이 있다는 점입니다. 둘 이상의 참여자 간에 말을 주고받으며 참여자 간의 인간관계가 형성됩니다. 참여자 간에 서로 말을 주고받으며 상대를 신뢰하고 친밀감 등 좋은 감정을 느끼게 되면 인간관계가 더 발전하기도 합니다. 우리가 상대에게 공손하게 말을 하는 것은 상대방에 대해 존중하는 마음과 상대와 잘 지내기를 바라는 마음, 상대가 나를 예의 있는 사람 혹은 좋은 사람으로 바라보기를 바라는 마음 등을 기본적으로 가지고 있기 때문입니다.

그런데 문제는 다수의 사람이 말을 할 때 의도한 메시지를 정확하게 전달하고자 하는 '언행적 목적'에만 초점을 맞추고 상대와 좋은 관계를 이루려고 하는 '관계적 목적'은 간과한다는 점입니다. 상대를 설득할 의도로 말을 하고 상대가 내 말에 설득되었다 하더라도 그가 무시당했다는 불쾌감을 느끼거나 나에 대해 부정적인 마음을 가지게 되어 둘 사이가 멀어지게 된다면 이는 성공적인 의사소통으로 보기 어렵습니다. 왜냐하면 언행적 목적만 달성이 되었을 뿐 관계적 목적이 제대로 달성되지 않았기 때문입니다.

화법이 중요한 이유는 바로 말을 통해 자신이 의도한 바를 전달할 뿐만 아니라 말로 자신을 드러내며 상대방과 관계 맺기를 할 수 있다는 점입니다. 이쯤에서 이 책의 독자 여러분께 묻고 싶습니다. 여러분은 구두 의사소통에서 자신이 의도하는 바를 효과적으로 잘 표현하고 상대의 말을 제대로 잘 이해하고 있습니까? 또 여러분은 상대를 배려하고 존중하면서 의사소통을 하여 주변 사람들과 원만한 인간관계를 맺고 있습니까? 여러분이 말하기 상황에서 내 생각을 좀더 잘 표현했으면 좋겠다 싶은 부분이 있다면 어떤 것인지 생각해 보시며 다음 장을 읽어 주시기 바랍니다.

자아개념과 화법

3.

앞서 이 글에서는 인간이 '말을 통해서 자신을 드러낸다'는 설명을 하였습니다. 그런데 여기서 생각해 보아야 할 점은 말로 자신을 잘 드러내고 있는지를 생각하려면 자신이 어떤 사람이라고 생각하는지부터 짚어보아야 한다는 것입니다.

자아개념에 대한 이해

여러분은 자신이 어떤 사람이라고 생각하십니까? 좋은 사람, 명랑한 사람, 신중한 사람, 사교적인 사람 등등 여러분이 자신에 대하여 생각하는 여러 이미지를 담은 표현들이 떠오를 것입니다. 그렇다면 여러분은 태어나면서부터 그런 이미지를 가지고 있던 사람이었을까요? 아닙니다. 이러한 자신에 대한 이미지는 성장하면서 주변 사람들과의 상호작용에 의해 형성되는 것입니다. 인간은 태어나서 부모, 형제나 자매, 선생님, 친구 등 자신에게 영향을 주는 사람들과 소통하며 그들의 말과 내 말에 대한 그들의 반응 등을 통해 사신을 파악해 나갑니다.

자신에 대한 스스로의 이해 혹은 자신에 대한 신념이나 태도를 자아개념(self-concept)이라고 합니다. 달리 표현하면 자아개념은 자신의 실체에 대해 자기 스스로가 그려내는 이미지입니다. '나는 어떤 사람인가'라는 질문에 대해 답하기 위해서는 자신의 능력, 성격, 태도 등 여러 요소에 대해 포괄적으로 생각을 하게 됩니다. 자아개념은 물리적 자아, 사유적 자아, 사회적 자아, 철학적 자아 등 여러 범주로 나누어 설명을 합니다. 예를 들어 자신에 대해 생각을 할 때, '나는 키가 크고(물리적 자아), 똑똑하고(사유적 자아), 직장인이고(사회적 자아), 무신론자(철학자 자아)이다'라고 떠올릴 수 있습니다. 또 '나는 키가 보통이고(물리적 자아), 명랑하고(사유적 자아), 한 집안의 가장이고(사회적 자아), 카톨릭 신자(철학적 자아)이다'와 같이 떠올릴 수도 있습니다.

자아개념은 고정적인 것이 아니라 상대와 상황에 따라 달라집니다. 내 말을 재미있게 잘 들어주며 나에게 호감을 보이는 사람 앞에서는 자신감 있는 모습을 보이지만 반면 나에게 비판적이거나 나보다 잘 났다고 생각하는 사람 앞에서는 위축된 모습을 보이기도 합니다. 이는 자아개념이 상대에 따라 달라짐을 보여주는 것입니다. 또 사람들 중에는 사적인 모임에서는 농담도 잘 하고 말이 많은 사람이지만 공적인 모임에서는 말없이 듣기만 하는 소극적인 사람이기도 하는 경우가 있는데 이는 자아개념이 상황에 따라 달라짐을 보여주는 것입니다.

앞서 언급하였지만 자아개념은 부모, 형제나 자매, 선생님, 친구 등 중요한 타인과의 상호작용의 결과입니다. 특히 어린 시절에 부모와 형제나 자매에게 큰 영향을 받습니다. 부모가 자녀를 양육하면서 던지는 한마디 한마디가 쌓여서 그 자녀가 자신이 어떤 사람인지를 파악하는 데 큰 영향을 미치게 됩니다. 부모에게 칭찬을 많이 들으며 자란 아이는 자신이 어떤 일을 잘 할 수 있는 사람이라는 신념을 가지게 됩니다. 반면에 사소한 일에도 부모에게 꾸중을 많이 들으며 자란 아이는 자신이 어떤 일을 잘 할 수 있다는 신념을 가지기 어렵습니다.

자아개념은 인간의 행위와 반응에 영향을 미칩니다. 사람들이 타인 또는 현실과 상호작용할 때 자신이 가지고 있는 자아개념에 따라 말하며 행동을 하게 됩니다. 자신의 말을 경청해 주고 잘 따라주는 사람 앞에서는 자신감 있게 말하고 행동하게 되고 또 상대방에게 역시 우호적으로 말하고 행동하게 됩니다. 서울대학교 명예교수이신 박동규 시인이 학문의 길을 걷게 된 사연을 소개한 글을 보면 현명한 어머니의 말이 자녀에게 어떤 영향을 주는가를 잘 살필 수 있습니다. 내용은 다음과 같습니다.

현명한 어머니의 말- 박동규 교수와 어머니[4)]

박동규 교수님이 초등학교 6학년 때 6·25 전쟁이 일어났고, 아버지가 먼저 남쪽으로 가신 상황에서 어머니가 홀로 세 자녀를 데리고 피난을 떠나셨습니다.[5)] 어머니가 평소 신주처럼 아끼던 재봉틀을 쌀로 바꾸어, 쌀자루에 끈을 매어서 어린 박동규에게 지우셨습니다. 어머니는 젖먹이를 업고 다섯 살 아이와 보따리를 들어야 하는 상황이라 그럴 수밖에 없었습니다. 한참 걸어가던 중 어떤 아저씨가 어린 박동규에게 "무겁지. 내가 좀 져줄게"라고 말씀하시자 힘겨웠던 어린 박동규는 쌀자루를 아저씨에게 맡겼습니다. 쌀자루를 짊어진 아저씨의 발걸음이 차차 빨라져 뒤따라 오시던 어머니가 보이지 않았지만 외길이라 그냥 그를 따라갔습니다. 한참을 가다가 갈라지는 길이 나와서 어린 박동규가 "아저씨, 여기 내려주세요. 어머니를 기다려야 해요."하자 아저씨는 "그냥 따라 와" 하고는 가버렸습니다. 아저씨를 따라가면 어머니를 잃을 것 같고 그냥 있으면 쌀자루를 잃을 것 같은 상황이었습니다. 한 시간쯤 지났을 때 어머니가 어린 동생들을 데리고 그 자리로

4) 박동규(1999)에 수록된 '얘야, 착한 게 잘못은 아니다'에서 발췌함.
5) 박동규 교수는 박목월 시인과 유익순 여사의 아들이다.

오셨습니다. 큰 아들을 보시자마자 "쌀자루는 어디 있니?"라고 물으셨고 어린 박동규는 어머니를 놓칠까봐 아저씨를 따라갈 수 없어 쌀자루를 잃어버렸다고 했습니다. 어머니는 창백한 얼굴로 한참을 있으시다가 어린 박동규의 머리를 껴안으며 "내 아들이 영리하고 똑똑해서 에미를 잃지 않았네!"하며 우셨습니다. 피란길에 생명줄 같았던 쌀을 잃어버린 아들을 야단치지 않고 '영리하고 똑똑한 아들'이라고 하신 어머니! 그날 밤 어느 농가 마루에서 자게 되었는데 어디 가서 새끼손가락만한 고구마 두 개를 얻어 오셔서 큰아들 입에 넣어주시고는 "내 아들이 영리하고 똑똑해서 아버지를 볼 낯이 있지!"하시면서 우셨습니다. 그 후 박동규는 어머니에게 '영리하고 똑똑한 아들'이 되는 것이 소원이었습니다. 어머니에게 기쁨을 드리고자 열심히 공부하였고 훗날 서울대학교 국문과 교수가 되었습니다.

사람들은 중요한 타인의 관점에서 자신을 봅니다. 피란길에 생명줄과 같은 쌀자루를 남에게 내주어 잃어버리고 이러지도 저러지도 못하고 어머니를 기다리며 아들은 무슨 생각을 하고 있었을까요? 자신의 바보 같은 행동으로 온 식구가 굶게 되었으니 어머니께 호된 꾸중을 듣게 되리라 두려운 마음으로 있었을 것입니다. 그런데 절망적인 상황에서도 어머니는 아들의 어리석음을 탓하지 않고 오히려 어머니를 놓치지 않은 것을 영리하고 똑똑해서라고 인정해주셨습니다. 회고록의 뒷부분에서 박동규 교수님은 '어느 때는 남들에게 바보처럼 보일 수도 있었지만 어머니의 똑똑한 아이로 인정해주신 칭찬의 말 한마디가 지금까지 내 삶을 지배하고 있던 정신적 지주였던 것이다'라고 고백하고 있습니다. '바보 같은 아이'가 될 수 있었는데 '똑똑한 아이'로 인정해 주셨던 어머니의 말씀 덕분에 그 말씀처럼 되고자 열심히 살았고 결국 '똑똑한' 사람으로 성장할 수 있었던 것입니다.

자아개념과 화법의 관계

그렇다면 자아개념과 말하기와 듣기는 무슨 관계가 있는 것일까요? 먼저 어떤 자아개념을 가지고 있는가에 따라 말에 드러나는 언어 표현에 차이가 있습니다. 낮은 자아개념을 가진 사람들은 부정적, 회피적, 방어적, 공격적으로 말하는 경향이 있습니다. 자신에 대한 긍지가 없고 자신감 등이 낮은 사람은 타인에게 자신을 드러내는 말을 잘 하지 않는 폐쇄성을 보이며 의사소통에도 적극적이지 않은 경향이 있습니다. 반면 높은 자아개념을 가진 사람들은 긍정적, 적극적, 수용적, 우호적으로 말하는 경향이 있습니다. 자신에 대한 긍지가 있고 자신감이 있는 자아개념이 높은 사람은 타인에게 자신에 대한 이야기를 잘 드러내는 개방성을 보이며 의사소통에도 적극적인 경향을 보입니다.

또 말하기와 듣기의 방법은 상대의 자아개념 형성에 직·간접적으로 영향을 줍니다. 구두 의사소통에서 상대방에게 말을 어떻게 하는가와 들어주는가는 의사소통을 넘어서 상대의 자아개념에 영향을 미치기 때문에 우리는 자신의 화법에 늘 주의를 기울여야 합니다. 말을 할 때 상대를 인정하고 칭찬하는 등 존중하는 표현은 상대에게 긍정적인 영향을 미칩니다. 반면 상대를 무시하거나 깎아내리는 등 상처를 주는 표현은 상대에게 부정적인 영향을 미칩니다. 또 상대방의 말을 듣고 적절히 반응하며, 동의하거나, 격려하고, 이야기를 더 듣고 싶어하는 상세화 요구 반응을 하거나, 긍정적 느낌을 표현하는 등의 듣기 반응은 상대가 긍정적 자아개념을 가질 수 있게 하는 강화 반응에 해당합니다. 반면 상대방의 말을 듣고도 무관심하게 반응을 하지 않거나 상대말을 방해하거나, 화제를 일방적으로 전환하거나, 상대에 대한 비인격적 반응을 보이는 등의 듣기 반응은 상대의 자아개념에 대한 비강화 반응이 됩니다.

인간의 욕구와 화법

4.

구두 의사소통은 사람과 사람의 교류이며 서로 마음을 나누는 과정입니다. 둘 이상의 참여자가 서로 소통을 하고 있으므로 말하기 듣기와 관련된 인간의 심리에 대하여 살펴볼 필요가 있습니다. 당신이 창가에 서있는데 직장 후배가 문 입구에서 창문을 열어달라고 요청하는 상황을 생각해 봅시다. 어떤 표정과 목소리로 말을 하는가에 따라 전달되는 표현의 의미가 달라지기도 하지만 이 경우는 보통의 표정과 목소리를 전제로 논의를 진행해 보겠습니다. 후배가 어떻게 말하는 것이 당신의 기분을 상하지 않게 하면서 창문을 기꺼이 열게 만들까요?

① "창문 열어!"
② "창문 열어 주세요!"
③ "창문 좀 열어 주시겠어요?"
④ "사무실 공기가 너무 탁한 것 같은데 창문 좀 열어 주시겠습니까?"
⑤ "죄송하지만 사무실 공기가 너무 탁한 것 같은데 창문 좀 열어 주시겠습니까?"

후배가 ①과 같이 표현했다면 아마 기분이 나빠져서 화를 내게 될 지도 모릅니다. 선배에게 반말로 명령을 하다니 있을 수 없는 일이지요. ②와 같은 표현은 사람에 따라 불쾌하게 받아들일 수도 있습니다. 반면 ③에서 ⑤로 갈수록 상대에게 더 공손하게 요청을 하는 표현이 되므로 불쾌함 없이 상대의 요청을 기꺼이 수락할 수 있을 가능성이 커집니다.[6)]

왜 우리는 '창문을 열어 달라'는 같은 메시지의 말을 듣고 불쾌하기도 하고 불쾌함 없이 기꺼이 수락할 마음이 생기기도 할까요? 이는 동일한 메시지라 하더라도 상대가 언어 표현을 어떻게 하는가에 따라 상대의 나에 대한 태도를 다르게 이해하기 때문입니다. ①과 같이 나를 존중하지 않는 무례한 표현이라는 생각이 들면 화가 나고 쉽게 수락해 줄 일도 안 하고 싶은 마음이 들게 되는 것입니다. 반면 ⑤와 같이 요청에 대한 미안한 마음을 드러내고, 요청하는 이유를 설명하면서 질문 형식을 사용하여 간접적으로 요청을 하면, 상대가 나를 존중하며 공손하게 표현을 했다고 이해하여 선선히 수락을 해주게 됩니다.

6) '요청'은 상대가 이를 수락하면 좋겠다는 것을 전제로 하는 표현으로 듣는 이에게 부담을 주는 행위입니다. 그러므로 직접적인 요청보다는 질문 형식을 통한 간접적 요청이 상대에게 부담을 덜 주어 공손한 표현이 됩니다. 또 상대에게 부담을 주어서 미안하다는 것을 언어로 표현하거나, 요청을 할 수밖에 없는 이유를 설명하거나, '좀', '잠시' 등과 같이 상대의 부담을 완화해 주는 표현을 하는 방법은 상대에 대한 공손함을 높이는 표현이 됩니다.

인간의 사회적 욕구와 자존 욕구

상대가 자기를 존중하며 공손하게 말하고 있다고 판단되면 왜 요청을 수락하게 될까요? 이는 인간의 욕구와 관련이 됩니다. 인간의 동기와 성격에 대하여 인본주의적 접근을 하는 연구자들은, 인간이 외부 자극이나 내적인 무의식적 충동에 좌우되는 나약한 존재가 아니라 자신의 삶을 선택하고 결정하는 자유로운 존재이고, 성장하고 자신의 잠재력을 개발하기를 원한다는 관점을 가지고 있습니다(정현갑 외, 2006:357). 대표적인 인본주의 심리학자인 매슬로우(Abraham Maslow)는 인간의 욕구 위계(need hierarchy) 이론을 제안한 바 있습니다. 이 이론은, 인간의 욕구에는 생리 욕구, 안전 욕구, 사회적 욕구, 자존 욕구, 자아실현 욕구가 존재한다고 설명합니다. 모든 인간에게는 근본적 욕구가 있고, 이것은 중요성에 따라 기본 욕구인 '생리 욕구', '안전 욕구', '사회적 욕구', '자존 욕구'와 고등 욕구인 '자아실현 욕구'로 위계화 됩니다. 이 이론에서는 생리 욕구, 안전 욕구와 같은 하위 욕구가 충족되어야만 상위 욕구가 유발된다고 보고, 인간의 가장 궁극적 욕구를 자아실현의 욕구로 보았습니다. 인간의 욕구에 위계가 있다는 이 이론은 여러 한계점을 지적받고 있지만 인간을 건전하고 낙관적 존재로 보고 인간의 욕구에 대하여 이해하게 한다는 점에서 의의

가 있습니다.

이 이론은 구두 의사소통과 인간의 욕구의 관계에 대하여 시사하는 바가 큽니다. 그것은 바로 인간의 욕구 중 생리 욕구, 안전 욕구, 자아실현 욕구는 개인이 이를 실현하고자 노력하면 도달할 수 있지만 사회적 욕구와 자존 욕구는 개인적인 노력으로 성취할 수 있는 것이 아니라 타인과의 상호작용에서 타인의 언어적·비언어적 표현을 통하여 성취할 수 있다는 점입니다.

'사회적 욕구'는 사람들의 동료감, 소속감, 인정받음, 우정, 타인에 대한 바람 등과 관련되고, '자존 욕구'는 자기 존중에 대한 욕구와 다른 사람에게 존경받고자 하는 욕구 등과 관련됩니다(졸저, 1999:221). 즉 '사회적 욕구'는 사회생활을 하면서 주변 사람들에게 인정받고 친밀함을 느끼고 같은 집단 소속원으로서 강한 유대감을 가질 때 가능한 것입니다. 그래서 우리가 타인과 의사소통을 할 때 상대를 인정하고, 친밀하게 대하고, 같은 집단 구성원으로서 상대의 역할을 긍정적으로 평가해 주는 등의 태도가 중요한 것입니다. 또, '자존 욕구'는 타인이 언어적 ·비언어적으로 자신을 존중해 주고 자신의 인격, 생각, 행위 등에 대하여 겸손하고 예의바르게 표현해할 때 성취가 가능한 것입니다. 그래서 타인과 의사소통을 할 때 상대를 존중하고 무례하거나 불손한 언행 등을 삼가는 것은 상대

에게 인간적 기본 욕구를 충족할 수 있게 하는 것임을 이해할 필요가 있습니다.[7)]

인간의 욕구와 공손 표현

'공손(恭遜)하다'는 '말이나 행동이 겸손하고 예의바르다'는 의미를 가지고 있습니다. 의사소통에서 공손한 언어 표현의 중요성은 언어와 문화를 떠나 보편적으로 인정이 됩니다. 언어 사용에서 공손 현상 연구의 근원은 Goffman(1956)의 체면의 개념에서 비롯됩니다(졸저,1999:191). Goffman(1956)에서는 인간의 욕구를 '적극적 체면'과 '소극적 체면'으로 설명을 한 바 있습니다. 즉 인간은 타인에게 인정받고 싶은 욕구와 자유롭게 있고자 하는 욕구, 간섭을 받지 않으려는 욕구 등이 있는데, 이중 독립적 주체로 인정받고자 하는 욕구를 적극적 체면(positive face)이라고 하고, 타인에게 방해받지 않고자 하는 욕구를 소극적 체면(negative face)이라 하였습니다. 적극적 체면은 사람들이 자신에 관해 갖는 긍정적 이미지와 다른 사람들로부

7) 일상생활에서 '불손(不遜)'과 '무례(無禮)'를 크게 구분하지 않고 쓰는 경향이 있으나 '무례하다'는 '태도나 말에 예의가 없다'의 의미로, '겸손하지 못하다'는 의미까지 포함하고 있는 '불손하다'와는 차이가 있다(졸고, 2020:274).

터 인정받거나 존중받기를 원하는 마음을, 소극적 체면은 자신의 영역에 대한 권리 주장, 행동의 자유 및 강압에서 벗어나는 자유, 자기의 행동이 다른 사람에 의해 구속되거나 방해받지 않기를 바라는 마음을 말합니다(이성범, 2019:371).

Brown & Levinson(1987)에서는 의사소통 참여자라면 누구나 이 두 가지의 기본 욕구를 가진다고 전제하고 공손 표현을 '화자가 청자에 대해서 존중과 겸손의 방식을 통해 상대방의 체면을 유지 증진시켜 주는 언어 표현'으로 정의하고 있습니다(졸고, 2020:278). 전혜영(2005)에 따르면 화자가 존대의 의미를 담은 표현을 써서 청자를 높이거나 청자에게 주는 부담의 정도를 줄이기 위한 표현을 쓰는 것, 화자 자신을 낮추고 화자의 이익보다는 청자의 이익을 우선하는 표현을 할 때 사용되는 표현 등이 공손 표현에 해당됩니다.

공손 표현은 '적극적 공손 표현'과 '소극적 공손 표현'으로 구분할 수 있습니다. '적극적 공손 표현'은 상대의 적극적 체면이 손상되지 않게 공손하게 표현하는 것으로 존대 의미를 담은 표현으로 상대를 높이기, 자신을 낮추어 표현하기, 공감대 형성 표현하기, 의견 일치 표현하기, 협력 관계 강조하기 등이 있습니다. '소극적 공손 표현'은 상대의 소극적 체면이 손상되지 않게 공손하게 표현하는 것으로 상대에게 주는 부담의 정도를 줄이기 위한 표현 사용하기, 간접 표현, 선택권

주기, 상대를 구속하지 않기, 울타리어 사용하기, 통사적 완화 장치 사용하기 등이 있습니다. 나의 욕구가 중요한 만큼 타인의 욕구도 중요합니다. 구두 의사소통은 상호교섭의 과정이므로 타인의 욕구를 존중하며 말하고 들어야 상대도 나의 욕구를 존중하며 말하고 듣게 됩니다.

5.

이 글에서는 화법에는 말하는 이의 생각, 감정, 태도 등이 드러나며 그 사람의 사고 수준이나 성격, 품성 등이 담겨 있음을 강조하였습니다. 또 말은 상대의 자아개념에 영향을 주며, 상대의 욕구를 존중하며 말하는 것이 왜 중요한가 등에 대하여 설명하였습니다. 그렇다면 화법에 대한 이러한 내용을 바탕으로 마음을 담아 말을 하는 방법을 '마음먹기'와 '마음 표현하기'로 구분하여 살펴보겠습니다.

마음먹기

말을 통해 자신을 잘 드러내기 위해서는 여러분이 원하는 자신의 이미지가 여러분의 언어적·비언어적 표현에 담길 수 있도록 하겠다는 인식과 이러한 생각을 자신이 잘 실천하고 있는지 반성적으로 살피고 고쳐가는 태도를 가지는 것이 '마음을 담는 화법'을 실천하는 출발점입니다. 그렇다면 여러분은 상대에게 자신이 어떤 사람으로 드러나는 것을 원하십니까? 이글의 3장에서 여러분께 드렸던 질문을 조금 수정한 것입니다. 자신이 편협하고, 거칠고 촌스러우며, 흥분을 잘 하고, 완고하며, 믿을 수 없으며, 인격적으로 문제가 있는 등 좋지 않은 사람으로 평가받기를 원하는 사람은 거의 없을 것입니다. 대부분 상대에게 자신이 사려 깊고, 교양이 있으며, 안정감 있으며, 현명하고, 신뢰할 수 있으며, 훌륭한 인품을 가지고 있는 등 좋은 사람이기를 원합니다.[8)]

위로가 필요한 상황에서 따뜻한 위로와 희망을 담아 말하는 선생님과 절체절명의 상황에서도 아들을 비난하지 않고 인정하는 마음을 담아 말하는 어머니! 이들의 말을 통해 상대를 아끼고 사랑하는 마음이 그대로 전달될 뿐만 아니라 말하는 사람의 인품이 얼마나 훌륭한가를 느낄 수 있습니다. 마음을 담아 말을 하기 위해서는 입에서 나오는 대로 생각 없이 말을 해서는 안 됩니다. 자신이 어떤 화자 혹은 청자의 태도를 가질 것인가를 생각하고 이를 실천하기 위한 '마음먹기'를 해야 합니다. '나는 좋은 사람이고 상대를 존중하며 겸손하게 말하고 듣겠다'는 생각 아래 자신이 이러한 생각대로 말하고 듣는지 자신의 말하고 듣는 과정을 점검하고 평가하며 수정이 필요하면 조절을 해가며 소통해 나가야 합니다.[9)]

마음 표현하기 - 적절한 거리 유지와 공손성의 원리

대화참여자로서의 기본 관점과 태도 등에 대한 '마음먹기'를 한 후에는 이러한 마음을 적절히 표현할 수 있어야 합니다. '마음 표현하기'를 실천하기 위하여 적용할 수 있는 원리로 '적절한 거리 유지의 원리'와 '공손성의 원리'가 있습니다.[10)]

1) 적절한 거리 유지의 원리

인간에게는 타인과 관계를 맺고자하는 연관성의 욕구와 타인에게 자신의 개인적 영역을 침해받고 싶어하지 않는 독립성의 욕구가 있습니다(이창덕 외, 1999:99). 구두 의사소통에서 인간의 이 두 상반된 욕구 사이에 균형을 유지하기 위한 원리로 언

8) 이 글에서처럼 인간의 성격 특성을 단순 이분법으로 나누는 것은 무리가 있습니다. 이는 설명의 편의를 위하여 기술한 것입니다.

9) 이와 같이 자신의 사고나 수행 과정 등을 점검, 평가, 조절하는 것을 초인지 전략이라고 합니다.

10) 이창덕 외(1999)에서는 의사소통의 운용 원리로 '협력의 원리', '적절한 거리 유지의 원리', '공손성의 원리'를 제시한 바 있습니다. 이중 '협력의 원리'는 화행 차원의 협력에 중점이 있습니다. 이 글에서는 화법의 '관계적 목적'을 실현하는 데 도움이 되는 원리를 소개하고자 하므로 적용 원리에서 '협력의 원리'를 제외하였습니다.

이학자 레이코프는 다음과 같은 예의 규칙을 제시하였습니다.

① 상대방과의 거리를 유지하라.
② 상대방에게 선택권을 주어라.
③ 항상 우호적인 태도를 견지하라.

①은 상대가 드러내고 싶지 않아하는 것, 곤란해 하는 것은 묻지 않고, 상대와 적절한 거리를 유지하며 격식을 갖추어 이야기하라는 것입니다. ②는 상대에게 명령보다는 요청이나 질문 등으로 표현하여 상대가 자신의 의견을 말할 수 있도록 선택권을 주라는 것입니다. 상대에게 선택권을 주는 것은 상대를 의견을 존중한다는 것을 드러내는 방법이 됩니다. ③은 상대의 기분이 좋게 이야기하고 항상 친절하게 대하여 상대에게 우호적임을 드러내는 것입니다. 이들 규칙은 어법에 맞게 표현을 정확하게 하는 것보다 상대와 적절한 거리를 유지하며 존중하며 소통하는 것이 예의를 지키며 방법임을 강조하고 있습니다.

2) 공손성의 원리

구두 의사소통에서 상대방에게 공손하게 표현하는 것은 전달하고자 하는 메시지를 상대방 관점에서 표현하려는 것으로 자신의 말이 상대방에게 미칠 영향을 고려하는 태도의 문제입니다(이창덕 외, 1999:104). 공손하게 표현한다는 것을 존댓말을 잘하면 되는 것이라고 생각하는 경우가 있는데 이는 공손 표현의 극히 일부에만 해당하는 것입니다. 공손 표현은 공손함 혹은 공손성을 갖춘 표현입니다. 공손 표현은 존댓말과 같은 언어 표현 형식뿐만 아니라 표현되는 내용, 표현할 때 사용되는 비언어적 표현 등에서 복합적으로 적용됩니다. Leech(1983)에서는 대화를 잘 하기 위한 대인 수사법(interpersonal rthetoric)의 원리로 자신보다는 상대를 중시하는 '공손성의 원리'를 설명하고 다음과 같은 여섯 격률[11]을 제시하였습니다(박재현, 2016:86-87).

①요령의 격률은 '상대에게 부담이 되는 표현은 최소화하고 상대의 이익을 극대화하라'는 것입니다. 이는 상대에게 부담 되는 표현을 줄이고 이익이 되게 표현하는 것이 상대에게

11) 격률(maxim)은 '격언', '규칙', '준칙' 등의 의미로 해석됩니다.

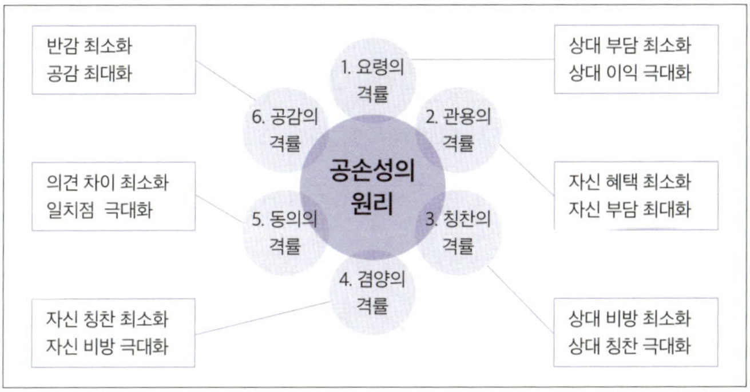

그림 1. 공손성의 원리

공손하게 말하는 방법이 된다는 것입니다. 예를 들어 다음 주에 회의하자고 요청할 때, '다음 주에 시간 내주세요.'라고 그냥 표현하는 것보다는 '잠시만'이라는 부사를 넣고 질문 형식으로 '다음 주에 잠시만 시간 내주실 수 있으세요?.'라고 표현하는 것이 청자에게 부담을 덜 느끼게 하므로 공손한 표현이 된다는 것입니다.

②관용의 격률은 '자신에게 혜택을 주는 표현은 최소화하고, 부담을 주는 표현을 최대화하라'는 것입니다. 이는 자신에게 부담이 되는 표현을 하여 상대가 베푸는 입장이라는 생각이 들도록 표현하라는 것입니다. 강연장 뒷자리에서 연사의 소리가 안 들릴 때 '소리가 작으니 크게 해주세요.'라는 표현은 '상대가 소리를 작게 내서 안 들린다'는 의미로 상대에게

부담을 주는 표현이 됩니다. 이것보다는 '제 자리가 너무 뒤라 소리가 잘 안 들립니다.'라고 표현을 하게 되면 뒷자리에 앉은 자신이 부담을 지게 되는 표현이 되며 상대에게 관용적 입장에서 소리를 크게 해달라고 요청하는 것이 되므로 공손한 표현이 되는 것입니다.

③칭찬의 격률은 '상대에 대한 비방은 최소화하고 칭찬을 극대화하라'는 것입니다. 이는 상대에 대한 비방은 최소화하고 칭찬을 많이 하는 것이 상대에 대한 인정과 존중을 드러내므로 공손한 표현이 된다는 것입니다. 친구 집들이에 가서 음식을 먹으며 '네가 웬일로 음식 같은 음식을 다 만들었네, 이거 유행하는 레시피 따라한 거지?'라고 빈정거리며 상대를 깎아 내리기보다는 '음식 참 맛있다. 어쩌면 집도 이렇게 잘 꾸미고 요리도 이렇게 잘 하고 놀라워.'라고 하는 것이 상대에게 예의 있게 표현하는 것이 됩니다.

④겸양의 격률은 '자신에 대한 칭찬은 최소화하고 비방을 극대화하라'는 것입니다. 회사에서 상사가 여러분에게 업무 처리 능력이 있다고 칭찬하는 상황에서 '제가 업무 처리 능력은 탁월하지요.'라고 자화자찬하는 것보다는 '아직 부족한 점이 많습니다. 앞으로 더 열심히 하겠습니다.'라고 하는 것이 겸손한 표현이 되어 공손 표현이 됩니다.

⑤동의의 격률은 '서로 의견의 다른 부분은 최소화하고 일

치점을 극대화하라.'는 것입니다. 상대에게 자신과 의견이 다른 점이 많다는 것을 부각하게 되면 상대 입장에서는 자기 의견이 무시되었다고 생각하고 이를 체면 손상으로 받아들일 수 있습니다. 반대로 상대와 의견 일치점이 많다는 것을 부각하게 되면 상대 입장에서는 자신의 의견이 존중된다고 생각하게 되므로 체면이 서고 존경의 욕구를 만족하게 됩니다. 여름 휴가지를 결정해야 하는 상황에서 한 사람은 바다로, 한 사람은 산으로 가자고 하는 상황을 생각해 봅시다. '여름엔 역시 시원한 바다가 최고지'라고 하는 친구에게 '여름 해변은 사람들 많아 시끄럽고 복잡한데 쉬는 게 되냐? 산이 낫지!'라고 하기보다는 '여름 바다는 보기만 해도 시원해서 참 좋지. 그런데 너무 복잡하니까 걱정되는데. 덜 붐비는 곳이 좋지 않을까?'와 같이 상대와 서로 의견이 같은 부분을 충분히 표현해 주고 의견이 다른 점을 완화하여 표현하는 것이 상대를 존중하는 공손 표현이 됩니다.

⑥공감의 격률은 '상대와 자신의 반감을 최소화하고 공감을 최대화하라'는 것입니다. 상대의 사고, 감정, 의견 등을 충분히 이해하고 있음을 드러내면 상대는 자신이 존중받고 있다고 느끼게 되므로 공손한 표현이 됩니다. 특히 상대가 기쁜 일이 있을 때는 이에 대해 구체적으로 언급하며 같이 기뻐하고 있음을 표현하고 축하하는 것이 좋으나 좋지 않은 일이 있

을 때는 구체적 정보를 언급하지 않고 상대에게 공감을 표현하는 것이 좋습니다. 큰 사기를 당해 좌절해 있는 사람에게 '힘들어서 어쩌냐? 자세히 좀 알아보고 투자하지. 누구를 탓하겠냐.'라고 하는 것은 제대로 된 위로가 되지 못합니다. 슬픈 표정으로 '너무 힘들지. 나도 너무 마음이 아프다.'라고 하며 상대의 등을 두드려주는 것이 오히려 효과적인 표현이 됩니다. 좋지 않은 일에 대하여 캐묻기, 충고, 질책 등을 삼가고 상대의 입장에게 함께 슬픔을 나누는 것이 상대에 대한 배려이자 존중의 표현이 됩니다.

앞서 여러분은 표현에 자신이 없었던 말하기 상황을 생각해 보신 적이 있습니다. 이러한 상황을 구체적으로 떠올려 보고 그때 자신이 했던 말하기와 듣기가 이 장에서 소개한 '마음을 담는 화법'이었는지 살펴보시기 바랍니다.[12] 나와 상대의 감정이 상하고 갈등이 발생 혹은 증폭되었던 이유를 생각해 보시기 바랍니다. 또 이와 유사한 상황이 다시 온다면 어떻게 말하고 듣는 것이 좋을지 '마음 표현하기'의 방법을 적용하여 3-4 가지 방안을 마련하고 미리 연습해 두시기를 권합니다. 연습을 할 때는 상황을 머릿속으로 생생하게 그리면서 소리 내서 말하는 것도 좋고, 마음 편한 누군가와 함께 역할극처럼 해 보는 것도 좋습니다.

말은 표현의 수단입니다. 내 생각, 감정, 태도 등을, 상대를 존중하고 배려하며 표현할 때는 좋은 수단(도구)이지만 상대를 무시하고 상처를 주는 등의 표현을 할 때는 나쁜 수단이 됩니다. 칼에 베인 상처는 쉽게 낫지만 말로 입은 상처는 쉽게 낫지 않는다는 말이 있습니다. 인간은 누구나 존중받으며 행복하게 살아가야 할 권리가 있습니다. 누구도 상대를 무시하고 상처를 줄 권리는 없습니다. 화법이 자신의 인격과 품위를 드러내고 상대의 자아개념에 영향을 주는 수단으로서의 속성이 있음을 인식하고 자신을 위해서 그리고 자기 주변 사람들 위하여 반성적으로 말하고 듣는 언어 습관을 가질 때 마음을 담는 화법을 실천할 수 있으며 화법의 관계적 목적이 달성될 수 있을 것입니다.

12) 언제나 누구에게나 완벽한 화법을 보여주는 인간은 없습니다. 또 모든 사람과 좋은 인간관계로 지낼수도 없습니다. 그러나 나와 상대가 모두 좋은 인간관계를 맺고 싶어 하지만 마음을 담아 말하는 방법을 몰라서 서로 마음이 멀어지고 있는 경우라면 이 글에 소개한 방법을 적용하여 말하고 듣는다면 화법 능력과 인간관계 개선에 도움을 받을 수 있습니다.

참고문헌

박동규(1999), 사랑하는 나의 가족에게, 서울:모아드림.

박재현(2016), 국어교육을 위한 의사소통 이론(개정판), 사회평론.

심민섭 외(2020), 최신 임상심리학, 사회평론아카데미.

안도현 외(2004), 내 인생의 한 사람, 한길사.

이성범(2019), 소통의 화용론, 서울: 한국문화사.

이창덕 외(1999), 삶과 화법, 박이정.

전은주(1999), 말하기·듣기교육론, 박이정.

전은주(2020), 거절 화행에 나타난 한국어 학습자의 불손 표현 연구, 국제한국어교육학회, 한국어교육31-3. 273-308쪽

전혜영(2005), "한국어 공손 표현의 교육 방안", 이중언어학 29호, 이중언어학회, 347-368쪽.

정현갑 외(2006), 심리학입문입문, 시그마프레스(주).

최미숙 외(2016), 국어교육의 이해, 사회평론.

Brown, P. & Levinson, S.(1987), *Politeness : some universals in language usage*, Cambridge University Press.

Goffman, E.(1956), "The nature of deference and demeanor.", *American Anthropologist* 58, 473-502쪽.

Lakoff, R.(1973), *The logic of politeness; or, minding your P's and Q's*. Proceedings of 9th Regional Meeting of Chicago Linguistic Society, Chicago: Chicago Univ. Press.

Lakoff, R.(1990), *Talking Power: The Politics of Language in Our Lives*, Basic book: A Division of Harper Collins Publishers.

Leech, G. (1983), *Principles of pragmatics*, London:Longman.

https://stdict.korean.go.kr/search/searchView.do

진 시 원

/

부산대학교 일반사회교육과 교수. 고려대학교 철학과를 졸업하고, 영국 Kent대학교에서 국제정치학(석사)을 공부했으며, 영국 Warwick대학교에서 정치학(박사)을 공부했다. 동아시아와 유럽, 국제정치경제, 남북한 통합, 시민주권, 민주시민교육, 민주주의 등에 관심이 많다. 방송에서 정치평론을 하고 있으며, 신문에서 정치칼럼을 쓰고 있다. 최근에는 시집 『이별 후에야 너다』(2022)를 출간했다. 저서로는 『세계의 정치와 경제』(공저, 2003), 『한국의 국제정치경제』(2007), 『세계화 시대의 정치학』(공저, 2009), 『세계화 시대의 국제정치경제학』(공저, 2015), 『국제사회의 이해』(공저, 2011), 『국제이해교육의 이론과 실제』(공저, 2012), 『왜 시민주권인가?』(공저, 2016), 『시민주권과 민주시민교육』(공저, 2021), 『다문화주의 다문화교육 이데올로기 민주주의』(공저, 2020), 『동아시아 철도네트워크의 역사와 정치경제학I』(공저, 2008), 『유럽질서의 이해』(공저, 2003), 『유럽연합체제의 이해』(공저, 2005), 『남북한 통합의 새로운 이해』(공저, 2004), 『통일교육: 한반도 평화를 보는 12가지 시선』(공저, 2020), 『고등학교 국제정치』(공저, 2018), 『고등학교 법과 정치』(공저, 2014), 『중학교 사회』(공저, 2010), 『중학교 함께 살아가는 민주시민』(공저, 2021) 등이 있다.

인정의 정치,
치유로서의 민주주의

글을 열며

1.

우리나라는 경제, 군사, 문화적으로 이미 세계 부국이자 강국인데, 정작 국민들은 많이 아프다. 마음이 불편하고 삶이 불안하고 정신적인 스트레스가 과도하다.

이렇듯 아픈 이유야 많겠지만 이 글은 정치 때문에, 특히 우리나라의 민주주의 때문에 국민들이 많이 아프다고 보고, 어떻게 하면 정치와 민주주의를 통해 아픈 국민들을 치유할 수 있는지 알아보고자 한다.

지금 우리나라에서는 문(文)·사(史)·철(哲)을 중심으로 치유의 인문학이 유행이지만, 이것만으로는 국민들의 아픔을 치유하는데 부족하다는 것이 필자의 판단이다. 이 글은 문·사·철 중심의 치유의 인문학이 지니는 부족함을 채워줄 수 있는 것이 바로 정치학이라고 주장한다. 그렇다면 정치학 특히 정치학의 핵심 주제인 민주주의는 치유와 어떤 연관이 있고 어떻게 아픈 국민들을 치유할 수 있을까?

이 글은 이러한 질문에 답하기 위해 치유와 정치와 민주주의의 삼각관계를 면밀히 검토한다. 한국 민주주의를 바로 세우고 건실히 운영하는 것이 국민들을 제대로 치유하는 길이라는 점 이 이 글의 가장 기본적인 주장이다.

이러한 주장을 펼치기 위해 이 글은 먼저 치유가 무엇인지 '인정' 개념을 중심으로 살펴보고, 그 다음 우리 국민들이 왜 정치적으로 아픈지를 알아본다. 그리고 정치와 민주주의를 통해 어떻게 하면 대한민국 국민들을 제대로 치유할 수 있는지 집중적으로 탐구하며 글을 마친다.

치유의 의미

2.

치유는 아픈 곳을 치료하여 낫게 하는 것이고 아픈 마음을 달래는 것이다. 치유의 대상은 몸이 될 수도 있고 정신과 마음이 될 수도 있다. 몸이 아프면 약국이나 병원이 가면 되지만, 정신과 마음이 아프면 약국이나 병원에 가서만 될 일이 아니다. 그래서 치유에는 몸에 대한 직접적인 치료뿐 아니라 마음을 달래는 노력도 필요하다. 특히 정신과 마음을 치유하는 데 있어서 중요한 것은 타인과 사회로부터 나를 '인정'받는 것이다. 치유에 있어서 존중하고 존중받는 것, 사랑하고 사랑받는 것, 관심을 주고 관심을 받는 것, 보살피고 보살핌을 받는 것, 돌보고 돌봄을 받는 것이 중요한데 이것들이 바로 내가 인정받고 남을 인정하는 것이다.

독일의 프랑크푸르트 학파 3세대 대표학자인 악셀 호네트는 자신의 저서 『인정투쟁』에서 인정의 중요성을 강조했다. 타인의 인정을 받는 것이 개인의 긍정적인 자아 형성에 도움이 되고 자아실현에 필수적이다. 사람은 자신의 생명을 유지하기 위해서만 살아가는 것이 아니라 긍정적인 자아형성을 동해 자기실현을 하면서 살아간다. 그런데 긍정적인 자아형성은 타인의 인정이 반드시 필요하다. 타인의 인정이 아니라 타인의 무시를 받고 사는 사람은 부정적인 자아를 형성하여 스스로를 무시하며 결국에는 타인도 무시하는 악순환에 빠진다. 결국 개인에게 필요한 것은 타인의 인정이고, 개인뿐 아니라 사회에도 필요한 것이 사회적인 인정질서다. 그런데 특정 시기의 사회적 인정질서는 사회적으로 인정받지 못한 사람들에 의해 개선될 필요성이 계속 제기된다. 예컨대, 여성이나 성소수자에 대한 인정은 현대사회로 오면서 그 요구와 필요성이 더욱 부각되고 있다. 그래서 개인의 인정투쟁과 사회적인 인정투쟁은 나쁜 것이 아니라 오히려 도덕적으로 필요하고 좋은 것이다. 『인정투쟁』의 핵심 내용은 단순화시켜 말하면 이런 것이다.

그런데 호네트의 인정이론은 이런 측면에서 치유와 깊은 연관성이 있다. 치유의 핵심은 인정이고, 치유는 개인적 치유뿐 아니라 사회적 치유도 필요하기 때문이다. 인간들의 사회는 인정을 통해 치유 받아야 할 개인과 집단들이 많이 존재한다. 그리고 치유의 대상은 사회가 변해가면서 지속적으로 재구성되어 왔다. 예컨대 현대 민주주의의 발전과정은 자유권과 참정권의 발전과정에 다름 아니었다. 특히 참정권이 성인 부르주아 남자에서 노동자, 노예, 여성, 청소년 등으로 확대되어 오면서 대의민주주의는 보통선거권의 이름으로 역사적으로 발전해왔다. 참정권이 없었던 이들은 인정투쟁을 통해 보통선거권을 확보하고 이를 통해 자신과 집단이 사회로부터 인정받은 인정투쟁을 해 온 것이다.

우리나라의 경우 군사독재와 권위주의 정권 하에서 자유와 민주주의를 누리지 못하던 국민들이 민주주의 운동을 통해 자유와 민주주의를 쟁취한 인정투쟁이 있었고, 그 결과 얻어낸 1987년 절차적 민주화 이후에는 노동권과 교육권, 복지권, 환경권 등과 같은 사회권을 쟁취하기 위한 인정투쟁이 치열하게 진행 중이다.

이 글이 강조하고자 하는 내용은 치유의 핵심은 인정이고, 인정의 핵심은 정치이고, 정치의 핵심은 민주주의라는 것이다. 역으로 보면, 인권과 자유와 평등 가치를 제대로 실현하는 좋은 민주주의를 운영하는 것이 모든 공동체 구성원들이 서로 인정하고 인정받는 것이고, 그런 민주주의 국가에서 국민 모두는 근본적으로 치유될 수 있다는 것이다. 치유의 인문학도 중요하지만, 치유의 정치와 치유로서의 민주주의가 중요한 이유가 여기에 있는 것이다.

정치적으로 아픈 대한민국 국민

3.

정치는 공동체의 특정 쟁점을 둘러싼 차이를 표출하고 차이를 조정하여 최종결정을 수행하는 일이다. 1962년 이후 본격적인 산업화와 1987년 절차적 민주화 이후 다양한 직업과 계층, 가치와 선호가 존재하는 다원주의화 된 우리나라에서 국민들이 지니는 차이는 다양하고 다채롭다. 이렇듯 수없이 많은, 하지만 쉽게 조정하기 어려운 다양하면서도 경쟁적인 '차이'가 존재하는 우리 사회에서 차이를 표출하고 조정해서 특정 쟁점에 대해 최종결정을 내리는 일은 쉽지 않다. 우리 정치가 차이를 표출하는 데는 과도하게 유능하지만, 차이를 조정하고 최종결정을 내리는 일에는 어설프고 무능하기까지 한 이유가 여기 있는 것이다. 차이가 분출하듯 표출만 되고 최종적으로 조정되지 못하는 정치 속에서 아프지 않을 국민은 없다.

차이가 분출만 되고 조정되지 못하는 것은 우리 공동체 구성원들이 서로 존중하지 못하고 이해하지 못하고 배려하지 못하고 대화하지 못하고 합의하지 못하고 절충하지 못하기 때문이다. 한 마디로 우리 사회에서 개인 간 인정이 부족하고, 우리 정치에서 사회적 인정이 부재하다는 것이다.

이런 상황에서 우리 정치는 공동체의 안정보다는 불안정, 구성원 간의 합의보다는 갈등, 최종결정에 대한 승복보다는 불복이 주도하는 모습을 보여 왔다. 정치가 공동체과 구성원들의 안정과 질서, 번영과 행복을 가져오는 것이 아니라 오히려 불안과 갈등, 퇴행과 불행을 가져오고 있는 것이다.

정치가 조정 없는 차이만 분출하는데 있어서 가장 주목해야 하는 부분은 우리나라 헌법의 내용을 놓고 드러나는 심각한 차이다. 헌법은 대한민국 공동체의 정체성을 규정하고 권력의 구성원리와 경제의 운영원리를 명시한 최고법이다. 그런데 이를 놓고도 우리 정치는 차이만 표출하고 있다. 먼저 대한민국 정체성이 '자유민주주의 국가'인지 아니면 자유민주주의와 사회민주주의를 모두 포괄하는 '민주주의 국가'인지를 놓고 해석이 분분하다. 자유민주주의 국가와 민주주의 국가의 차이는 하늘과 땅의 차이만큼 크다. 따라서 대한민국의 정체성이 자유민주주의 국가인지 아니면 민주주의 국가인지를 규정하는 일이 중요하고 시급하다. 자유민주주의 국가라면 자유주의 가치가 민주주의 가치보다 우선시되지만, 민주주의 국가라면 대한민국은 자유민주주의와 사회민주주의가 경쟁적으로 혹은 보완적으로 공존할 수 있는 나라가 되기 때문이다.

우리 사회에서 보편복지와 선별복지 논쟁이 가열차다. 그런데 우리나라의 정체성을 자유민주주의 국가로 규정한다면 복지권 확대는 근본적으로 어렵다. 자유주의 가치를 민주주의 가치보다 우선시하는 자유민주주의 국가에서 사유재산권과 자유시장은 신성시된다. 국민들의 복지권 확대는 세금을 많이 걷어야하는데, 세금인상은 본래적으로 사유재산권을 침해한다고 여기는 게 자유민주주의다. 또 자유시장을 추종하는 자유민주주의는 시장에서의 경쟁과 효율성 그리고 성과를 중시한다. 개인의 성과와 업적에 따른 분배를 사회정의로 인식하는 자유민주주의는 복지를 경쟁과 혁신을 약화하고 효율성을 저해하는 주요 요인으로 이해한다. 반면 우리나라의 정체성을 민주주의 국가로 규정하고 그 안에서 자유민주주의와 사회민주주의가 상호보완적으로 작동하는 나라로 이해한다면, 복지권 향상은 당연한 국민의 권리가 된다. 사회민주주의 국가는 복지권을 국민들의 당연한 권리로 인정하기 때문이다.

인간은 천부인권을 지닌다는 점에서 모두 동등하게 소중하다. 그리고 인간은 자유와 평등에 있어서 모두 동등하다. 그런데 우리 사회는 부의 불평등과 대물림으로 양극화가 더 없이 가속화되고 있다. 없는 사람은 더 없어지고, 있는 사람들은 불어나는 돈을 주체하지 못한다. 없는 사람들은 이런 상황에서 인간다운 삶을 누리지 못하고, 박탈감과 소외감 속에서 죽음보다 더한 고통을 받고 있다. 우리 사회에서 없는 사람들은 동등하지 못하고 자유롭지도 평등하지도 않다. 한마디로 없는 사람들은 국가로부터 제 나라 국민으로 제대로 인정받지 못하고 있는 것이다. 이런 상황인데 우리나라의 정체성을 자유민주주의 국가로 일방적으로 규정하려는 가진 자들의 시도는 전혀 도덕적이지 못하다. 너무 이기적이다. 그런데 우리 정치는 도대체 무엇을 하고 있는지 알 수 없다. 우리나라의 정체성을 자유민주주의 국가가 아니라 민주주의 국가로 규정하려는 노력을 정치권은 보여야 한다. 이게 사람 사는 세상이고 나라다운 나라가 아닌가?

또 국가의 정체성을 명시한 헌법 제1조 제1항 "대한민국은 민주공화국이다."라는 내용을 놓고도 차이가 심각하다. 특히 공화국을 어떻게 해석해야 하는지를 놓고 '공화주의'에 대한 이해가 심각하게 부족하다. 대한민국을 단순히 국민이 자신들의 대표를 직접 선출하는 민주공화국으로 이해하는 것과 대한민국을 공공성(公共性)을 추구하는 명실상부한 민주적인 공화주의 국가로 이해하는 것은 엄청난 차이를 지닌다. 대한민국은 왕조국가가 아니다. 따라서 민주공화국을 단순히 왕조국가와 달리 국민들이 자신들의 대표를 직접 선출하는 국가로 이해하는 것은 불충분하고 시대착오적이다. 대한민국을 동등하게 소중한 국민들이 공동체 공동의 일을 공적(公的)인 태도로 함께(共) 처리해나가는 공화국으로 이해하는 노력이 필요하다. 이런 방향으로 대한민국은 '민주공화국'이라는 조항이 의미하는 바를 명확히 하는 정치권의 노력이 시급한 시점인 것이다.

이외에도 경제 운영원리인 제119조 제1항과 제2항을 놓고도 치열한 차이가 드러나고 있다. 제1항은 자유시장 경제를 명시한 조항이고, 제2항은 사회적 시장경제를 명시한 조항이다. 이를 놓고 대한민국은 자유시장 경제를 추구하는 나라라는 주장과 대한민국은 자유시장 경제뿐 아니라 자유시장 경제가 야기하는 불평등 문제를 보완하기 위한 사회적 시장경제도 함께 추구하는 나라라는 주장이 공존한다. 자유시장 경제의 우선성과 중심성을 주장하는 진영은 보수정당과 전경련을 중심으로 하는 대기업집단 그리고 보수적 국민들로 구성되는 반면, 자유시장 경제와 사회적 시장경제의 보완적 관계로 대한민국 경제 운영원리를 이해하는 진영은 진보정당과 개혁적이고 진보적인 국민들로 구성된다.

이렇듯 자본주의 사회에서 성장과 분배를 둘러 싼 돈의 주도권을 누가 쥐느냐 그리고 돈을 어떻게 사회경제적으로 분배하느냐와 같은 사회정의 문제를 놓고 벌어지는 대한민국 경제 운영원리에 대한 해석의 차이는 계급 간 계층 간에 양보없이 치열하게 펼쳐지고 있다. 경제는 결국 돈을 최종적이고 주도적으로 누가 자신의 손에 쥐느냐는 물질적 헤게모니 싸움이 벌어지는 영역이다. 예컨대, 자유시장 경제를 강조하는 전경련은 제2항 사회적 시장경제 조항을 폐지하는 노력을 해오고 있다. 그런데 만약에 우리 헌법에서 제119조 제2항이 사라지면 무슨 일이 벌어질까? 이런 상상만으로도 끔찍하다. 개인 간의 불평등뿐만 아니라 수도권과 지방 간의 불평등은 더욱 확대되고, 사회는 가진 자와 못 가진 자로 더욱 갈라져 양극화될 것이다. 사회통합을 찾아보기 어려운 이런 극도로 분열된 사회에서 국가의 미래와 국민의 행복은 실현하기 어렵다. 전경련이 추구하고 있는 헌법 제199조 제2항 삭제 움직임은 정치가 나서서 막아내야 하는 것이다.

이렇듯 작금의 우리사회는 헌법 내용 자체의 불분명성과 논쟁성으로 인해 나라의 정체성과 권력의 구성원리 그리고 경제의 운영원리를 놓고 차이만 더 크게 표출되고 있다. 그리고 이처럼 불분명하고 논쟁적인 헌법을 놓고 국민들은 지극히 혼란스럽고 어지럽다. 그런데 우리 정치권은 헌법을 둘러싼 차이의 표출을 조정하고 최종결정을 내리기보다, 보수와 진보 간의 소모적인 정파 싸움과 이데올로기 싸움으로 허송세월을 보내고 있다. 정치권이 논의하고 합의해서 헌법 내용을 명확하게 개선해야 하지만, 헌법 개정은 여야 정파투쟁으로 실현되지 못하고 있는 것이다. 이런 상황에서 국민들은 혼란스럽고 아프지 않을 수 없다.

우리 정치권이 손을 놓고 있는 부분은 이런 헌법 내용상의 문제 말고도 더 있다. 특히 민주주의와 관련해서 대한민국이 추구하는 민주주의 형태가 순수한 대의(간접)민주주의인지 아니면 대의민주주의에 직접민주주의를 보완하는 혼합민주주의가 되어야하는지에 대해 의견의 차이가 존재한다. 1987년 절차적 민주화 이후 우리 민주주의는 실질적 민주주의와 절차적 민주주의 사이에서 혼란스러워 하고 있다. 절차적 민주화에 만족하는 최소주의적 민주주의 세력과 실질적 민주주의를 요구하는 최대주의적 민주주의 세력이 치열하게 경쟁하고 있는 것이다. 1987년 절차적 민주화가 이루어지면서 주기적인 선거, 정권교체를 위한 자유로운 정당 경쟁, 시민들의 자유권과 참정권이 강화되었지만, 우리 국민들은 여기에 만족하지 않고 경제적 불평등을 해소하는 경제민주화와 주권자 국민에 의한 직접민주주의 그리고 인간다운 삶을 보장하는 사회권 확대 등과 같은 실질적 민주주의를 요구해왔다. 하지만 정치권은 국민들의 이러한 실질적 민주주의 요구에 불성실하게 묵묵부답하고 있다. 국민들은 자신들이 요구하는 경제민주주의와 직접민주주의 그리고 사회권의 확대가 실현되지 못하면서 실망하고 좌절하고 아파하고 있다.

그런데 2016-17년 촛불집회 이후 촛불시민들의 직접민주주의에 대한 열망이 고조되면서 우리 민주주의를 더 이상 순수한 형태의 대의민주주의만으로 운영하기가 어려워졌다. 이런 촛불시민들의 요구를 받아들여 참여민주주의, 심의민주주의, 풀뿌리민주주의, 광장민주주의 등과 같은 직접 민주주의 유형으로 대의민주주의를 보완해야 하지만, 현재 우리 대의민주주의는 아직도 직접민주주의와의 상호보완성을 제도적으로 안정적이게 확보하지 못하고 있다. 이런 상황에서 국민들의 직접민주주의 열망은 촛불집회라는 형식을 통해 오직 광장민주주의에 의해서만 간헐적으로 표출되고 있다. 참여민주주의와 심의민주주의, 풀뿌리민주주의가 대의민주주의를 제도적으로 안정적이게 보완하는 장치가 마련되지 못한 것이다. 이뿐 아니다. 국민소환제와 국민발안제 같은 직접민주주의 제도도 헌법에 도입되지 못하고 있다. 정치권이 국민들의 요구에 제대로 반응하지 않고 있는 것이다. 이런 직접민주주의에 대한 열망과 좌절이라는 양 극단 속에서 국민들은 공허하고 아프지 않을 수 없다.

세계적으로 대의민주주의는 그 운영상의 성격에 있어서 다수결민주주의와 엘리트민주주의 형태를 보이고 있다. 그런데 다수결민주주의는 국민들의 다양한 이해관계가 상존하는 다원주의 사회에서 절대 좋은 민주주의가 아니다. 한 표라도 더 얻은 쪽이 모든 것을 갖는 승자독식 민주주의인 다수결민주주의는 많은 사표를 양산하고, 국민들의 민의를 왜곡시켜 정당득표율과 국회의석률이 일치하지 못하게 한다. 대의민주주의의 상징인 국회가 정당이 선거에서 얻은 정당득표율과 실질적인 국회의석율 간의 비례성을 확보하지 못하고 있는 것이다. 한마디로 대의민주주의에서 대의가 제대로 이루어지지 못하고 있는 것이다. 이렇듯 국민들의 표심이 왜곡되는 상황은 우리 대의민주주의가 좋은 민주주의가 아니라 반드시 개선되어야 하는 결손 민주주의라는 점을 의미한다.

더욱이 다수결민주주의는 다수의 폭정 가능성과 소수자의 배제 가능성이라는 고질적인 문제를 지니고 있다. 우리 사회의 다양한 소수자들이 다수결민주주의 제도 하에서 지속적으로 배제되고 불이익을 받아온 것이다. 예컨대, 다문화가정은 우리 국회에서 과소대표 되어 있으며 여성이나 청년도 마찬가지다. 이런 다수결민주주의는 동등하게 소중한 국민들을 기반으로 하는 성숙한 민주주의와는 거리가 먼 나쁜 민주주의다.

하지만 다수결민주주의가 지닌 가장 큰 문제점은 다수결민주주의가 우리 사회에서 배제의 정치와 갈등의 정치, 죽기살기식의 정치를 야기해왔다는 점이다. 다수결민주주의는 양당체제에 친화적이다. 선거에서 대표를 선출하는 방식은 크게 다수대표제과 소수대표제 그리고 비례대표제로 나눌 수 있는데, 다수대표제는 양당제와 친화적인 반면 비례대표제는 다당제에 친화적이다. 그런데 다수대표제가 가져오는 양당제는 선거에서 승리한 정당이 모든 것을 가져가는 승자독식제에 가깝다보니, 여야는 모두 서로를 무조건 배제하고 갈등하고 반대하고 투쟁하고 불복하는 정치문화에 익숙해왔다. 대화의 정치와 합의의 정치 그리고 절충의 정치는 우리 정당정치에서 사라진 것이다. 진보정당이든 보수정당이든 야당은 여당을 여당은 야당을 무조건 비판하고 발목 잡는 일에 골몰한 나머지, 우리의 정치는 차이를 극렬하게 표출만 할뿐 차이를 조정하고 최종결정을 내리는 일에 불성실했고 계속 실패해 온 것이다.

한마디로 우리 정당정치는 갈등의 정치와 소모의 정치만을 해오고 합의의 정치와 상생의 정치는 전혀 이루지 못한 것인데, 이런 고질적인 문제를 해결하는 근본적인 해답은 비례대표제를 도입해서 우리 정당체제를 양당제에서 다당제로 바꾸는 것이다. 다당제가 안착되면 우리 정치는 배제의 정치가 아닌 포함의 정치, 갈등의 정치가 아닌 합의의 정치가 도입될 가능성이 높아진다. 다당제 하에서는 의회의석의 과반을 차지한 다수당이 존재하기 쉽지 않고 그 경우 정당 간의 연정이나 합의의 정치가 이루어질 정치적 공간이 열리기 때문이다.

결국 우리 정치를 바꾸는 선차적인 일은 다당제를 건설하기 위해 선거제도를 개선하는 것이다. 그래서 지난 21대 총선에서 준연동형 비례대표제가 도입되었지만, 거대 양당은 위성정당을 만들어 비례대표제의 취지를 무력화했고, 그 결과 거대 양당제는 다시 복원되었다. 정치가 차이를 조정하고 최종결정을 한 것이 아니라 최종결정한 것을 스스로 불복하고 걷어차 버린 것이다. 이런 상황에서 대한민국 정치는 지루한 갈등의 정치와 소모의 정치로 다시 엉망이 되고 국민들은 맨날 죽기살기식 정쟁에 빠져있는 정치권을 바라보며 깊은 탄식과 스트레스에 빠져 있다. 과도한 스트레스는 병이다. 우리 국민들은 정치 때문에 도대체 아프지 않을 수 없다.

대의민주주의는 또 엘리트민주주의다. 민주주의는 원래 인민 모두의 지배(rule by people)를 의미하지만, 대의민주주의에서 인민은 단순하고 수동적인 유권자로 전락하고 선출된 엘리트만이 진정한 주권자로 군림하는 빈민주적인 상황이 항시적으로 발생한다. 그런데 촛불집회 이후 우리 국민들은 엘리트들만의 특권과 기득권에 대해 반발하고 있으며, 국민 모두가 동등하게 소중한 나라다운 나라를 만들 것을 요구하고 있다. 국민들이 실질적인 주권의 소유자이자 행사자로서 우뚝 서기를 바라고 있는 것이다. 이렇듯 우리는 엘리트민주주의를 극복할 정치적인 노력이 필요한 시기에 살고 있다.

하지만 우리 정치는 대의민주주의의 이러한 한계를 극복

하기 위한 노력을 등한시하거나 오히려 거부해 왔다. 2018년 6월 지방선거에서 시도했던 헌법 개정을 위한 국민투표 시도는 실패했다. 당시 대통령안 개헌안에는 국민소환제와 국민발안제 등 직접민주주의 제도들이 들어가 있었지만, 보수 야당의 극렬한 반대로 개헌을 위한 국민투표는 결국 무산되었고 이들 직접민주주의를 강화하기 위한 개헌노력도 함께 무위로 돌아갔다.

이런 공동체 안에서 계속 살아가는 국민들의 정치적 스트레스는 강도가 높지 않을 수 없다. 스트레스는 정신뿐 아니라 결국에는 몸에도 지장을 끼친다. 국민들의 정신과 몸이 많이 아픈 것이다. 죽기살기식 정쟁과 극단적인 이데올로기 갈등이 판치는 정치 그리고 막말과 비아냥이 난무하는 공론장 속에서 우리 국민들의 마음과 몸은 지치고 피곤하고 아프지 않을 수 없는 것이다. 그리고 이런 일들은 근본적으로 상대에 대한 인정이 없기 때문에 발생하는 일들이다.

경제, 군사, 문화, 스포츠 부문에서 명실상부한 부국이자 강국이 되었음에도 불구하고, 정치적으로 우리 공동체는 후진성과 퇴행성을 벗어나지 못하고 자기파멸의 길을 벗어나지 못하고 있다. 한마디로 인정의 정치가 아닌 몰인정의 정치에 빠진 우리 정치가 우리사회의 가장 골치 아픈 고질적인 암적 존재가 되어버린 것인데, 정치인들은 이런 점에 대한 개선의 노력은커녕 자기성찰의 노력도 기울이지 않고 있다. 이렇듯 정치의 부재와 자기파멸적 성향은 우리 사회에서 고착화된지 오래 되었고 점차 더 강하게 굳어가고 있다. 우리는 우리의 정치를 좋은 방향으로 개선해 나아가야 할 중차대한 상황에 직면해 있다. 정치를 바꾸어야 우리 공동체와 공동체 구성원인 우리들이 살 수 있다. 그래야 대한민국 국민인 우리가 아프지 않고 건강하게 행복할 수 있다. 정치를 개혁하는 것, 달리 말해 '인정의 정치'를 만드는 것이 우리 시대 치유의 핵심이 된 것이다.

4.

우리 사회에 민주주의가 밥 먹여주냐는 냉소적이고 조롱적인 태도가 존재한다. 갈등의 정치와 배제의 정치, 혐오의 정치에 지친 일부 국민들이 정치에 대한 무관심과 환멸을 극단적으로 드러내고 있는 것이다. 하지만 위에서 살펴본 것처럼 정치는 밥을 먹여주고, 민주주의도 밥을 먹여준다. 정치 특히 좋은 민주주의는 우리의 몸과 마음에 밥을 주고 안정을 주고 행복도 준다. 예컨대, 1987년 절차적 민주화로 자유를 쟁취하고 대통령 직선제를 얻은 국민들은 제대로 된 밥을 먹었다. 안 먹어도 더욱 배부르고 맛있는 밥이었다. 당시 자유와 민주주의를 쟁취한 국민들의 정신과 마음은 행복했다. 말할 필요도 없이 2016-17년 촛불집회는 더욱 그랬다.

이렇게 본다면 몸에 밥을 주는 것도 마음에 밥을 주는 것도 결국에는 정치고 좋은 민주주의다. 모든 사회적 관계와 상화작용은 결국에는 정치로 귀결된다. 정치는 차이를 표출하고 조정하고 최종결정하는 행위다. 정치적 치유는 결국 좋은 민주주의를 설계하고 실현하는 가운데 얻을 수 있는 모든 치유의 핵심이다.

그렇다면 치유로서의 민주주의란 무엇일까? 민주주의는 정부형태이자 이데올로기이다. 민주주의는 모든 국민이 국가 공동체의 명실상부한 주인이 되는 이데올로기를 추구하며, 권위주의나 전제주의 그리고 전체주의와는 다른 국민들이 자유로운 정부형태를 의미한다. 하지만 민주주의는 정부형태이자 이데올로기 만을 의미하지 않는다. 민주주의는 민주적 생활태도를 의미하기도 한다. 민주적 생활태도는 천부인권을 지닌 동등하게 소중한 국민들 간에 서로 존중하고 배려하고 이해하고 토론하고 설득하고 합의하고 절충하는 태도를 말한다. 민주주의 국가에서 민주적 생활태도는 매우 중요하다. 모든 국민은 천부인권을 지닌 동등하게 소중한 존재다. 그리고 모든 국민은 공동체의 최고법인 헌법에 의해 동일한 기본권을 보장받는 동등하게 소중한 존재다. 그런데 동등하게 소중한 사람들 간에는 서로 무시하고 배제하고 일방적으로 명령하고 자기중심적으로 결정하는 태도를 취하기 어렵다.

우리 사회에서 민주적 생활태도는 많은 사람들을 치유하는데 크게 기여할 수 있다. 우리 사회는 돈과 권력과 지위에 있어서 높은 사람들이 그렇지 못한 사람들을 무시하고 배제하고 명령하고 이기적으로 최종결정을 내리는 경우가 많다. 이런 사회는 정의롭지 못하고 공정하지 못하며 윤리적이지도 못하다. 이런 사회에서 많은 사람들은 아프다. 기득권과 특권에 억울하게 억눌리는 아픔, 무시당하는 아픔, 배제되고 소외되는 아픔, 부당하게 명령받는 아픔, 내 입장이 빠진 최종결정이 주는 아픔은 결국 아픔을 넘어 분노와 좌절과 병으로 이어진다. 치유로서의 민주주의는 어려운 것이 아니다. 먼저 민주적 생활태도로서의 민주주의를 우리 사회에 안착시키는 것이다. 그런데 민주적 생활태도는 저절로 만들어지는 것이 아니다. 교육이 필요하다. 학생과 시민 모두를 대상으로 하는 민주시민교육의 중요성은 바로 이 지점에서 생성된다.

또 민주주의가 우리 시대 치유의 핵심인 이유는 민주주의가 추구하는 가치의 실현을 통해서 이루어진다. 민주주의가 실현하고자 하는 가치는 세 가지로 자유와 평등과 인권이 바로 그것이다. 먼저 인권은 천부인권이다. 모든 사람은 인권을 지닌다는 점에서 동등하게 소중하다. 사람 아래 사람 없고, 사람 위에 사람이 있을 수 없다. 인간의 존엄성은 시공을 초월하여 평등하며 그 누구도 예외적일 수 없고 타인에 대한 특권을 지닐 수도 없다. 우리 사회를 먼저 동등한 인권 존중 사회로 만드는 노력이 필요하다.

인간의 존엄성은 그 사람의 성별, 연령, 이념, 세대, 계급/계층, 피부색, 종교, 언어, 지역, 문화 등의 차이와 전혀 무관하게 만인에게 동등하게 소중하다. 어떠한 이유로도 사람은 차별받지 않을 타고난 권리를 지닌 것이다. 그런데 우리 사회에서 소수자들은 인간의 존엄성에 있어서 실질적으로 동등하게 소중한 대우를 받고 있지 못하다. 이런 상황에서 소수자들은 타인의 인정과 사회적인 인정을 받고 싶은 열망이 강하고 그 결과 인정투쟁에 나서고 있다. 이들에 대한 법적이고 제도적인 동등성 확보 노력이 필요한 것이고, 그것은 다름 아닌 정치의 몫이다. 정치를 통한 소수자 인권에 대한 우리 사회의 진정한 인정이 필요한 것인데, 이것이 바로 좋은 정치이자 좋은 민주주의이고 이것이 바로 제대로 된 인정이자 치유다.

자유도 마찬가지다. 만인은 동등하게 자유로워야 한다. 그런데 자유는 소극적 자유와 적극적 자유 그리고 비지배적 자유로 구분할 수 있다. 소극적 자유는 자유권을 의미하는 반면 적극적 자유는 사회권을 의미한다. 그리고 비지배적 자유는 공화주의적 자유 개념으로 동등한 시민들 간에는 지배적 지배가 아니라 비지배적 지배가 이루어져야 한다는 개념이다. 공화주의적 자유 개념 하에서 공동체 구성원 모두는 치자이자 피치자이며, 치자로서 정치라는 지배에 참여하더라도 타인을 지배하는 자유는 누릴 수 없다는 것이다. 공화국에서 지배는 구성원 모두가 동의한 법에 의한 지배만이 가능하다. 좋은 민주주의 국가는 이러한 소극적 자유와 적극적 자유 그리고 비지배적 자유가 잘 유지되는 나라다. 사회권이 취약해서 국민들의 노동권, 교육권, 복지권 등이 국가에 의해 제대로 보장받지 못한다면, 그런 국가 공동체에서 국민들은 자유롭지 않고 아프다. 사회권 강화를 통한 인정과 치유가 필요한 것이다.

마찬가지로 기득권층과 특권층이 경제적 지배나 법적 지배로 일반 국민들을 지배한다면, 그래서 국민들 간의 동등성과 비지배적 자유가 훼손된다면 일반 국민들은 아프다. 예컨대, 일반 국민과 다르게 재벌 회장은 죄를 지어도 항상 특별사면이라는 면죄부를 받고, 검찰과 법관은 실질적으로 법을 사유화하여 기소권과 법리판단을 독점하고 전관예우를 당연시 하며 자신들만의 인맥으로 법적 특권을 행사한다면, 그런 사회에서 일반 국민들은 소외되어 억울하고 분하고 아프다. 비지배적 자유에 대한 사회적 인정과 비지배적 자유에 의한 사회적 치유가 필요한 것이다.

평등도 그렇다. 평등은 형식적 평등과 실질적 평등으로 나눌 수 있다. 형식적 평등은 정치적으로는 국민주권론과 보통선거권으로 대변된다. 국민 모두는 주권의 소지자로서 동등하다. 그리고 국민 모두는 일정 연령 이상이 되면 1인 1표라는 정치적 동등성을 확보한다. 하지만 이러한 형식적인 정치적 평등만으로는 부족하다. 대의민주주의 국가에서 선출된 정치인들은 주권자 국민들을 무시하고 특권의식에 빠져 안하무인인 경우가 많다. 주권자인 국민들의 요구에 대한 정치적 반응성이 상당히 떨어지는 정치인들이 많은 것이다. 더욱이 대의민주주의는 근본적으로 선출된 엘리트가 실질적으로 주권을 행사하는 정치체제다. 유권자는 선거철에만 주권자가 되는 한계를 지닌 것이다. 이 뿐이 아니다. 독과점적 경제적 지위를 지닌 재벌은 정책결정과정에서 일반 국민들보다 영향력이 강력하다.

이렇듯 국민주권론과 보통선거권이라는 형식적 평등만으로는 모든 국민들 간의 실질적인 정치적 평등을 이룰 수 없다. 그래서 우선적으로 선출된 정치인들에 대한 주권자 국민들의 직접적인 통제가 필요하다. 대의민주주의를 보완하기 위해 직접민주주의 제도가 필요한 것이다. 국민소환제와 국민발안제, 국민투표제를 활성화해서 선출된 정치인들에 대한 국민들의 직접적인 통제수단을 확보하는 것이 중요하다. 국민들이 나쁜 정치인을 심판하기 위해 다음 선거까지 무작정 기다리기만 하는 무기력한 존재로 더 이상 남아있어서는 안된다. 이외에도 참여민주주의, 심의민주주의, 광장민주주의, 풀뿌리민주주의 등과 같은 직접민주주의 유형을 법제화해서 대의민주주의의 한계를 보완하는 노력도 필요하다. 직접민주주의를 활성화하면 국민들의 정치참여가 함께 활성화되면서 국민 모두가 정책결정과정에서 소외되지 않고, 그 결과 동등한 정치 효능감을 지닐 수 있는 계기를 마련하게 된다. 정치적으로 국민 모두가 실질적으로 평등하기 위해 직접민주주의 제도를 도입해야 하는 것이다.

실질적인 정치적 평등을 위해 필요한 조건은 또 있다. 국민 모두의 정치적인 실질적 평등은 경제적으로도 일정 정도의 평등성이 확보되어야 실현이 가능하다는 것이다. 경제적으로 삶이 어려운 국민들은 정치에 참여할 관심도 시간도 가지기 어렵다. 국가가 인간답게 살 권리인 복지권을 통해 최소한의 경제적 삶을 보장할 때, 경제적으로 어려운 국민들도 실질적으로 정치에 참여할 수 있다. 이런 경우에만 국민 모두의 실질적인 정치적 평등이 실현되는 것이다.

이렇듯 실질적인 정치적 평등이 중요하지만 경제적인 실질적 평등은 우리 사회에 더욱 중요하고 필요하다. 노동권과 교육권, 복지권 같은 사회권 강화를 통해 부의 재분배와 기회의 평등을 활성화하고 이를 통해 국민들의 실질적인 경제적 평등을 추구하는 노력이 필요한 것이다. 특히 빈부격차가 날로 커지고 공고화되고 있는 우리사회에서 경제적인 사회적 약자를 우선적으로 보호하는 노력은 필수적이다. 경제적인 사회적 약자들의 인정투쟁은 우리 사회에서 오랜 기간 지속적으로 표출되어 왔다. 특히 최근에는 비정규직 노동자들의 인정투쟁이 치열하게 전개되고 있고, 기본소득이나 기본주택 등 보편복지를 향한 복지권 인정투쟁도 확산되고 있다.

이제는 정치가 답해야 한다. 정치가 더 이상 사회권 강화를 요구하는 사회적 약자들의 차이의 표출을 무시해서는 곤란하다. 노동자와 자본가 간의 차이 그리고 가진 자와 없는 자 간의 차이를 이제는 정치가 조정하고 최종결정을 내려야 한다. 그리고 그 최종결정을 수행하는 데 있어서 준수해야할 준칙은 다름 아닌 인정과 치유라는 점을 우리 공동체 구성원 모두가 함께 인식하고 합의해야 함은 물론이다. 국가 공동체는 사회적 강자들만의 공동체가 아니라 사회적 강자와 사회적 약자 모두의 공동체다. 사회통합이 없는 공동체와 공동체 의식이 없는 이기적인 강자들만의 공동체는 그 공동체는 물론이고 강자를 포함한 공동체 구성원 모두에게도 불행을 가져다준다.

글을 닫으며

5.

정치는 공동체를 구성하는 다양한 구성원 간의 차이를 표출하고 조정하고 최종결정을 내리는 일이다. 그런데 우리 정치는 이런 기능을 수행하는데 있어서 지속적으로 태만하고 실패해왔다. 이제 우리 사회는 정치를 복원해야 하고, 좋은 민주주의를 실현해야 한다. 좋은 민주주의는 우리에게 좋은 밥을 먹여 준다. 우리의 몸과 마음에 질 좋은 영양분과 효과 좋은 치유를 가져다주는 게 민주주의다. 차이의 표출만이 난무하는 사회는 아픈 사회다. 차이가 표출만 되고 조정되지 못하는 사회에서 아프지 않을 사람은 없다. 그런 사회는 계몽된 사람들의 세계가 아니라 약육강식이 지배하는 동물의 세계일 뿐이다.

아픈 사회는 치유가 필요하다. 그리고 그 치유의 핵심에는 인정이 있다. 공동체 구성원 간의 상호 인정이 필요하고, 사회적 약자의 요구에 대한 사회적 인정이 필요하다. 만인은 천부인권을 지닌 존재로 모든 차이를 떠나 동등하게 소중하다. 따라서 성별, 연령, 이념, 세대, 계급/계층, 피부색, 종교, 언어,

지역, 문화 등 모든 차이에 대한 인정과 다양성에 대한 존중이 필요하다. 그게 차별을 극복하는 길이고 상처를 치유하는 길이다.

또 경제사회적 약자를 국가 공동체가 보호하는 노력이 필요하다. 생계가 어려운 국민, 집이 없는 국민, 직업이 없는 청년, 차별받는 비정규직 노동자들의 인정투쟁에 우리 정치가 민주적으로 반응해야 한다. 민주적으로 반응해야 한다는 말은 적극적 자유와 실질적 평등 그리고 비지배적 자유를 정치를 통해 실현하는 것이 중요하다는 말이다. 사회경제적 약자를 인정하는 것이 우리시대의 좋은 정치고 민주주의다. 그리고 그게 제대로 된 치유다.

모든 인정의 토대는 천부인권이다. 그리고 모든 국민은 자연권인 인권이 실정법적으로 명시된 헌법의 기본권에 의해 동등하게 소중하다. 동등하게 소중한 국민들은 서로 존중하고 배려하고 토론하고 설득하고 합의하고 절충하지 않을 수 없다. 이런 민주적 생활태도가 바로 인정이다. 우리시대 최고의 치유는 다름 아닌 인정이다. 우리는 지금 인정의 정치와 치유로서의 민주주의가 무엇보다 필요한 시기에 살고 있다.

박 귀 순

/

영산대 동양무예학과 교수. 대만국립사범대와 일본국립가나자와 대학교에서 역사학과 철학 그리고 교육학으로 박사 학위를 받았다. 무예사, 한·중·일 무예 교류사, 무예사상·철학, 체육사, 체육철학 등을 중심으로 한 이론과 우슈, 동양무예 실기를 가르치고 있으며, 무예를 통한 치유의 가능성과 방법, 효과 등을 설파하며 실용적인 학문을 지향하고 있다. 현재 대한체육회 대한대학스포츠위원회 위원, 대한무도학회 편집위원장, 세계무예마스터십위원회(WMC) 위원, 유네스코 국제무예센터(ICM) 이사, 세계우슈연맹 여성위원회 위원, 대한우슈협회 국제위원회 위원장과 이사, (사)대한우슈진흥연구소 소장으로 활동하고 있으며, 영국 러프버러대(Loughborough University)에서 방문교수를 지냈다. 저서로 『동양무예의 연구-《한국의 무예도보통지》의 24반 무예 형성을 중심으로-』, 『한국의 스포츠학 70년』(공저), 『한국체육사』(공저), 『한국체육인명사전』(공저), 『体育スポーツ武術の歴史にみれる中央と周辺』(공저) 등이 있다.

무예인의 무늬 - 무덕

무덕, 무엇인가?

무덕(武德)은 무예를 수련하는 이가 지켜야 할 윤리이자 도덕이며, 수양 덕목이다.

무덕은 중국에서 유교 문화가 조성되면서 체계를 갖추게 되었고, 고대 치외법권(治外法權)이었던 강호(江湖)에서 크게 발현되었다. 강호는 중국의 강서와 호남 지역의 중원을 의미하기도 하고, 중국 어머니의 강이라고 일컬어지는 양자강과 중국의 대표적인 호수인 동정호 사이의 중원을 말하기도 한다. 중국 고대에는 국경 경계선을 포함한 이 지역에 법이 적용되지 않았다. 강호에서 무덕은 무예를 실현하는 명분이 되었으며, 은혜에 보답하는 보은 혹은 반대로 복수의 명분이 되기도 하였다. 이러한 강호 세계 안에서의 무덕은 목적과 형식이 달리하기도 했지만, 후대에도 면면히 이어져오고 있다. 무덕 수양은 무예 수련과 함께 이루어져 왔으며, 이 둘은 하나라고 해도 과언이 아니다.

그림 1. 중국의 강호
(출처: djws.top1game.com)

무덕은 중국에서 고대 유교 사상이나 유학이 대두되면서 존재했으며, 중국을 중심으로 한 한자문화권이었던 우리나라도 고대부터 존재했던 것으로 추정되고 있다. 현존하는 무덕과 관련된 우리나라의 기록으로 《고려사》에서 처음 볼 수 있다. 중국과 한국 양국 간의 무덕의 영향 관계에 관해 구체적인 내용을 확인하기 어렵지만, 유교 도입과 함께 무덕의 영향을 받았으며, 무예 문화 전개 속에서 한국 특유의 무덕이 조성되었다. 그러나 조선시대 이후 서양의 신문물이 들어오고, 개화기와 일제강점기를 거치면서 우리 전통 무예 문화인 무덕은 무덕은 점차 자취를 잃어가고 있다. 현재 대학 현장에서 무예 교육을 하고 있는 필자가 직접 갓 대학에 입학한 무예 전공 학생들에게 무덕과 관련된 질문을 해 보면, 예측과 크게 빗나가지 않았다. 다수의 학생들이 무덕을 제대로 이해하지 못하고 있다.

현대사회에 들어서면서, 우리 젊은 무예인들은 무덕에 대한 개념이 점차 약해져 가고 있으며, 유도, 검도, 태권도, 우슈 등과 같은 무예 스포츠가 현저하게 나타나면서 무예가 스포츠와 같이 승리 지상주의를 지향하고 있는 것도 직면하고 있는 현실이다.

무예는 고대 초기 생존과 호신에 목적을 두었으며, 이후 건강이나 양생 등으로 그 목적이 확장되었다. 이러한 무예와 함께 수련되어 온 무덕은 하나의 전통으로, 무(武)를 중히 여기며 덕(德)을 숭상하는 상무숭덕(尙武崇德)의 발로였다. 고대에 상무숭덕은 무예계에서 신앙에 가까운 공통된 언해 규칙이기도 하였다. 이러한 무덕은 무예인이 수양해야 될 윤리, 도덕 덕목일 뿐만 아니라 한 사회의 문화로도 그 가치가 있다고 할 수 있다.

많은 이들의 기억 속에 남아 있겠지만, 1993년 미국의 클린턴(William Jefferson Clinton) 대통령이 당선된 이후 백악관에 그의 태권도 사부인 이행웅 사범을 초청해서 정중하게 허리를 숙여 인사하는 기사가 대서특필되었다. 많은 이들은 태권도가 세계적인 무예로 거듭났으며, 한국인 태권도 사범에게 미국의 대통령이 정중하게 고개를 숙여 예를 갖추었다고 기뻐하였다. 이 사실에 대해 여러 관점에서 많은 얘기를 나눌 수 있지만, 당시 클린턴 대통령이 태권도라는 무예 수련을 통해서 무덕을 실천했다는 점에서 의미가 있다.

무덕은 무예를 통한 인간의 무늬, 다시 말해서 무예인의 무늬라고 할 수 있다. 무늬는 다양한 선과 결로 이루어져 있는데, 우리가 나이가 들면 생기는 얼굴의 주름과도 같다. 이러한 주름은 아름다운 주름이 있는 반면 보기에 안타까운 주름도 볼 수 있다. 사람의 주름은 우리 삶의 내면과 외면적 과정을 나타내기 때문에 이를 통해서 그의 삶을 엿 볼 수도 있다. 이러한 의미에서 무덕은 무예인이 무예 수련을 통해서 수양하는 무늬와도 같다고 할 수 있다. 무덕을 통해서 인간의 무늬를 만들 수 있고, 인간의 근본 본성이자 인성이라고 할 수 있는 측은지심을 구체적으로 실천할 수 있기 때문이다. 또한 이기주의와 개인주의가 팽배한 현대사회 속에서 무예 몸 수련을 통해서 사람답게 생각하고 실천할 수 있는 회복과 치유가 이루어질 수 있다. 클린턴 대통령이 무예를 통해 익힌 그의 무늬를 실천했을 때, 그는 물론 그들을 바라본 우리 역시 회복 그리고 기쁨과 희망이라는 치유가 이루어진 점과 통한다.

중국 고대에는 무예나 무덕이 문파나 개인의 지도 중심으로 수련이나 수양되었다. 이러한 수련과 수양이 이루어진 곳은 현대와 같이 특별한 체육관이나 무예 수련장 개념보다 일반 집이나 사찰 등에서 이루어졌다. 고대 중국에서 무예를 익히기 위해서 여러 단계를 거쳤는데, 그 중에 대문 앞 청소, 중간 마당 청소 등 최소 각 3년 이상의 개인의 수양과 수련 과정을 거친 후에 비로소 안가 마당에서 제대로 무예의 기본을 익힐 수 있었다. 고대 중국 전통 가옥은 〈그림 2〉와 같았는데, 안가 마당까지 도달해 스승에게 제대로 무예를 전수받기 위해서 3년 이상의 무덕 수양 과정을 거쳐야 하였다. 이러한 과정은 스승에게 무예를 배우기 이전의 인성 함양을 위한 것으로 기본 무덕의 수양과 수련 단계라고 할 수 있다.

그림 2. 고대 전통 가옥

(출처: https://i.pinimg.com/736x/86/56/60/8656609fb74a3fca9c15a332b73a9d68.jpg)

무덕은 일반 윤리나 도덕과 유사하기도 하고, 달리도 한다. 무예는 행동하는 철학이며, 무예인들은 무예 수련을 통해 무덕을 실천해 왔다. 이를 통해 무예인들은 일반인들과는 다른 특징을 가지게 되었는데, 무예인에게 볼 수 있는 인품이나 성향과 관계가 깊다. 이러한 특징은 일반 윤리나 도덕과는 다른 무덕 실천의 결과라고 할 수 있다.[1] 무덕은 전통문화이며, 동시에 무예 문화로서 무형적인 형태로 오랫동안 계승되었다. 무덕과 무예는 분리해서 생각할 수 없는 일체(一切)이며, 간과할 수 없는 주요한 요소이기도 하다.

동·서양을 비롯한 많은 이들은 무예의 가치를 인정하며, 특히 무예가 지닌 교육적 가치에 대해 주목하기 시작하였다. 무예인이 스승에게 존경을 표하며 겸손을 더하고, 무예 수련에 대한 자긍심과 이를 통한 자기 통제를 하는 것은 무예의 교육적 요소를 보여주는 구체적인 예라고 할 수 있다. 이러한 무덕은 무예의 교육적인 가치를 더욱 발현시키는데, 무예 특유의 신체 활동을 통해 사회화가 이루어지고, 긍정적인 인성이 발현될 수 있으며 그 틀 안에서 윤리적 가치를 배울 수 있기 때문이다.

고대 무예는 기본 목적을 살생에 있었으며, 이념적인 목적은 정의 실현에 두었다. 생존과 호신을 위한 살상을 기본 목

1) 박귀순(2013). 중국무예의 전통 무덕에 관한 시론(試論). 한국체육과학회지, 22(4). 한국체육과학회지. 4쪽.

적으로 탄생된 무예는 역사와 함께 각 시대의 부합된 요구에 따라서 다양한 형태로 변화되었다. 살상에 기본 목적을 둔 무예는 그 위험성에 대한 마음의 준비 혹은 죽음에 대한 각오 등이 필요하였다. 이에 종교를 통한 안심과 믿음, 종속 간의 신뢰감 등이 요구되었고, 유, 불, 도의 영향을 받아 평상심시도(平常心是道), 문무겸전(文武兼全) 등을 목표로 두기도 하였으며, 무예에서 무덕이나 무예의 도(道)로 표현되고 강조되었다.[2)]

무덕은 무예인이 지켜야 할 하나의 수련 의무라고 할 수 있다. 중국과 한국에서는 기술과 기예인 무예와 무덕이 구분되지만, 일본에서는 무도 용어 그 자체에 기술과 기예 의미와 무덕 개념이 내포된 형태로 이해되어왔다. 무예계에서 구전되어 온 무언(武諺)에 "글로써 마음을 평하고, 무로서 덕을 평하며, 덕이 없으면 힘(권력)도 없다(文以評心，武以評德，尙德不尙力)"라는 말이 있는 것처럼 무덕은 상당히 중시되었다. 또한 다양한 종류의 무예는 비록 각각 다른 기법과 공법을 가지고 있지만, "덕이 없는 자는 배움이 없고, 이치를 깨우치지 않은 자는 무를 지도할 수 없다(欠德者不或與之學，喪理者不或教武)"라고 한 것처럼 무덕은 무예인으로서 무엇보다 먼저 갖추어야 할 언행 기준으로 공통된 인식이었다.

2) 박귀순(2006). 한국 전통무예의 체계에 관한 시론(試論)-《무예도보통지》를 중심으로-. 스포츠인류학연구, 1. 68쪽.

무덕은 유학 사상의 영향을 받아 형성되었으며, 일반적인 도덕과는 다른 무예인들이 발현하는 생명의 사상이다. 무덕은 인(仁), 의(義), 예(禮), 지(智), 신(信), 용(勇)의 표현요소를 통해서 성립되고 실천되었다.[3)]

인은 유교의 주요 핵심 사상이며, 무예인의 최고 품행의 추구와 덕성을 종합한 것이며, 수양의 종극이자 도덕의 가장 중요한 기준이다. 무덕에서도 중요한 기준이자 실천 요소이다.

의는 일반적으로 선행을 실천하는 근본인 행선지본(行善之本)을 말한다. 무덕의 인은 의를 통해서 도덕적 행위가 실천되었다. 의는 인을 실천하는 방법이나 과정 혹은 기준이 되었다. 의는 무예의 이념적 목표인 정의 실현과도 통하며, 기반이 된다.

예는 무예를 익힐 때 예의인데, 습무예(習武禮)라고도 한다. 남을 공경하고 양보를 하며, 도덕적인 절도 및 물건이나 사람에 대하는 태도라고 할 수 있다. 예는 무덕을 실천할 때 인과 의 사이에서 행위 실천에 중요한 역할을 한다. 무예 수련 과정에서 강조되어 온 예로 시작해서 예로 끝나는(以禮始, 以禮終) 예의 수양은 무덕의 실천에 주요한 요소가 된다.

지는 인식하고 자각하는 도덕의식이며, 무덕을 논할 때 문헌이나 자료에서 비교적 언급이 적은 부분이다. 그러나 무덕의 실천에 있어서 지혜에 대한 이해는 절대 간과할 수 없는 요소이며, 의에 대한 인식이 가능하고 진정한 실천을 이루게 한다. 기본이나 전문적인 지식에 무예 수련 경험이 더해져 최고의 지혜를 발휘하는데 주요한 요소가 된다.

신은 모든 인간관계에서 필요한 요소로, 특히 부모와 자식, 왕과 신하, 부부간, 어른과 아이, 친구 관계에서 긴밀한 관계를 유지하게 한다. 무덕에서 신은 지와 함께 의에 대하여 실천적인 역할을 한다. 또한 무예 수련 과정 중에 상호 간의 신뢰를 통해서 기예나 기량 향상에도 영향을 끼치기도 한다.

용은 윤리와 도덕의 기준이며, 행위 실천적인 의미가 있다. 맹자는 용을 대용과 소용으로 구분하였다. 대용은 인의 도덕적인 의미를 내포하고 있으며, 선과 악을 결정한 후 실천 여부를 판단하는 역할을 한다. 소용은 자신의 이익 추구를 위해서 실천되었으며, 고대에는 대용보다 긍정적이지 못한 실천적인 의미로 이해되었다.

3) 무덕의 인, 의, 예, 지, 신, 용의 실천내용은 박귀순(2004, 2013)의 논문을 번역, 요약함; 朴貴順(2004). 中国武術の武徳とその現代化に関する一考察．社會環境研究．日本金澤大學校 社會環境科學研究科. 222-224; 박귀순(2013). 중국무예의 전통 무덕에 관한 시론(試論). 한국체육과학회지, 22(4). 한국체육과학회지. 10쪽.

현대사회에서 용은 재해석되었는데, 대용은 타인, 사회, 국가, 세계 등을 위해서 발휘되는 용기라면, 소용은 자기 자신의 이익과 직결된 용기의 발휘라고 할 수 있다. 고대의 소용과 달리 자기 자신의 이익과 직결된 용기의 발휘는 또 다른 의미로 이해되고 있다. 타인이나 사회에 피해를 주지 않는 범위에서 개인의 행복을 위해 발휘되는 소용 역시 중요한 용기이기 때문이다. 이러한 점에서 무덕의 용은 일반 윤리와 도덕과 달리한다.

〈그림 3〉을 보면, 인은 무예인의 최고 품행 덕목의 추구와 덕성이 내포되어 있다. 인은 전면적인 수양의 종극이며, 최고의 도덕 기준이다. 무덕에서 인은 의를 통해서 도덕적인 실천이 이루어진다. 의는 인의 실천 방법 및 실천 과정의 기준이

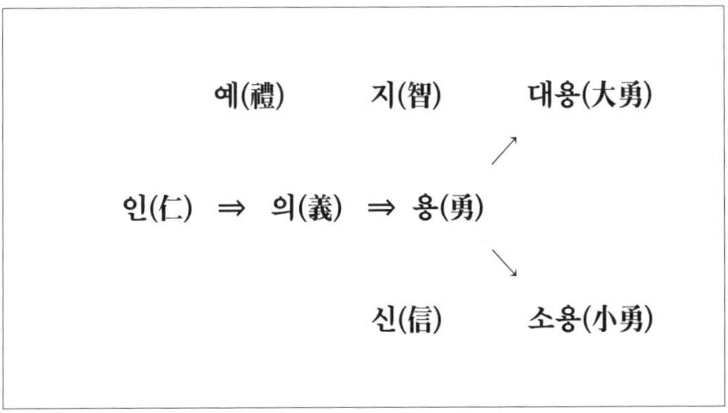

그림 3. 무덕의 본질 표현

(출처: 박귀순(2013). 중국무예의 전통 무덕에 관한 시론(試論). 한국체육과학회지, 22(4). 한국체육과학회지. 10쪽.)

된다. 무덕에서 예는 인과 의에 대한 실천적 역할을 한다. 무덕에서 지와 신은 의와 용에 대한 실천적인 역할을 한다. 용은 도덕적인 기준이나 행위의 실천이며, 대용과 소용으로 구분된다. 대용은 선과 악을 결정한 후 실천 여부가 결정되며, 소용은 사익을 위하여 실천된다. 이러한 무덕의 수양은 무예의 수련에서 내재겸수(內在兼修), 문무겸전의 경지에 도달하게 하는 중요한 요소가 된다. 또한 새로운 사회 문화 형성과 조성에도 긍정적인 영향을 줄 수 있다고 생각된다.

무덕의 내용은 크게 두 분류로 구분된다.[4] 첫 번째 분류에는 택도표준(擇徒標準), 사도관계(師徒關係), 습무요지(習武要旨), 지기규범(持技規範)이 있으며, 무덕의 개념적인 내용으로 무예인으로서 지켜야 할 규칙이나 규정이다.

택도표준은 무덕을 준수하기 위한 첫 관문이다. 스승이 제자를 선택할 때, 신중해야 하는데, 충의가 확실한 제자에게 기술 전수를 한다. 스승을 존경할 수 있도록 예를 반드시 가르쳐야 하며, 현명한 덕이 갖추어지지 않은 사람은 기술 전수를 하면 안 된다. 무덕에는 이러한 엄격한 규정을 두어 준수하게 하였다.

사도관계는 무예인이 되려면 반드시 통과해야 할 중요한

4) 무덕의 제1분류와 제2분류의 내용은 박귀순(2004) 논문을 번역, 요약함; 朴貴順(2004). 中国武術の武徳とその現代化に関する一考察. 社會環境研究. 日本金澤大學校 社會環境科學研究科. 222쪽-224쪽.

과정이다. 배움에 있어서 남녀노소의 구별은 없지만, 사도관계를 제대로 이해하고 실천하는 사람만이 스승과 제자가 될 수 있다. 무예인은 스승을 존중하며, 현명하고 겸허하게 배움을 추구해야 한다. 또한 선·후배를 존중하고, 무덕을 실천해야 한다. 무예인은 무덕을 통해 스승과 제자 간에 바른 관계를 만들어야 한다.

습무요지는 무예인이 지켜야 할 무덕의 종합적인 개념이다. 무예인은 규칙적인 생활과 수련을 통해서 몸과 마음의 건강을 유념하되, 모든 일에 대한 언행을 조심해야 한다. 무예 수련과 연구에 매진해야 하며, 자기 통제를 하며 부단히 노력해야 한다. 무덕 실천에 있어 무예 수련 경지가 중간 이상이 도달한 이에게 특히 요구된다.

지기규범은 무덕의 근본적인 개념이다. 타인을 위해서 정의를 실현해야 하며, 정의로운 일에 솔선수범을 해야 하고, 국민을 위협과 위험에서 보호해야 한다. 또한 국민을 위해서 악에 저항하고, 국가와 국민의 이익을 보호해야 한다. 이러한 규범, 계율, 요구는 무예인에게 정도(正道)를 주재할 수 있도록 이끈다. 이 규범은 무덕의 근본적인 개념이면서 거시적인 의미가 있다.

두 번째 분류에는 구덕(口德), 수덕(手德), 심덕(心德), 공덕(公德)이 있으며, 무예인으로 실천해야 할 규칙이나 규정이다.

구덕은 말을 유념하는 것으로, 말이나 언어로 타인에게 상해를 주지 않는 것이다. 특히 다른 무예나 문파의 비판이나 타인의 무공의 수준에 대해서 논하면 안 된다. 구덕은 무덕의 기본 표현이다.

수덕은 익힌 기예에 대해 유념하는 것으로, 수련 및 경기를 할 때 무력으로 타인에게 상해를 주지 않는 것이다. 예를 들어서, 고대 무예의 주요 목적은 생존 유지나 보은 혹은 복수 등을 위한 살생이었지만, 현대사회에서는 개인 생존 유지를 위해서 무분별한 살생이나 타인에게 상해를 가해서는 안 된다. 고대 중국 강호에서 생명 유지를 위한 살생이나 개인의 보은 혹은 복수와 같은 명분을 가진 경우 상해나 살생이 가능하였다. 그러나 현대사회에서 있을 수 없는 일이며, 이러한 점에서 무덕 수양이 더욱 요구된다.

심덕은 마음을 유념하는 것으로, 무예를 익히는 개념과 사상을 종합한다. 상무정신과 인애(仁愛)를 통해서 악을 저항하며, 자신이 가진 능력으로 타인을 돕고, 희생하면서 타인에게 행복을 주어야 한다는 의미가 내포되어 있다. 무덕에서 이에 배려가 수반되며 상호 존중으로 실천을 극대화한다.

공덕은 사회에 대해 유념하는 것으로, 사회의 도덕규범을 준수하는 것이며, 사회, 정치와 관련된 일에 장애가 되지 않는 것이다. 주요 내용으로 일반적인 공중도덕이 있다. 특히 무예인은 본인의 심신을 조절해서 공중도덕을 잘 준수해야 하는 등의 의미가 내포되어 있다. 무예인은 공공장소에서 일반인보다 더욱 언행을 유념해야 하며, 이를 준수해야 된다.

무덕은 인, 의, 예, 지, 신, 용으로 표현되고 실천되며, 무덕 개념의 실천 기준에 따라서 다양한 형태로 발휘되었다.

무덕은 고대 중국의 영향으로 형성되었으며, 시대를 거쳐서 현재 다양한 형태로 변형되어 이어져 오고 있다. 현대의 무덕은 아직 개선의 여지가 있으며, 이러한 모색은 계속 이루어져야 할 것이다. 무덕의 가치는 크게 인식, 조화, 정신, 문화적인 면으로 구분 두고, 그 가치를 살펴볼 수 있다.[5)]

무덕의 인식은 사회를 바르게 이해하는 것으로, 각 시대와 함께 다양하게 변천되어왔다. 각 시대에 따라 무덕의 인식을 달리했으며, 사회 인식과 자아 인식으로 구분되었다. 사회의 바른 인식은 무예를 통해서 사회를 제대로 인식하고 이를 통해서 모순적인 충돌이나 반항을 없게 하며, 사회에 대한 객관성과 필요성을 가지는 것이다. 사회에 대한 인식을 제대로 하지 못하고 행해진 무예 기예의 발휘나 무예 활동은 단순한 폭력이나 폭동으로 이어질 수 있기 때문이다. 건강한 무예 활동을 통한 무덕의 겸비는 건전한 사회 인식을 양성할 수 있게 한다. 자아의 바른 인식은 개인 자신의 윤리, 도덕, 사상, 행위

5) 무덕의 인식, 조화, 정신, 문화적인 면과 관련된 내용은 박귀순(2013)의 논문을 요약함; 박귀순(2013). 중국무예의 전통 무덕에 관한 시론(試論). 한국체육과학회지, 22(4). 한국체육과학회지. 3쪽-15쪽.

등의 인식으로 목표를 선택하고 평가할 수 있다. 자아 인식은 사회 안에서 진행되며, 사회에서 독립된 완전한 자아 인식은 있을 수 없다. 무덕은 장기 수련 과정 중의 결과로, 무예인은 무덕을 통해서 자아에 대한 엄격한 인격적 기준을 가지고 객관성을 가질 수 있다. 특히 최근 개인주의가 팽배하며, 타인에 대한 배려보다 과도하게 개인을 중시하는 현대사회 풍조 가운데 절실히 필요한 인식이다.

무덕의 조화 요소는 사람과 자연과의 조화, 사람과 사회와의 조화, 사람과 사람 간의 조화, 사람과 자신과의 조화가 있다. 사람과 자연과의 조화는 천일합일(天人合一)이다. 본질적으로 사람과 자연은 하나이고, 사람의 모든 일은 자연을 위배할 수 없으며, 그렇지 않으면 생존하며 발전할 수 없다. 무덕에서 자연과의 조화는 기예나 정신의 기본이며 근간이 된다. 사람과 사회와의 조화는 국가와 민족에 충성하고, 의를 보고, 용기를 발휘하며, 사회의 질서와 규칙을 따르는 것이다. 특히 무예인의 사회와의 조화는 무덕을 통해서 반드시 발현되어야 하며, 대용과 소용으로 구분되는 용은 무덕에서 중요한 가치를 가진다. 사람과 사람 간의 조화는 이(利)보다 의(義)를 앞세우며, 겸허하며 성실히 신뢰를 갖고, 스승을 존중하고 제자를 사랑하며, 서로 간에 화합하는 것이다. 사람과 자신과의 조화는 어려움을 극복하며, 수신 양성하고, 자기 자신만의 이상을 가지는 것이다. 무예인들은 수련 과정 중에 겪는 자신과의 싸움에서 이겨야 하며, 자신의 끊임없는 노력을 통해 수신 양성해서 자기 자신만의 이상을 가져야 한다.

무덕의 정신적인 요소는 인(仁)이 핵심 정신이며, 인의 가치가 크게 내포되어 있다. 이러한 가치는 무덕 교육을 통해서 실천되는데 스스로 끊임없이 강하게 만들고, 덕을 깊게 쌓아 만물을 포용하도록 한다. 무예인은 무예 수련 과정 중에 사람과 자연과의 조화 및 자연에 대한 순응, 음양의 조화 등을 추구하였다. 무덕에 내포된 정신적인 요소는 인류에게 이상적인 생존이념을 제공한다.

무덕의 문화적인 요소는 전통 윤리와 도덕 사상에 기인하며, 유가 윤리 사상이 그 주체였으며, 광범위하게 중국 무예의 윤리, 도덕 사상에 영향을 주었다. 무덕은 이러한 발전 과정 중에 끊임없이 유가 윤리 사상의 정수의 영향을 받았으며, 독특한 무예 윤리 문화와 특수한 문화적인 가치를 갖게 되었다.

현대사회에서 초·중·고등학교의 교과과정에 윤리나 도덕의 비중이 점차 줄어들고 있다. 초등학교인 경우, 국어, 영어, 수학, 사회, 과학, 미술, 음악, 실과, 체육, 도덕 등의 교과목이 있는데, 이 중에 도덕은 모든 과목 중에 배정 시간이나 횟수 비율이 상대적으로 낮다. 그만큼 중요도가 떨어진다는 의미이기도 하다. 중·고등학교도 큰 차이가 없다. 이러한 상황은 우리 사회가 점점 개인주의 성향의 색채가 깊어 가는 것과 관계가 있다고 볼 수 있다. 개인을 중시하고 사랑하는 것도 중요하다. 그러나 한 개인이 홀로 사회에서 독립적으로 존재하며 행복한 삶을 누리기는 어렵다. 이러한 점에서 우리는 사회 속에서 개인과 개인, 개인과 사회, 개인과 국가, 개인과 세계 등을 고려하며 삶을 계획하고 살아가야 한다. 이때 필요한 배려와 존중은 강요나 요구로 이루어질 수 없다. 체계적인 교육으로 가능할 수 있다고 생각하지만, 현 실정은 그리 녹록치 않다.

무덕이 윤리와 도덕과 달리하는 것은 무예 몸 수련을 통해서 윤리와 도덕을 수양하는 점이다. 다시 말해서 앞서 클린턴 전 미국 대통령이 그의 태권도 사범에게 정중하게 고개 숙여 인사한 것은 태권도라는 무예를 통해서 익힌 무덕인 것과 상통한다. 무예 몸 수련을 통해서 익히 도덕과 윤리는 자연스럽게 몸 자체에서 흡수되어 기억되고 실천으로 이어진다. 이러한 점에서 무덕은 무예 수련을 통해 건강한 신체는 물론 건전한 정신이 깃들게 한다.

무덕은 무예 수련을 통해서 인간의 무늬를 만들며, 심신을 단련하고 회복하게 하고, 나아가서 나와 우리 사회를 치유를 할 수 있는 수단이자 문화가 될 수 있다. 만약 무덕을 수양하는 사람이 많다면, 우리 사회는 어떤 모습일까? 잠시 생각해 본다.

이 지 은

/

이화여자대학교 중어중문학과 부교수. 이화여대에서 중어중문학을 공부하고, 한국외국어대학교 통역번역대학원에서 국제회의통역을 전공한 후, 중국으로 건너가 北京大學에서 <量詞的跨語言研究(Cross-linguistic Studies on Numeral Classifiers)>로 박사학위를 취득하였다. 중국어 방언과 중국 지역 내 소수민족 언어에 대한 관찰과 분석을 통해 중국의 언어가 인류 언어들과 비교하여 어떤 보편성과 개별성을 지니는지에 대하여 연구를 진행하고 있다. 한국인 연구자의 시각에서 중국어 모어 화자들이 당연하다고 생각하여 놓치는 언어 현상을 발견하고 새로운 언어학적 토론 거리를 끌어내는 데에 보람을 느끼고 있으며, 그러기 위해 정진하고 있다. 대학에서는 주로 중국어 말하기, 중국어문법, 중국어교육론 등의 수업을 하고 있는데, 대학 시절 고군분투하며 중국어를 공부했던 경험들이 교수 현장에서 큰 밑거름이 되고 있다.

더 나은 중국어 교사 되기

들어가는 말

중국에서 박사과정을 밟던 시절부터 지금까지 학생들에게 중국어를 가르치고 있다. 강의를 해오면서 어떤 방식으로 중국어를 가르치면 좋을까에 대한 고민은 십여 년이 지난 지금도 현재 진행형이다. 내가 알려주는 내용이 학생들이 나가게 될 현장과 동떨어진 것은 아닌지, 흥미 유발은커녕 너무도 고리타분한 내용은 아닌지 말이다.

특히 중국어를 시작하는 입문반 친구들을 가르칠 때는 더 막중한 책임감을 느낀다. 중국어에 대한 호기심과 나름의 계획으로 수강 신청을 하였을 텐데, 내 수업을 듣자마자 중국어에 흥미를 잃게 되면 어떻게 하나라는 생각으로 말이다.

중국어는 한국인 학생들에게 쉬운 언어는 아니다. 물론 한국이 한자문화권에 속하다보니 대부분의 학생들은 어렸을 때부터 한자를 접하게 된다. 그래서 (영미권 학생들처럼) 한자를 상상 밖의 문자라고 여기지는 않는다. 그러나 한자 쓰기는 학생들에게 여전히 버거운 부분이다. 더군다나 표준중국어를 배운다는 것은 우리가 그동안 접한 한자와는 또다른 조금 간단하게 변화된 간체자를 새로이 익혀야하기 때문에 처음 공부의 발을 뗀 친구들에겐 낯설고 어려울 수 있다. 그뿐만이 아니다.

복병은 중국어 발음이다. 우리말에는 없는 자음이 있어서 발음할 때 혀를 어디에 두어야 할지 난감하다. 특히 zh, ch, sh를 발음할 때 선생님이 가르쳐 주시길 혀를 말아올려 발음하라고 하는데 애들은 여간 당혹스러워하는 눈치가 아니다. 여기에 r 발음으로 넘어가면 다들 한숨부터 쉰다. 게다가 음의 높낮이로 뜻을 구별하는 성조까지 있으니 한국인 친구들은 처음부터 첩첩산중이다. 가뜩이나 어려운데 중국어 선생님은 한술 더 떠서 "중국어는 음의 높낮이에 따라 뜻이 달라지니 중국인과 말할 때 오해를 사지 않으려면 성조를 올바르게 발음할 줄 알아야 한다"고 겁을 잔뜩 준다. 학생들은 더욱 긴장한다. 중국어에서 높은 음높이는 대략 '솔' 음까지 올리라고 하는데, 우리 말을 구사할 때는 놀란 상태가 아니고서야 그 음높이까지 발음할 일이 잘 없다. 그래서 입문반 친구들에게 성조에 맞춰 발음해보라고 하면 부끄러워서인지 혼자 키득키득 웃는 아이들도 있다. 이뿐만이 아니다. 중국어 음성정보를 보조해 주는 발음기호는 우리가 알던 알파벳의 발음과 차이를 보인다. a가 '아'로 읽히기도 하고 경우에 따라 '에'로 읽히기도 한다. 'i'는 '이'라고 읽힐 때도 있지만 '으'에 가까운 음으로 발음될 때도 있으니 모든 규칙을 섭렵하려면 여간 어려운 일이 아니다.

시작부터 이처럼 어려운 내용이 쏟아지다 보니 호기롭게 수강 신청을 한 학생들은 중간에 포기하거나 수강을 철회하기도 한다. 이러다 행여 중국어라면 뒤도 돌아보지 않게 될까 걱정을 하게 된다. 그럼에도 꿋꿋이 한 학기를 버텨주는 학생들은 내 마음 속에서는 이미 A+이다. 입문반을 견뎌내고 그 다음 학기에 중급반을 신청한 학생들은 더욱 그러하다. 그런데 입문반 수업에서 연습도 작은 소리로 겨우 하고 자원해서 발표 한번 하지 않던 과묵했던 학생이 중급반에서 보이는 경우가 있다. 그다지 흥미가 없어 보였는데 자청해서 중급반을 선택하다니. 이런 친구들을 만날 때마다 나는 궁금증이 들었던 것 같다. 혹시 내가 이 학생에 대해서 잘못 생각하고 있었나?

학생들의 속마음 들여다보기: 학습신념

수업에 대한 나의 고민은 늘 수업 내용을 어떻게 효과적으로 학생들의 머릿속에 각인시킬 수 있을까라는 목표를 향해 있었다. 무한 반복과 연습을 통해 단시간 안에 중국어로 자연스럽게 대화하거나 중국어로 발표하는 학생들을 보면 난 나의 교수법이 꽤 성공했다고 여겼던 것 같다.

그런데 앞서 말했던 발표 한번 제대로 하지 않았던 친구들이 재미있어서 중급반으로 왔다고 말하거나 중문과 부전공을 고민한다는 이야기를 들으면서 나는 약간 혼란스러웠다. 정작 나는 학생들이 과연 어떤 생각으로 중국어를 선택했고, 특히 어떤 마음가짐으로 공부하고 있는가는 헤아리지 않았던 것 같다. 나의 판단에 편견이 존재하였던 것은 아닐까? 나는 그저 중국어 선생님으로서 언어적 지식을 학생들에게 주입시키고 학생들은 출력해내는 기계적 관계에 몰입했었는지도 모른다는 생각을 하게 되었다. 그러다보니 수업에 적극적으로 참여하고 발화하는 학생들에게 아무래도 한번 더 중국어로 말을 걸거나 눈길이라도 한번 더 주었던 것 같다.

이러한 반성적 성찰과 함께 나는 그동안 놓쳤던 문제들, 바로 학생 저마다 지닌 고유의 성향과 중국어 공부에 대해 지니고 있는 마음속 생각들이 궁금해졌다. 강의 평가에서 흔히 묻게 되는 '선생님의 수업이 공부에 도움이 되었는가'와 같이 '만족', '보통', '불만족'으로 가늠되는 결과론적 질문들보다 좀 더 근원적인 물음을 던져보기로 하였다. 다시 원점으로 돌아와 한명 한명의 목소리에 귀 기울여 보기로 한 것이다.

그 시작은 석사생과의 작은 공동연구에서 출발하였다. 부산대 교육대학원에서 논문을 준비하던 한예진 同學과 이 문제에 대하여 함께 알아보기로 하였다. 이 연구는 부산에 있는 일반계 고등학생 중 중국어를 제2외국어를 선택한 학생들을 대상으로 설계되었다. 그래서 직접 학교를 방문하여 고등학생들을 대상으로 설문 조사를 해야 했기 때문에 많은 시간과

열정을 쏟아야 하였다. 그 고된 일을 한예진 同學이 마다 않고 도맡아 해주었고, 분석과정에서 번득이는 의견을 많이 내주었다. 이 지면을 빌어 한예진 同學에게 고마운 마음을 전한다.

우리가 조사 대상을 일반계 고등학교로 정한 이유는 이러하다. 일반계 고등학교에서 중국어라는 과목은 대입을 준비하는 학생들에게 주요과목이 아닌 경우가 대부분이다. 그런데 자발적으로 제2외국어 과목으로 중국어를 선택하였으니 이 학생들의 생각을 들어봄으로써 유의미한 결과들을 도출할 수 있으리라 판단하였다.

그렇다면 어떠한 질문들을 던져야 할까? 학생들의 중국어 학습에 대한 생각을 체계적이고 과학적으로 알아보기 위해 적절한 측정도구를 탐색하던 중 Horwitz의 BALLI(The Beliefs about Language Learning Inventory)를 접하게 되었다.[1] BALLI는 Horwitz가 당초에 영어 학습에 대하여 개인의 학습신념을 측정하기 위해 고안한 도구이다. 여기서 학습신념이란 학습자가 해당 외국어를 공부하면서 원래부터 지니고 있는 생각이나 관념을 말한다. 그는 이 도구를 활용하여 독일, 프랑스, 스페인의 영어 학습자가 영어 학습에 대해 어떻게 다른 학습신념을 갖고 있는지 살펴보았다.

1) 2012년에 발표된 한국사이버대 이선희 선생님의 논문 2편은 BALLI를 중국어 교육에 적용한 보기 드문 연구인데, 우리의 연구에 많은 가르침과 영감을 주었다.

BALLI의 설문 문항은 '언어학습의 난이도', '외국어 적성', '언어학습의 본질', '학습 및 의사소통 전략', '외국어 학습 동기 및 기대' 이렇게 다섯 개의 영역으로 나누어져 있다. 우리는 먼저 각 영역의 문항들을 중국어를 학습하는 고등학생이라는 대상에 맞추어 수정하였고 최종적으로 총 37문항을 완성하였다. 그리고 이 37개 문항과 함께 우리가 던진 또 하나의 질문은 **"귀하는 중국어 수업에 열심히 참여하고 있습니까?"**였다. 이는 어떤 학습신념을 가진 학생들이 높은 수업참여도를 보이고, 역으로 수업참여도가 낮은 학생은 어떤 신념을 지니는지 알아보기 위해서이다. 그 결과는 우리를 매우 놀라게 하였다. 왜냐하면 중국어 학습에 대하여 학생들은 우리의 예상보다 더 열린 마음과 성숙된 인식을 갖고 있었기 때문이다.

너희는 다 계획이 있었구나

우리는 부산에 있는 일반계 고등학교 6곳을 선정하여 조사를 진행하였고 총 497개의 유효한 설문응답지를 회수할 수 있었다. 모두 자발적으로 중국어 과목을 선택한 학생들이다. 학생들에게 던진 37개의 질문들 중에 당초 우리의 예상과 달라 놀랐던 몇 가지 결과들을 소개해보고자 한다.

'중국어를 배우는 데 하루에 한 시간을 할애하는 경우, 중국어를 아주 잘 구사하려면 얼마나 걸리겠는가?'

① 1년 미만 ② 1~2년 ③ 3~5년

④ 6~10년 ⑤ 하루 한 시간으로는 부족

과연 학생들은 어느 정도의 시간을 할애해야 중국어를 잘하게 될 수 있다고 생각할까? 절반 정도의 학생이 3~5년은 매일 하루에 1시간씩 공부해야 한다고 답했다. 그 다음으로 30% 정도의 학생은 1~2년 정도는 매일 1시간씩은 공부해야 중국어를 잘하게 된다고 대답하였다. 처음의 예상과는 다르게 고등학생들은 외국어는 단기간에 완성하기 어렵고 상당히 오랜 시간 그것도 꾸준하게 해야 한다는 사실을 잘 알고 있었다.

'우리나라 사람들은 중국어를 배우는 데 능숙하다.'

'중국어 학습에 특별한 재능을 지닌 사람들이 있다.'

'이미 한 가지 외국어를 할 줄 아는 사람은 중국어도 더 쉽게 배운다.'

'나는 중국어를 배우는 데 특별한 재능이 있다.'

'누구나 중국어를 배워서 할 수 있다.'

위의 질문에 대하여 많은 학생들이 나이가 어릴수록 혹은 타고난 재능을 지닌 사람일수록 중국어 학습에 유리하다고 답하였다. 그런데 '나는 중국어를 배우는데 특별한 재능이 있다'고 생각하느냐는 질문에는 60% 가까운 학생이 '그렇지 않다'고 답하였다. 아마 자신은 어린이에 비해 상대적으로 시작이 늦은 편이고, 특별한 재능도 없다고 느끼는 것 같다. 필자의 시각에서 고등학교 때 중국어 공부를 시작한 것은 이미 굉장히 이른 시기인데도 말이다. 영어에 대한 조기교육이 워낙 빨리 이루어지다보니 고등학교나 대학교에서 시작하는 외국어 공부는 상대적으로 늦었다고 느낄 수 있다.

놀라운 점은 그럼에도 불구하고 대부분의 학생들은 누구나 중국어를 배워서 잘 할 수 있다고 응답한 것이다. 자기 자신에 대한 평가는 박해서 나는 중국어에 특별한 재능이 없다고 대답하였지만, 그럼에도 불구하고 노력하면 누구든 중국어를 할 수 있다는 믿음을 갖고 있었다. 학생들은 우리의 생각보다 훨씬 열려있었다. 다음의 질문들에서 이를 더 분명히 확인할 수 있다.

'여성이 남성보다 중국어를 더 잘 배운다.'
'수학과 과학을 잘하는 사람들은 중국어를 잘 배우지 못한다.'
'언어를 두 가지 이상 구사하는 사람들은 머리가 매우 좋다.'

당초 우리는 고등학생들이 외국어 공부는 남성보다 여성이 유리하고, 이과 학생들보다 문과 학생이 유리하다고 생각할 것이라 예측했다. 사람들이 일반적으로 갖고 있는 생각이기도 하고, 우리도 그런 편견을 갖고 있어서일지도 모르겠다. 뜻밖에도 고등학생들은 이러한 편견이 정작 언어교사인 우리보다 적었다. 또 중국어 적성에 대해서 매우 진취적이고 개방적인 마음을 갖고 있었다. 여성이 남성보다 중국어를 더 잘 배운다고 생각하는 학생은 약 7%에 그쳤고, 수학과 과학을 잘하는 사람은 중국어 공부에 불리하다고 응답한 학생도 약 5%에 불과하였다. 특별한 재능이 없더라도 누구나 중국어를 배워서 할 수 있다고 생각하고 있다니 너무도 기특한 결과였다.

'중국어를 말하려면 중국어 사용권 국가의 문화를 잘 알아야 한다.'
'중국어를 배울 때 가장 중요한 부분은 어휘 학습이다.'
'중국어를 배우는 것은 다른 교과목을 배우는 것과 다르다.'

교육부 공시 제2외국어과 교육과정에서는 중국어 과목의 교수·학습 목표를 '중국 문화의 이해를 바탕으로 의사소통 능력을 함양'하는 것이라고 밝히고 있다. 즉 언어적 내용만큼 문화에 대한 이해도 중국어 학습의 중요한 한 축을 이룬다. 그런데 학생들 역시 한 언어를 잘 구사하기 위해서는 문화 지식이 매우 필요하다는 것을 인지하고 있었다. 70%가 넘는 학생들이 중국을 구사하는 데 있어서 문화를 잘 알아야 한다고 대답하였다.

어휘도 외국어 학습에서 중요한 근간이 된다. 어휘는 의사소통능력의 바탕을 이루는 가장 기본적인 요소로 다루어지고 있기 때문에 교사들은 수업의 상당 시간을 어휘 습득과 연습에 할애하고 있다. 그런데 60%가 넘는 학생들이 중국어를 배울 때 가장 중요한 부분은 어휘라고 꼽고 있었다.

> '중국어를 공부할 때에는 여러 번 반복과 연습을 하는 것이 중요하다.'
> '중국어 단어를 모를 때는 사전을 찾기 전에 의미를 추측해 보는게 좋다.'
> '어학실, 멀티미디어실, 스마트기기 등을 이용하여 중국어를 연습하는 것이 중요하다.'

외국어 공부에 있어서 가장 중요한 것은 꾸준함과 더불어 반복적 연습이다. 우리는 늘 수업 시간에 학생들에게 이 부분을 강조하곤 한다. 그런데 놀랍게도 90%가 넘는 학생들이 '중국어를 공부할 때에는 여러 번 반복과 연습을 하는 것이 중요하다'고 대답하였다. 또 공부를 하다가 모르는 단어를 만났을 때 바로 사전을 찾기보다는 전체적인 맥락 안에서 그 의미를 추측해보는 과정이 중요하다고 대답하고 있었다. 이러한 긍정적 의사소통 전략은 교실 수업이나 중국어 학습 과정에서 몸소 체험함으로써 형성된 것으로 보인다. 따라서 외국어 학습에 대한 아이들의 생각은 어쩌면 어른들보다 더 나을지도 모른다.

사실 처음에 이 연구를 시작한다고 했을 때 우려의 목소리도 적지 않았다. 중국어 과목은 주요 교과목이 아니기도 하거니와 아이들이 입시 준비로 바빠서 설문조사를 제대로 해줄지 의문이라는 것이다. 따라서 설문 결과에도 회의적인 사람들이 많았다. 성의없이 체크하거나 중구난방의 답들이 나올 수 있어 연구에 별 도움이 안될 수 있다는 것이다. 그런데 놀랍게도 아이들은 이러한 어른들의 우려를 완전히 깨버렸다. 진지하게 고민하여 응답하였고, 중국어 공부에 대한 자신들의 생각을 일관성 있게 보여주었다. 어쩌면 말로 표현할 기회만 없었을 뿐이지 우리가 생각하는 것보다 아이들은 훨씬 더 성숙된 학습신념을 키워오고 있었던 것이다.

아는 자, 좋아하는 자, 즐기는 자

앞서 말했듯이 37개 문항과 함께 우리가 던진 또 하나의 질문은 "귀하는 중국어 수업에 열심히 참여하고 있습니까?"였다. 이는 어떤 생각을 지닌 학생들이 수업 시간에 높은 참여도를 보이는지 알아보기 위해서 만든 문항이었다.

> '중국어를 아주 잘하면 좋은 직업을 구할 기회가 더 많을 것이다.'

'중국어를 아주 잘하면 좋은 직업을 구할 기회가 더 많을 것이다' 학생들이 중국어 공부를 더 열심히 하도록 언어교사라면 한번쯤 혹은 그보다 더 자주 교실에서 했을 법한 말이다. 그렇다면 이렇게 믿고 있는 학생들이 적극적으로 수업에 임한다고 볼 수 있을까? 흥미롭게도 결과는 그렇지 않다였다. 미래에 도움이 된다고 믿더라도 이로 인해 중국어 수업에 적극적으로 참여하는 것은 아니였다. 이것이 의미하는 바는, 중국어가 미래에 도움이 될 것이라는 막연한 믿음만으로는 학생들의 적극적인 참여를 유도할 수 없다는 사실이다. 이 대목에서 우리 연구진은 낙담하지 않을 수 없었다. 그동안 그다지 효과도 없는 말을 참으로 많이도 했구나라고 말이다.

그렇다면 어떤 생각을 지닌 학생들이 수업에 더 열성적일까? 다음의 세 가지 질문에 대하여 그렇다고 생각할수록 수업 참여도가 높았다.

> '좋은 성적을 받고자 중국어를 열심히 공부한다.'
> '나는 중국 사람들을 더 잘 이해하기 위해 중국어를 배운다.'

'중국어를 듣고 이해할 수 있을 때 기분이 좋아서 중국어를 열심히 공부한다.'

중국어 성적을 잘 받고 싶은 학생들이 수업도 열심히 듣는 것으로 나타났다. 이는 너무도 당연한 결과이고, 연구진 역시 예상했던 바이다. 그런데 그 다음 문항들은 매우 의외였다. 중국인을 더 잘 이해하고 싶어 할수록 수업에 열심히 참여하였다. 즉 중국어를 잘하기 위한 것보다 아이들은 한 차원 더 높은 지향점을 가지고 있었다. 그것은 바로 중국인에 대한 궁금증이었다. 또 한가지 우리를 놀라게 한 결과는, 중국어를 듣고 이해할 때 기분이 좋다고 생각할수록 수업에 열심히 참여한다는 것이였다. 말하기를 즐기는 학생들이 수업을 열심히 듣는다고 생각했는데, 오히려 듣고 이해하는 과정에 대한 즐거움이 클수록 수업에 열심히 참여하고 있었다니. 나의 예측이 완전히 빗나가는 순간이었다.

이러한 결과가 나를 비롯한 언어 교사들에게 시사하는 바는 매우 크다. 우리는 수업에서 적극적인 호응을 보여주는 학생들이 특히 반갑다. 수업을 할 때 학생들의 적극적인 반응은 큰 힘이 되기 때문이다. 그런데 상대적으로 조용한 학생들도 나름의 방식으로 열심히 수업에 임했던 것이다. 다만 이 친구들은 중국어 말하기보다 듣고 이해하는 과정에 더 큰 즐거움을 느끼고 있었을 뿐이다. 이 연구를 하기 전까지는 생각하지 못했던 부분이다. 입문반 수업에서 상당히 과묵했던 학생이 중급반까지 따라오는 것에 대한 의문이 이 지점에서 풀렸다. 수업에 그다지 적극적이지 않다고 생각했던 것은 그저 교사인 나만의 착각이고, 아이들은 사실 굉장히 열심히 참여하고 있었던 것이다.

대학 시절을 돌이켜보면 필자 역시 이러한 학생에 속하였다. 중국어에 대한 막연한 동경, 홍콩 영화에 심취했던 기억 때문에 중어중문학과에 진학하였다. 그런데 대학에 입학하고 보니 외고에서 중국어를 이미 전공하고 온 친구들이 많았다. 그래서 중국어 수업 시간은 나에게 늘 긴장의 연속이었다. 말하기 수업에서 선생님이 나에게 다가오는 것 같으면 심장이 쿵쾅거리고 손이 떨리기 시작했다. 그래도 다 죽어가는 소리로 주어진 발표를 하곤 했다. 수업 시간 이외에 집에 오면 큰 소리로 연습할 수 있는데 사람들 앞에서는 그게 그리도 힘들었다. 그럼에도 나는 굉장히 열심히 수업을 듣던 학생이었으니 중국어를 가르치는 선생이 되고 나서 올챙이적 시절을 다 잊은 것 같아 조금은 부끄러워진다.

중국어를 배우면 나중에 좋은 직업을 구할 기회가 많아진다고 강조하는 것보다 중국어 공부 자체의 즐거움을 깨닫게 해주는 것이 학생들의 참여도를 높일 수 있다는 사실 역시 커다란 울림으로 다가왔다. 어쩌면 우리는 흔히 G2 시대의 도래, 한중 교류의 중요성과 미래 발전 가능성에만 기대어 (나를 포함하여) 중국어 공부의 필요성을 어필하려고만 한 건 아닐까. 그리고 그러한 사실이 학습 동기를 유발할 수 있다고 믿었다. 사실 아는 것이 좋아하는 것보다 못하고, 좋아하는 것은 즐기는 것보다 못하다(知之者不如好之者, 好之者不如樂之者)는 말을 너무도 잘 알고 있음에도 교실에서는 왜 이렇게 간단한 사실을 뒷전에 놓았을까? 훗날 분명 도움이 되는 날이 올 테니 어려워도 참고 해보자는 독려는 얼마나 고리타분한가.

이 연구를 완성한 후에는 중국어 수업에 임하는 마음가짐과 방향이 상당히 바뀌게 되었다. 첫째는 중국어 자체의 매력과 공부 과정이 가져다주는 즐거움을 찾아주는 데에 더 힘을 기울이게 되었다. 둘째는 큰 액션은 없지만 조용히 수업에 참여하는 학생들과 더욱 적극적으로 소통하려고 한다. 발표나 연습의 기회를 조금 더 부여하고 중국어 공부에 대한 의견도 개인적으로 자주 나누어 보려고 한다. 이 두 가지 변화는 이 연구에서 내가 얻은 가장 큰 수확이며 앞으로의 수업에서도 큰 밑거름이 될 것이다.

맺는 말

중국어를 포함하여 외국어 공부는 특히 즐거워야 한다. 당장 드라마의 대사 한마디를 알아듣고 싶어서, 노래를 직접 불러보고 싶어서, 혹은 중국인 친구와 그들의 말로 대화를 나누고 싶은 것처럼, 눈앞의 목표가 더 큰 동력이 될 수 있다. 모든 일이 마음이 닿아야 즐거워지고 열성을 다하게 되는 것처럼 말이다.

코로나19로 인해 대학 수업의 대부분이 온라인 비대면으로 전환되었다. 중국어 수업도 예외는 아니다. 특히 외국어 수업은 교사와의 반복적 대화, 학생 간의 모둠 활동이 주를 이루기 때문에 애로사항이 참 많다. 그래서 카메라를 켜고 수업을 듣는 몇 명의 친구들은 너무도 고마운 존재들이다. 반면 수업 시간 내내 카메라를 켜지 않아 얼굴 한번 볼 수 없는 학생들은 어떻게 수업을 듣고 있는 것인지 궁금하기도 하고, 잘 따라오고 있는지 걱정도 된다. 그럼에도 이 연구에서 내가 깨달은 바가 있었기 때문일까. 카메라는 꺼져있지만 학생은 열심히 수업에 참여하고 있을 것이라는 믿음이 있다. 그래서 검정 화면인 채로 한 학기 수업을 듣는다 해도 내 수업에 흥미가 없거나 시간을 때우고 있다는 편견은 갖지 않게 되었다. 학생들의 마음을 들여다본 이 연구를 통해 코로나 시대에 슬기로운 교사

생활을 보내고 있다. 이러한 깨달음은 앞으로의 수업에서 나를 좀 더 성숙한 교수자로 만들어 주리라 믿으며, 이 글이 언어 교사 분들께도 조금이나마 도움이 되기를 바란다.

그리고 마지막으로 외국어를 공부하는 분들이 이 글을 본다면 역으로 이런 말을 하고 싶다. 다른 나라의 언어를 배우고 구사한다는 것은 또 다른 세계와의 만남을 의미한다. 따라서 그 만남의 형태 역시 사람마다 제각각일 것이다. 혹시 자신이 사교적이거나 적극적인 성격이 아니라서 외국어 공부에 맞지 않는다고 생각한다면, 외국어 공부는 그냥 자신의 성격대로, 자신의 스타일대로 밀고 나가 보라고 말해주고 싶다. 애써 나의 성격까지 바꾸려고 노력하며 무리하지 말자. 다만, 바쁜 일상생활 속에서 잠깐 쉬는 그 순간에 단어 하나, 문장 하나를 외워보는 것이 휴식의 시간이 된다면 아무리 오래 걸리더라도 당신은 이미 중국어 고수가 되기에 충분하다.

참고문헌

Brown, H. Douglas(2001). 권오량·김영숙·한문섭 옮김. 『원리에 의한 교수-언어 교육에의 상호작용적 접근법』 (제2판)(*Teaching by principle –An interactive approach to language podagogy*). 피어슨 에듀케이션 코리아.

Brown, H. Douglas(2008). 박주경·이병민·이홍수 옮김. 『외국어 학습·교수의 원리』 (제2판)(*Principles of language learning and teaching*). 피어슨 에듀케이션 코리아.

Elaine K. Horwitz(2010). 전병만·안병규·오준일 옮김. 『유능한 언어교사 되기』. 시그마프레스.

이선희(2012a). 「고등학교 제2외국어 학습자의 중국어·일본어 학습신념 연구」. 『외국어 교육』 제19권 2호.

이선희(2012b). 「한국 고등학교 중국어 교육 설계를 위한 언어 학습신념 분석 – 중국어 및 일본어 학습자 조사를 중심으로」. 『중국어문논총』 제54권 54호.

한예진·이지은·이은화(2019). 「고등학교 중국어 학습자의 학습신념 분석과 교육적 제언 – 부산 소재 일반계 고등학교를 중심으로」. 『중어중문학』 제75호.

한예진(2019). 『중국어 학습자의 학습신념 분석 및 수업참여도와의 상관관계 분석 - 부산 소재 일반계 고등학교를 중심으로』, 부산대학교 교육대학원 석사학위 논문.

이 수 진

/

경성대 심리학과 교수. 연세대학교에서 임상심리를 전공하고 박사학위를 받았다. 서울시 교육청 청소년상담센터에서 전문상담원으로 일했으며 한양대학병원 및 신촌세브란스병원 신경정신과에서 임상심리전문가 수련과정을 마쳤다. 보건복지부 정신건강 임상심리사이며 한국심리학회 임상심리전문가 및 학교심리전문가이다. 미국 워싱턴대학교 의과대학 정신과 웰빙센터에서 방문교수로 있으면서 클로닌저(Cloninger) 박사의 기질 및 성격 검사(TCI)를 본격적으로 접한 후, 인성이 개인 적응과 웰빙에 미치는 영향을 다방면으로 연구하고 있다. 또한 우리나라의 사상의학과 심리학을 접목해 인간을 과학적이면서도 통합적으로 이해하려는 연구를 진행 중이다. 2018년에 이어 세계인명사전인 [마르퀴즈 후스후(Marquis Who's Who)]에 4년 연속 등재되었다.

코로나 시대의 심리학

들어가면서

중국 우한에서 발견된 코로나19로 인해 전세계가 시끄럽다. 세계인들의 주목을 받기 시작한 2020년 초반에는 많은 사람들이, 특히 사스와 메르스와 같은 바이러스를 경험했던 우리는 지난 2년과 같은 봉쇄(lockdown) 상황을 생각해 보지 못했다. 그러나 2020년 하반기 이 바이러스가 치명적이지는 않지만, 상대적으로 높은 감염률과 사망률을 보이며 계속 기승을 부릴 수 있다는 것을 깨닫고 조금은 절망감을 느끼며 2021년을 맞이하게 되었다. 그러다가 다행스럽게 백신이 발견되고 대량생산에 들어가면서 그리고 우리나라 사람의 87% 이상이 2차 백신을(2022년 6월 현재) 맞은 현재, 코로나 변이 바이러스의 걱정에도 불구하고 작년보다는 조금 더 희망을 품게 되는 시기이다.

그런데 코로나19의 출현은 21세기에 처음 나타난 현상은 아니다. 지금으로부터 약 100년 전에 무오년 독감 혹은 스페인 독감이라는 비슷한 종류의 바이러스가 출현하여 전세계를 휥고 지나갔다. 우리나라에서는 1918년 무오년에 발생한 독감으로 당시 우리나라 인구의 절반 정도의 사람이 감염되고, 약 14만명이 죽었다고 한다. 같은 시기에 스페인 독감으로 알려진 이 바이러스로 인해 당시 16억명의 전세계 인구중 약 3/1이 감염되고, 약 5000만명 정도의 사망자가 나왔다고 한다.[1)]

100년 전과 비교하여 엄청나게 의료기술의 발달하였음에도 불구하고, 바이러스 앞에서 인류는 속수무책이라는 걸 느끼면서 자연의 거대함에 저절로 고개를 숙이게 된다. 또한 이 지구에 이런 위기를 가져오게 되는 이유가 무엇인지 생각해보게 된다. 이 지구의 주인이 인류만은 아닐 터인데, 자원들을 무분별하게 사용하고 그 결과 다른 생명체들이 사용해야 하는 자원을 고갈하고, 결국 삶의 터전을 빼앗긴 동물들에게 기생하였던 바이러스가 여러 다른 동물을 매개로 거치면서 결국 사람을 숙주로 하여 나타나게 된 것이다.[2)]

그렇지만 이런 재난 혹은 재앙은 사람이 만들어낸 것이지만, 생명의 진화라는 초거시적 관점에서 보면 매우 자연스러운 현상이며 동시에 이러한 현상이 마지막이 아니라 언제든지 발생할 수 있는 것임을 이해할 수 있다. 이 와중에 다행이라면 코로나19에 대한 면역력이 생겨서 다시 이 바이러스로 인한 어려움을 경험할 확률이 낮다는 것일 것이다. 물론 우리

1) 출처: http://medigatenews.com/news/2272824728
2) https://health.chosun.com/site/data/html_dir/2020/01/29/2020012903329.html?form=MY01SV&OCID=MY01SV

가 100년 남짓 사는 유한한 존재이기 때문에 새로운 바이러스의 출현을 또 경험할 확률도 상대적으로 매우 낮 다는 것도 아이러니하지만 위안일 수 있다. 또한 그렇다면 코로나의 종식이 거의 현실로 다가온 지금, 2022년의 우리의 변화된 삶을 그려보며 현재 그리고 가까운 미래에 우리는 어떻게 대처하면서 하루하루를 살아가야 할까? 그 방법을 심리학자가 생각해 본다면 무엇이 있을까? 그 방법들에 대해 한번 생각해 보는 시간을 가져보자.

첫 번째 글에서는 성격의 관점에서 코로나에 대처하는 우리의 자세를 타고난 성격인 기질 차원에서 살펴보고, 두 번째 글에서는 미래의 주인이 아이들을 키우는 부모의 입장에서 어떻게 대처해야 하는지 살펴보고자 한다. 마지막으로는 코로나 시대 그리고 포스트 코로나 시대에서 우리는 어떤 삶을 살아가야 할지에 대해서 고민해 보자.

코로나19 시대를 잘 살아내는 성격 특성이 있을까?[3)]

1.

성격은 타고난 성격인 기질과 변화가능한 성격인 인품 혹은 성품으로 구분할 수 있다. 기질은 평생동안 안정적이고 잘 변화하지 않는 속성을 가지지만, 성품은 개인의 노력과 훈련에 따라 변화가능한 속성을 지닌다.

타고난 성격인 기질은 유전적 성향을 가지고 있다. 예를 들어 오른손잡이인 당신은 왼손도 사용할 수 있지만, 대개는 오른손으로 칫솔질도 하고 글씨도 쓸 것이다. 오른손을 다치어 사용할 수 없는 짧은 기간에는 왼손을 사용하겠지만, 다친 오른손이 다 나으면 잽싸게 왼손에서 오른손을 사용하는 오른손잡이로 돌아오게 될 것이다. 타고난 선천적 성향인 기질도 마찬가지이다. 다양한 주변 상황에도 불구하고 당신은 비교적 안정적이고 일정한 반응 패턴을 보인다. 예를 들면, 새롭고 신기한 것을 보면 그냥 지나치기 어렵다거나, 위험한 상황은 적극적으로 피한다거나, 주변 사람들의 인정과 관심을 즐기는 특성을 보일 것이다. 이러한 특성들이 타고난 성격인 기질이다.

3) 울산 울주군 정신건강복지센터의 울주마음건강TV의 인터뷰 글을 수정하였음

타고난 성격인 기질을 측정하는 도구로 가장 대표적인 것이 미국 워싱턴대학교의 클로닌져(C. Robert Cloninger) 박사가 만들 기질 및 성격 검사(TCI: Temperament and Character Inventory)이다. 클로닌져 박사에 따르면, 기질 특성은 자극추구, 위험회피, 사회적 민감성 차원으로 이루어졌다. '자극추구'란 새롭고 신기한 것에 이끌리는 생물학적 경향으로, 자극추구가 높으면 새롭고 낯선 것일지라도 열정적으로 탐색하고, 남들이 예견하지 못하는 숨어있는 보상을 잘 발견한다고 하였다. '위험회피'란 처벌이나 위험을 회피하려고 행동을 억제, 중단하는 타고난 경향으로, 위험회피가 높으면 위험이 예상되는 상황에서 조심스럽게 미리 세심한 대비를 하기 때문에 위험이 실제 현실로 나타날 때 사전 계획과 준비가 큰 도움이 된다고 하였다. '사회적 민감성'이란 사회적 보상 신호와 타인의 감정을 민감하게 파악하는 유전적 경향으로, 사회적 민감성이 높으면, 사회적 관계를 더 쉽게 형성할 수 있으며, 타인의 감정을 더 잘 이해할 수 있다고 하였다.

이러한 기질의 특성에 따라 요즘과 같은 코로나 시대에 반응하는 것도 다를 것이다. 우선 위험한 상황을 적극적으로 회피하는, 위험회피 기질성향이 높은 사람은 코로나 시대에 사는 것이 가장 힘들다. 특히 생명/건강과 직결되는 바이러스인 코로나의 출현은 위험회피 기질특성이 높은 사람에게는 집 밖에 나가는 것은 엄청난 위험을 감수하는 것이 되기 때문이다. 또한 주변 사람들의 인정과 관심을 즐기는 사회적 민감성이 높은 사람들도 위험회피가 높은 사람들만큼은 아니지만 코로나 시대에 살기 어려운 것은 마찬가지이다. 특히 직접 대면을 통해 사람들과의 관계를 유지해온 사람들의 경우 코로나로 인해 신체적 접촉의 가능성을 줄여야 하는 지금과 같은 상황은 매우 힘들 수 있다. 반면에 새로운 것을 좋아하는 자극추구가 높은 사람들은, 코로나와 같은 위기상황에서도 큰 스트레스 받지 않고 살 수 있다. 왜냐하면 미래를 예측할 수 없는 위기의 상황을 새롭고 신기한 것으로 받아들이기 때문에 이런 상황이 호기심을 자극하는 짜릿한 순간일 수 있기 때문이다.

그런데 이러한 기질 특성은 한 가지 방향으로만 발휘되지 않는다. 특히 코로나와 같은 재난상황이 일회성이 아니라 꾸준히 지속되는 상황이 된다면 더욱 그렇다. 그래서 높은 자극추구 성향을 가진 사람들도 일회성이 아닌 매일 반복되는 재난상황을 더 이상 신기함과 호기심을 가지고 바라보지 않게 된다. 따라서 코로나 상황은 심심하고 반복되는 일상으로 다가와 무료함을 느끼고, 짜릿함을 찾아 다른 사람들이 하지 않는, 코로나 시대에 반기지 않는 행동을 시도할 수 있다. 반면에 높은 위험회피 기질을 가진 사람들도 돌다리도 두들겨보고 건넌다는 심정으로 확인의 확인을 통해 코로나가 생각보다 생명을 위협하는 질병이 아니며, 코로나를 예방하기 위한 다양한 방법을 학습하였다면 코로나 초반보다는 훨씬 여유롭게 상황을 견딜 수 있게 된다. 또한 사회적 민감성이 높은 사람들도 사람들과의 직접 접촉을 피하고 간접 접촉을 통해 사람들과의 관계 속에서 인정의 욕구를 충족할 수 있기 때문에 이 상황을 그럭저럭 견딜 수 있게 된다.

따라서 한 가지 기질 특성이 한 가지 적응 패턴만을 의미하는 것이 아니며, 일상이라는 지속되는 상황에서 더욱더 우리는 타고난 기질 특성만이 아니라 환경과의 상호작용을 통해 상황에 대한 적응과 대처를 학습하게 된다. 이러한 의도적이고 의식적인 학습에서 개인의 후천적 노력과 연습, 훈련의 요소를 고려할 때 타고난 성격인 기질만으로 우리의 적응을 이야기하는 것은 어려워진다. 다시 말하면 개인의 타고난 성격인 기질보다 훨씬 중요한 '성품'의 중요성을 이야기할 수밖에 없게 된다.

타고난 성격인 기질과 환경과의 상호작용을 통해 형성되는 성격인 성품은 기질과 비교할 때 이차적 반응이다. 즉 개인의 기질이 주변의 상황 혹은 자극에 무의식적이고 자연스럽게 반응하는 일관성을 띠는 일차적 반응이라면, 성품은 이러한 기질의 표현을 의식적이고 의도적으로 조절할 수 있는 이차적 반응이라는 의미이다. 즉 특정 상황에서 좌절을 경험하고 화가 나더라도 반드시 욕을 하거나 물건을 던지거나 사람을 때릴 필요는 없다. 화가 나는 감정을 식힐 수 있다면, 그 화란 강렬한 감정 역시 그 순간을 지나면 지나간다는 것을 경험하였다면 우리는 화가 나더라도 반드시 파괴적인 행동으로 표현하지 않아도 된다는 것을 깨닫게 된다. **즉 잘 변화하지 않는 타고난 성격에도 불구하고 성품을 어떻게 개발시키느냐에 따라서 우리는 환경의 요구에 적절하게 대처할 수 있다.** 마치 코로나19와 같은 재난 상황 속에서 기질에 기반한 일차반응으로만 살지 않고, 성품을 개발하여 이차반응으로 살아간다면 이러한 상황에 보다 현명하게 대처할 수 있을 것이다. 즉 우리의 기질은 성품을 통해 조절가능하다.

그렇다면 성품을 개발하기 위해서 우리는 어떻게 해야 할까? 무엇보다도 자신의 기질 특성이 무엇인지 알아내고, 특정 상황에서 그 기질에 따라 일차 반응으로 어떻게 표현되는지 우선적으로 알아야 한다. 그리고 이러한 일차 반응 외에도 다양한 반응을 선택할 수 있는 존재임을 자각해야 한다. 그렇게 된다면, 상황에 따라 단점으로 발현될 수 있는, 마치 맛있는 음식냄새에 자동적으로 침을 흘리는 일차적 욕구에 충실한 우리가 아닌, 상황에 맞게 적절한 행동을 선택할 수 있는, 이차적 본성을 키울 수 있게 될 것이다. 즉 타고난 성격인 기질에 따라 개인의 대처방식이 정해져 있는 것이 아니라, 내가 가진 기질 특성을 잘 이해하고, 기질 특성의 단점을 극복하기 위한 대처방안을 의식적인 노력을 통해 학습한다면 코로나와 같은 재난상황에서도 크게 동요하지 않고 주변의 요구에 잘 대처하는 적응적인 모습을 보일 수 있다는 것이다.

우리는 일이 잘 풀리지 않을 때, 우리의 미래를 보여주는 점술가들에게 기대고픈 마음이 든다. 내 사주팔자가 어떤지 알아보고 내 운명에 맞추어 살아야지 하는 생각이 들기 쉽다. 마치 '타고난 성격을 어떻게 바꾸겠어'라는 태도로 주변 상황에 맞춰 살아가는 수동적인 모습을 띄기 쉽다. 특히 적응의 어려움을 가진, 취약한 기질특성이 두드러지는 사람은 더욱 그럴 수 밖에 없다. 왜냐하면 이들은 기질표현을 조절하기 위해서는 더 많은 연습과 훈련이 요구되기 때문이다. 그러나 대부분의 우리는 노력보다는 타고난 성격이라고 믿으며 나를 변화시키려는 노력보다는 자신의 행동을 합리화하려는데 그치고 만다. 그러나, 코로나 같은 상황에서도 **변화의 가능성, 노력의 가능성**을 믿는 사람들은 쉽게 좌절하지 않는다. 변화하지 않는 타고난 성격인 기질에만 머무르지 말고, 우리의 노력을 기울여 바꿀 수 있는 성격인 성품을 단련시키는 기회로 삼아 코로나 시대에 건강과 지혜를 모두 잡으시길 바란다.

코로나 시대를 살아내는 성숙한 부모의 양육은 어떤 모습일까?

2.

코로나 시대에 자녀 양육은 어렵다. 에너지 수준이 높은 아이들은 집에 가만히 있지를 않는다. 밖으로 뛰어나가 자신의 에너지를 발산하며 놀이를 통해 세상을 배우려고 한다. 특히 아동들은 탁월한 근지구력의 발달로 인해,[4] 성장기 아이들의 근육회복력이 프로 운동선수의 수준이기 때문에 일반 성인보다 훨씬 쉽게 피로에서 회복된다. 이러한 아이들과 코로나19로 인해 집에서만 지내다 보면 양육자인 부모는 신체적, 심리적으로 엄청난 스트레스를 경험한다. 코로나 초기에 특히 유치원 혹은 초등학교 등원 혹은 등교가 중지된 상태에서 집에서만 아이들과 지냈던 시기를 생각해 볼 때 부모가 아닌 사람들도 충분히 부모들의 고충을 상상할 수 있을 것이다.

집 밖에서 놀 수도 있겠지만 코로나19에 대한 감염을 염려하여 결국 집에서 현명하게 지내는 방법을 찾아야 하는 것은

4) https://health.chosun.com/site/data/html_dir/2018/05/03/2018050303537.html?form=MY01SV&OCID=MY01SV

자연스럽게 부모의 몫이 된다. 특히 전일제 양육 혹은 맞벌이로 인해 재택 근무를 써 가며 아이들을 돌보는 부모의 경우 휴식이 절대적으로 필요하다. 이런 경우 아이들에게 스마트폰을 잠깐씩 쓰게 하는 것은 어쩌면 당연한 결과이다. 아이들에게 절대 스마트폰을 사용하지 않도록 하는 것도 불가하다. 특히 아동기는 전생애 발달과정에서 가장 호기심이 왕성하고 무엇이든 탐구하고 적극적으로 탐색하는 시기여서 스마트폰처럼 영상이라는 감각적인 면에서, 다양한 내용을 갖는 콘텐츠적 측면에서 부모가 무조건 막는다고 해결되는 것이 아니다. 그래서 타협의 기술이 요구된다.

타협의 기술에서 아동에게 싫어하는 것 혹은 별로 좋아하지 않는 것을 먼저 하게 하고 그 결과에 따라 보상으로 아이가 좋아하는 것, 즉 스마트폰 사용이라는 보상을 제공한다는 큰 원칙을 갖는 것이 중요하다. 특히 아동이 자발적으로 아주 싫어하는 것을 했다면, 이때의 보상은 더 많은 시간을 스마트폰을 사용하게 하는 것도 될 수 있다. 예를 들면 수학학원을 가기 싫어하는 아동이 수학학원을 가고, 수학학원을 가기 위해 수학문제를 열심히 풀었다면 그 보상으로 스마트폰 사용을 기쁜 마음으로 허락해야 한다. 특히 수학문제를 열심히 풀었다는 그 과정을 듬뿍 칭찬해주는 것, 그리고 부모의 고마운 마음을 표현하는 것이 중요하다. 이런 행동이 습관이 되기 위해서는 약 세 달의 시간이 걸린다고 한다.[5] 세 달을 꾸준히 하기 위해서는 부모 역시 지속적인 노력을 기울여야 한다.

또한 아이들은 부모의 말과 행동이 일치하지 않는 행동은 따라하지 않는다. 아니 정확히 말하면 언행이 일치하지 않는 행동을 정확히 모방하면서, 말과 행동은 달라도 된다는 것을, 자연스럽게 거짓말을 배우게 된다. 따라서 언행일치가 되는 부모의 본보기가 절대적으로 요구된다. 예를 들면 아이에게는 스마트폰 보지 말고 공부해라, 학원가라고 하면서 부모는 스마트폰에만 매달려 있다면, 아동이 과연 자발적으로 필요성을 느끼고 숙제를 하거나 학원을 가는 것이 가능할까? 아닐 것이다. 따라서 지속성과 언행일치라는 성숙된 양육을 구사하는 부모의 본보기가 뒤따라야 한다.

성숙된 부모란 자신의 인생을 100% 희생해가면서 아동의 양육을 위해 부모가 모범이 되는 것을 의미하지 않는다. 또는 자아실현이라는 이름으로 아동보다는 내 인생이 중요하다는 태도로 아동을 방관하는 것을 의미하지 않는다. 미국의 심리학자인 바움린드(Diana Baumrind) 박사는 따뜻함과 통제를 적절히 발휘하는 양육을 강조하였다.[6] 따뜻함만 강조하면 자존감은 매우 높지만, 인생의 목표가 없는, 게으른 청소년으로 성장하

5) https://news.joins.com/article/21068053

6) http://www.psychiatricnews.net/news/articleView.html?idxno=16834

기 쉽고, 통제만을 강조하면 남들이 보기에는 모범생이지만 스스로 자존감이 낮고, 우울감이나 불안감에 시달리는 청소년으로 성장하기 쉽다고 하였다. 따라서 관계는 따뜻하지만 목표를 위해 때로는 통제/단호함을 보여주는 부모의 모습을 보여주어야 한다. 또한 목표를 향해 나아갈 때 아동의 상황을 고려하여 융통성을 발휘해야 한다.

이러한 성숙한 부모의 모습을 자녀의 양육에 있어서 한국의 현실적 측면을 고려하여 학습적인 면에서 생각해 보자. 학습은 기초 지식의 습득과 이를 활용하는 단계로 나누어 볼 수 있다. 온택트(ontact) 시대에 기초지식을 습득하는 암기 위주의 교육이 더 이상 통용되지 않을 것이라는 확신은 들지만, 기초 지식의 토대 위에 문제를 파악하고 해결하며 다른 유사한 문제상황에 활용하고 대처하기 위해서는 집행기능(executive functioning)이라 불리우는 고차원적 학습 능력이 요구된다. 또한 이러한 학습능력을 발휘하기 위해서는 습득된 지적 능력을 부호화-저장-인출하는 과정이 수반되는데, 이러한 능력을 잘 발휘하기 위해서는 무엇보다도 정서적 안정성이 필요하다. 즉 불안정감 혹은 좌절감을 잘 조절할 수 있는 정서조절 능력을 자녀가 가지고 있을 때 원활한 학습이 가능하다. 지능과 정서의 상호의존적 관계는 근접한 뇌의 구조들이 비슷한 기능을 담당하는 데서도 찾아볼 수 있다. 우리의 뇌에서 변연계라고 불리우는 곳이 있는데,[7] 해마와 편도를 포함하는 변연계는 우리의 학습과 기억, 그리고 정서조절을 담당하는 곳이다. 즉 **정서조절과 학습의 밀접한 연련성**은 추상적인 개념에서가 아니라 생물학적이고 실증적인 차원에서도 확인할 수 있다.

그렇다면 아동의 원활한 정서조절을 위해서 부모는 자녀를 어떻게 양육해야 하는가? 부모는 아동의 타고난 성격인 기질에 맞게 자녀를 양육해야 한다. 즉 타고난 아동의 기질에 따라 부모의 양육이 달라져야 한다. 아동을 부모에게 맞추는 것이 아니라, 삶의 연륜과 경험이 좀 더 있는 부모가 아동에게 맞춰 주어야 한다. 아동의 기질을 설명하는 여러 이론이 있지만 우리에게 익숙한 순둥이 기질과 까다로운 기질의 아동으로 구분해 보자. 순둥이 기질의 아동은 사실 제때에 먹여주고 재워주고 입혀주고 학원을 보내 주면, 부모에게 고마워하고 학원은 가야하는 곳이라고 생각하는, 부모의 손이 덜 가는 아동들이다.

문제는 까다로운 기질의 아동들이다. 까다로운 기질의 아동들을 키우는 부모들은 자녀들을 이해하기 어렵고 자녀들의 다음 행동을 예측하기 힘들기 때문에 양육의 어려움을 종종 토로한다. 아동은 부모의 반응을 통해 자신이 어떤 사람인지 깨달아 간다. 이러한 점을 고려할 때 아동들에게 보여지는 부

7) http://www.psychiatricnews.net/news/articleView.html?idxno=1915

모의 태도 혹은 아동의 행동에 대한 반응을 어떻게 취하느냐가 매우 중요하게 된다. 아동의 언행에 부모가 도대체 이해가 가지 않는다는 반응을 취한다면, 매번 버럭 화를 내거나 혼을 낸다면, 아동은 스스로 자신을 어떻게 생각할까? 긍정적인 자아상을 가질 수 없다는 것은 명백한 일일 것이다.

도저히 우리 자녀는 이해할 수 없다고 생각하는, 부모-자녀 관계가 매우 부정적인 악순환에 빠져 있는 경우도 있을 것이다. 그런데 생각해 보면, 이러한 타고난 성격인 기질은 상당부분 유전이어서 부모 자신도 어렸을 때 자녀와 비슷한 특성을 보였을 가능성이 매우 크다. 지금 기억하지 못할 뿐이지 아동의 기질 특성은 절대 하늘에서 뚝 떨어진 것이 아니다. 따라서 자신의 어렸을 적 부모-자녀 관계를 떠올리며, 그때의 자신의 어려움을 기억해내는 과정이 필요하다. 물론 쉽지 않다. 우리는 스스로 고통을 떠올리고 싶어하지 않고, 현재의 삶에 만족하고 있다면 자기합리화의 과정을 통해 그러한 고통을 상당부분 미화하여 기억하고 있기 때문이다. 예를 들면, '어렸을 때 힘들었지만, 부모님이 다 나를 위해서 그렇게 하신 거야'라고 생각하고 있을 가능성이 크기 때문이다. 고통스러운 시간으로 다시 돌아가는 경험은 유쾌하지 않지만, 성숙한 부모로서 아동의 원활한 정서조절을 위해서는 아동이 부모에게 수용받고 있음을, 공감받고 있음을 표현해 주어야 한다. 그러기 위해서는 자신의 부모-자녀 관계에서 어려웠던 부분을 다시 돌아볼 수 있는 용기가 요구된다. 내 아이가 나와 크게 다르지 않다는 것, 내가 어렸을 때 이해하기 힘들고 때로는 나에게 고통을 주었던 어린 시절을 떠올리는 것만으로, 그리고 내가 받고 싶어했던 대접을 자녀들에게 해 주는 것만으로, 우리 아이들을 어떻게 대해야 하는지 방향을 찾을 수 있다.

코로나로 인한 욕구좌절과 정서적 불안정감, 그리고 아이들과 절대적으로 많은 시간을 보내야 하는 부모들이 경험할 무기력감과 같은 부정적 정서를 직접적으로 다루는 정서조절의 중요성에 대한 이야기는 잠깐 제쳐놓고, 코로나가 가져온 학력저하의 시대를 살아가는 우리의 현실을 다시 한번 생각해 보자. 21세기를 사는 부모들은 특정 직업을 가진다거나 돈을 많이 버는 것이 인생의 성공이라고 여기고 자녀를 양육하지는 않을 것이다. 또한 삶의 목표는 우리에게 인생의 방향을 제공할 뿐 그 목표를 반드시 달성해야 할 절대적 가치를 지니고 있지 않음을 또한 인지하고 있을 것이다. 그럼에도 불구하고 우수한 학습능력을 가진 자녀로 키우고 싶은 욕구에 사로잡힌다면, 학습과 동시에 정서조절 능력이 반드시 상호보완적 위치에서 동반되어야 한다는 것을 기억하자. 즉 아이 스스로 자신의 정서를 받아들고 표현할 수 있는 능력이 있어야 공부도 잘할 수 있다는 것이다. 그러나 일부 아동은 너무 까다로운 기질을 가지고 있어서 이 과정이 매우 힘들 수도 있다. 그렇지만 타고난 기질 특성을 물려준 부모로서 그리고 어른으로써, 부모가 아동의 기질 표현을 수용하고 적절하게 표현하도록 도울 일차적인 책임이 있다는 점을 상기해야 하겠다. 그런데 그 어른인 내가 그 방법을 모른다면? 어린 시절의 고통과 마주할 수 있는 용기와, 고통스런 어린 시절을 보낸 나를 스스로 애도하는 시간이 필요하다. 그래도 정 방법을 모르겠다면 주변의 전문가에게 도움을 받길 권한다.[8)]

8) 더 전문적인 도움을 받고 싶다면, 주변에 의외로 많은 곳에서 부모교육을 무료로 제공하는 곳을 찾을 수 있다. 청소년 상담복지센터, 건강가정지원센터, 정신건강복지센터 등이 그곳이다.

3.

우리는 누구나 행복을 추구한다. 우리 삶의 궁극적인 목표는 행복이 아닐 수 없다. 학자들은 행복을 헤도닉(hedonic)과 유대모닉(eudaimonic)으로 구분한다. 헤도닉적 행복은 쾌락과 즐거움의 경험을 통해 행복에 도달할 수 있다고 믿는 반면에, 유대모닉적 행복은 (삶의) 의미와 목표에 대한 경험을 통해 행복에 도달할 수 있다고 본다. 어떤 행복을 추구할 것인지는 개인의 가치관에 따라 상당히 다를 것이다. 이러한 논쟁은 철학자들에게도 예외는 아니었다. 또한 철학으로부터 독립한 심리학 역시 이러한 담론을 다루고 있다. 그렇다면 실용적인 측면에서 바라볼 때 우리는 어떻게 하면 행복해 질 수 있는지 생각해 보게 된다. 특히 심리과학 혹은 심리학이란 방법은 추상적인 개념을 구체적인 개념으로 풀어서 보여주는 과학의 영역이므로.

행복을 연구하는 많은 연구들이 존재하지만, 개인의 적응/부적응 혹은 정신병리학적 관점까지 확장하여 살펴본 대표적인 학자로 클로닌저 박사를 꼽을 수 있다. 클로닌저 박사는 행복을 측정할 수 있는 TCI라는 성격검사를 개발하였는데,[9] 앞에서 설명하였던 것처럼 타고난 성격인 자신의 기질을 잘 이해하고, 취약한 기질이 단점으로 표현되는 상황에서 어떻게 대처할지 학습하는 것을 목표로 한다. 개인의 타고난 정서적 경향성 너머, 자신이 목표한 것을 성취할 수 있도록 스스로를 통제하고 조율할 수 있는 특성인 '자율성'과 사회의 일원으로 자신뿐만 아니라 타인을 이해하고 배려하며 공감하고 협동할 수 있는 능력인 '연대감', 그리고 자신을 뛰어넘는, 자연의 부분으로써 자신을 받아들이며 결과보다는 과정을 즐기고 겸손하며 물질적인 것만이 아닌, 영적인/정신적인 것을 가치 있는 것으로 받아들일 수 있는 특성인 '자기초월'이라는 세 가지 인격적 성숙을 측정할 수 있다는 '성품'을 만들어 냈다. 즉 자신의 목표를 추구하고 성취함과 동시에 자신만의 발전이 아닌 다른 사람의 복지와 발전을 같이 도모하는 것이 중요하며(연대감), 이를 통해 현재의 자신을 초월하는, 자신의 유한함을 깨닫고 자신의 삶을 넘어서 무한한 시간과 공간 속에서 자신을 바라보고 서로 연결되어 있는 것을 느끼는(자기초월) 것이 행복을 추구하는데 반드시 필요한 요소임을 강조한다.

9) 시민의 인성 1권(당신의 서재, 2018)에 이에 대한 자세한 소개가 나오니 관심 있는 독자는 참고하길 바란다.

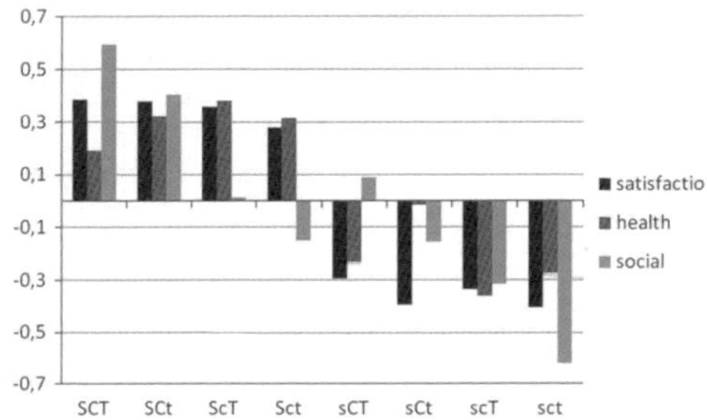

나-우리-초월로 이어지는 행복의 개념은 매우 사변적이고 추상적인 개념일 수 있다. 그런데 클로닌져 박사는 이러한 행복찾기를 다양한 연구를 통해 실증적으로 보여준다. 일련의 연구 중에 그림 속의 연구[10]를 보면서 설명해 보자. 우선 그림을 X축과 Y축으로 나누어 살펴보면, 연구자들은 X축에 8가지 성품의 조합을 나열했는데, 이때 조합은 자율성, 연대감, 자기초월의 점수를 평균을 기준으로 높고 낮음이라는 2X2X2의 8가지 조합을 의미한다. 자율성, 연대감, 자기초월은 각각 S(self-directedness), C(cooperativeness), T(self-transcendence)를 의미하며 대문자 S는 자율성의 높은 점수를, 소문자 s는 자율성의 낮은 점수를 의미한다. 연대감의 대문자 C와 소문자 c, 자기초월의

10) Josefsson 등이 2011년에 Journal of Affective disorders에 출판한 연구로 제목은 "Associations of personality profiles with various aspects of well-being: A population-bsed study"이다.

대문자 T와 소문자 t도 동일하다. 한편 연구자들은 사람의 행복을 삶의 만족감, 건강, 그리고 사회적 지지(사회적 만족감이라고 이해해도 좋겠다)라는 세 가지 측면에서 측정하고 이를 Y축에 놓았다(막대 그래프에 해당함). 막대 그래프가 위로 향할수록 삶의 만족감, 건강, 그리고 사회적 지지가 높음을 의미하고, 막대 그래프가 아래로 향할수록 반대로 삶의 만족감, 건강, 그리고 사회적 지지가 낮음을 의미한다. 이 그래프를 보면 왼쪽의 막대 그래프들이 대부분이 위로 향해져 있다가(삶의 만족감, 건강, 사회적 지지가 높음), 중간 즈음에서 아래로 향하는 것(삶의 만족감, 건강, 사회적 지지가 낮음)을 관찰할 수 있다. 이러한 변곡적 관계는 왜 생기는 것일까?

이는 대문자 S가 소문자 s로 변화하는 지점, 자율성이 높다가 낮아지는 지점에서 일어나는 변화이다. 즉 자율성의 높은 점수가 우선적으로 개인의 만족감, 건강, 사회적 지지에 긍정적인 영향을 미치고 있으며, 이는 전반적으로 행복하다고 느끼는 것을 의미한다. 연대감과 자기초월의 높은 점수도 부분적으로 긍정적 영향을 미치지만 자율성의 영향력이 행복감을 나타내는 세 요소인 삶의 만족감, 건강, 사회적 지지의 방향을 결정하였다. 따라서 자신을 상황에 맞게 조절하고 자신의 목표를 향해 나아갈 수 있는 책임감, 목적의식, 유능감 등과 같은 자율성 특성의 개발이 행복해지기 위해서 가장 먼저 선행되어야 한다.

두 번째로는 자율성의 개발을 기반으로(자율성의 상승 없이 연대감만 개발하는 것은 해당되지 않는다), 타인을 수용하고, 공감하며, 이타적인 면모를 보여주는 연대감 특성을 개발시키는 것이 중요하다. 우리는 천성적으로 이기적인 존재이다. 자신의 이익을 우선적으로 챙기고, 남보다는 나의 욕구에 충실한 존재이다. 그렇지만 좀 더 행복한 삶을 원한다면 다른 사람과 더불어 사는 삶의 의미를 되새겨야 한다. 물론 우리 모두가 타인과 함께 나아가는 삶을 꿈꾸지는 않는다. 그러나 인생의 목표가 '행복'이라면 자율성과 연대감이라는 두 마리 토끼를 잡는 목표를 세워야 할 것이다.

세 번째로는 자율성의 개발을 기반으로 한 자기초월의 개발이다. 역시 자율성의 상승 없이 자기초월만(혹은 연대감과 자기초월 모두를) 개발하는 것은 의미가 없다. 자신에게만 초점 맞춰진 자의식을 벗어 던지고 나를 둘러싼 모든 것들이 연결되어 있음을 느끼면서 물질이 아닌 정신적인 것에 초점을 두는 자기초월 특성을 개발하는 것이 중요하다고 보았다. 나(자율성)-나를 넘어선 우리(연대감)-자기초월로 이어지는 개념은 사실 클로닌저 박사만이 이야기한 것은 아니다. 생리적 욕구-안전의 욕구-소속(사회)의 욕구-존중의 욕구를 거쳐 자아실현에 도달하게 된다고 주장했던 매슬로우(Abraham Maslow) 박사도 말년에 자신의 욕구 이론을 비판하면서 가장 상위 개념의 욕구로 초월의 욕구를 제안하였다.[11] 즉 개인은 자신을 넘어서는 우리, 인류, 자연, 우주로 연결되는 그 무언가에 몰입함으로써 완벽한 자아실현=행복에 도달할 수 있다고 보았다.

따라서 코로나 시대임에도 불구하고 행복해지기 위해서는, 우리는 자율성의 발달을 위해 노력해야 한다. 즉 코로나 상황에도 불구하고 작든 크든 개인의 목표 성취를 위해 해 왔던 일상적인 일들을 꾸준히 실행해 나가야 한다. 특히 코로나 종식후 다가올 포스트코로나 시대를 떠올리며, 우리는 코로나만 지나면 모든 것들이 잘 풀릴 것이라는 희망을 품을 수 있다. 그러나 미래는 그 희망대로 풀리지 않을 것이라는 점을 기억해야 한다. 왜냐하면 습관화가 일어나 지금 예상하는 희망은 그 미래에 실제로 도달하면 빛이 바래 있을 것이라는 점이다. 동시에 불행한 일도 마찬가지로 현재 느끼는 불행 혹은 절망감이 현재 느끼는 고통만큼 미래에 동일하게 다가오지 않을 것이라는 점이다. 이 역시 습관화를 통해 시간이 흐르고 나면 그렇게 불행하거나 절망적이지 않음을 경험하게 된다.[12] 따라서 코로나 시대인 지금도 포스트 코로나 시대인 미래에

11) https://ko.wikipedia.org/wiki/%EB%A7%A4%EC%8A%AC%EB%A1%9C%EC%9D%98_%EC%9A%95%EA%B5%AC%EB%8B%A8%EA%B3%84%EC%84%A4

12) 더 자세한 내용을 살펴보고 싶다면 2006년 김영사에 출판한 '행복에 걸려 비틀거리다'(대니얼 길버트 저, 최인철, 서은국, 김미정 역)를 추천한다.

도 일상에서 꾸준히 목표를 향해 전진하는 태도를 유지하는 것이 중요하다.

그러나 자신에게만 초점 맞추어져 있는, 헤도닉적 행복 상태에서 벗어나 보다 유대모닉적 행복한 삶을 살기로 결심했다면, 즉 삶의 만족감, 건강, 그리고 관계의 만족감을 누리기로 결심했다면, 연대감의 발달을 위해 타인과 더불어 사는 삶을 살아야 한다. 이때 타인은 나의 가족만, 친척만, 지인만 챙기는 것이 아니라, 성경에서의 '네 원수를 사랑하라' 혹은 불경에서 말하는 '자비'의 정신을 타인에게 실천하는 것을 포함한다. '혼자만 잘살믄 무슨 재민겨'라는 전우익 작가의 책제목처럼[13] 타인과 더불어 사는 삶을 선택하는 용기와 도전 정신을 갖추어야 할 것이다.

더불어 우리는 자기초점화된 자의식에서 벗어나 우리의 주변을 돌아보고, 미처 깨닫지 못했던 일상의 소중함을 자각하는 자세가 필요하다. 당연하게 여겨왔던 평범한 일상들이 지니고 있었던 의미를 기억하고, 포스트 코로나 시대에도 이런 소소함 속에 숨어 있던 삶의 의미와 기쁨 등을 여전히 음미할 수 있어야 한다. 동시에 우리는 코로나로 인해 야기되었던 부정적 영향 뿐만 아니라 긍정적 영향도 되돌아 볼 수 있

13) 혼자서 잘 살믄 무슨 재민겨(전우익 저, 1993년 초판, 2017년 25주년 기념판 출간, 현암사)

어야 한다. 어떤 상황이든 언제나 장점과 단점이 같이 공존한다. 모든 현상은 좋은 것과 나쁜 것을 함께 가지고 오는, 패키지로 오는 것이 아닐까.

마무리하면서

코로나가 발생할 수밖에 없었던 상황들을 떠올리며 관점을 조금만 이동해 본다면, 우리가 지구라는 거대 숙주에 사는 바이러스 같은 존재라고 상상해 보자. 지구 밖 우주에 있는 다른 숙주를 아직 찾지 못했다면, 우리는 지구라는 숙주를 잘 보존해야 한다. 특히 우리만 살고 떠나는 지금(now)의 지구만이 아니라 우리의 사랑스런 자손들이 살아갈 미래(future)의 지구를 거시적인 차원에서 보존해야 한다.

그러기 위해서는 우리에게 주어져 있다고 생각해서 미처 깨닫지 못했던 주변의 모든 것들과 우리가 뗄래야 뗄 수 없는 관계에 놓여 있는 것을 자각해야 하지 않을까? 우리는 당장 눈에 보이는 것에 이끌려 사는 존재이지만, 코로나를 통해 우리에게는 과거가 현재에 반복되고, 이러한 현재가 다시 미래에 반복될 수 있음을 깨닫게 된다. 그리고 이 모든 것들이 서로 연결되어 있으며 눈앞의 이익이 천천히 그러나 결국 미래의 불이익이 되어 우리에게 돌아오고 있음을 목격하고 있는 것이 아닐까?

또한 타인과 더불어 사는 삶은 자신의 이익을 먼저 생각하게 되어 있는 인간의 본성에 부합하지 않는 목표처럼 보인다.

그러나 복잡하게 얽혀있는 현대의 삶에서 혼자서 사는 것이 불가능하다는 것을 인정한다면 어떨까? 또한 나의 확장형에 가족이 들어간다면, 그리고 현재를 넘어서 아직 태어나지 않은 나의 자손을 가족에 포함한다면 어떨까? 충분히 이기적인 인간의 본성을 충족하면서도 남과 더불어 행복하게 사는 삶이 가능하지 않을까?

개인의 변화 가능성을 믿으며 타고난 성격인 기질(자극추구, 위험회피, 사회적 민감성)의 단점을 성품을 통해 조절하고 변화시키려는 노력도 필요하고, 학력 저하가 가시적으로 드러난 코로나 시대에 자녀의 학습능력 향상을 위해 정서조절의 중요성도 이야기하였다. 또한 인생의 목표인 행복을 위해 삶의 만족감, 건강, 사회적 지지를 높여야 하고, 이를 위해서는 성품(자율성, 연대감, 자기초월) 개발의 필요성도 열심히 피력하였다.

그런데 급속 성장과 물질적 풍요라는 목표로 지나치게 바쁘게 살아온 우리의 삶을 잠깐 멈추고 돌아보면서 무엇 때문에 이렇게 살고 있는지, 궁극적인 삶의 목표를 다시 한번 깨닫는 것이 필요할 때가 아닐까? 여유없는 생활 속에서 스트레스에 쪄들어 있던 우리에게 불쑥 찾아온 것처럼 보이는 불청객인 코로나는 일상의 소소함을 되돌아 보면서, 타인과 더불어 살아가기 그리고 우리를 둘러싼 모든 것들과 연결되어 있음을 자각하도록 하는 불편하지만 고마운 손님이 아닐까?

훈련과 노력, 연습을 통해 문제상황을 해결해야 하는 당위성에 파묻혀, 문제해결만을 위해 달려오며 해결방법만 찾아왔다면, 우리는 이제 그 문제를 왜 해결해야 하는가? 또는 그것이 과연 문제인가 라는 질문을 스스로에게 던져볼 때가 된 것 같다. 이러한 질문을 통해 문제의 본질을 대해 고민해 보는 자각의 과정은 다행스럽게도 크게 노력을 기울이지 않아도 얻어질 수 있다. 오히려 자각은 힘을 빼고 가만히 있으면 저절로 주어지는 것일 수도 있다. 레이클(Marcus Raichile) 박사는 우리가 '멍때리는' 그 순간에 뇌는 휴식을 취하는 것이 아니라, 흩어져 있는 의식의 조각들을 다시 정리하고 맞추면서, 일과 관계의 어려움에 대한 해결책이 저절로 떠오르는 디폴트 모드 네트워크(default mode network)[14] 개념을 발견하였다. 무엇을 애써 의도적으로 고민하는 것조차 내려놓고, 바쁜 일상에서 코로나 덕분에 다소 강제적으로 주어진 멍때리기를 통해 우리의 삶의 목표를 다시 자각하는 기회를 가지게 되었다면, 타인과 더불어 살아가는 소중함과 그런 우리를 둘러싼 자연의 소중함을 자각하면서, 일상의 소소함이 주는 확실한 행복인 '소확행'에 한발짝 더 다가갈 수 있지 않을까?

14) http://www.psychiatricnews.net/news/articleView.html?idxno=1492

김승룡

/

부산대 한문학과 교수. 고려대에서 국문학을 전공하고 한문학으로 박사학위를 받았다. 지식인, 고전학, 지역학, 동아시아학 등을 시야에 두고 『묵자』 『사기』 등을 비롯해 한시와 시화를 가르치며 고전지식이 마음을 위로하고 치유할 수 있다고 믿고 있다. 동아시아 한문고전의 미래가치를 환기하여 청년들에게 희망을 심어주려는 것이나 한문교육이 인성을 증진할 가능성에 주목하는 것도 그런 노력의 일환이다. 저서로 『한국한문학 연구의 새 지평』(공저, 2005), 『새 민족문학사 강좌』(공저, 2009), 『고려후기 한문학과 지식인』(2013) 『한국학의 학술사적 전망』, 『청춘문답』(모두 공저, 2014) 『동아시아 지식인문학의 지평을 탐색하다』, 『남명학파의 지역적 전개』 『이재 황윤석 연구의 새로운 모색』(모두 공저, 2019) 등이 있고, 역서로 『송도인물지』(2000), 『악기집석』(2003), 『우봉잡억』(공역, 2005), 『유미유동』(공역, 2006)을 비롯해 근래 『잃어버린 낙원, 원명원』(공역, 2015) 『능운집』(공역, 2016) 『문화수려집』(공역, 2017) <새로 풀어 쓴 이제마의 동의수세보원>(2022) 등이 있다. 『악기집석』으로 제5회 가담학술상(2003)을 수상했고, 베이징대 초빙교수를 두 차례(1997, 2008) 지냈다.

김택영의 황현에 대한
추모시를 다시 읽다

치유적 독법과 내적 자정

1.

시를 창작하고 읽는다는 것은 어떤 의미가 있을까? 내가 생각하기에, 시는 자기내면을 응시하는 작업을 기획한다. 사실 시가 활용되는 측면은 다양할 수 있다. 각각의 국면에 따라서, 혹은 각각의 용도에 따라서도 활용될 수 있다. 혹자는 시를 일상의 적요(摘要)를 위해 일기로 적는 경우도 있고, 선전을 위해 써붙이는 경우도 있으며, 입신을 위해 활용하는 경우도 있고, 교류를 위한 사교의 수단으로 과시하는 경우도 있다.

그런데 이런 목적성이 짙은 시들조차 시인의 내면에 즉하여 지어진 시들이며, 그들사이에 약간의 농도나 밀도상의 차이가 있을 뿐이다. 그래서 나는 '내면'에 주목한다. 하다못해 풍경을 그린 그림을 두고 쓴 시에서도, 시인은 자신의 내면을 응시하지 않는 경우가 없다고 생각한다. 사실 시는 시인의 내면 그 자체로서, 우리가 시를 통해 확보할 수 있는 궁극의 모습은 시인의 내면에 지나지 않는다. 그 내면은 메시지일 수도 있고, 하나의 화면일 수도 있으며, 간혹 슬로건이 없는 아우성일 때도 있다. 한시도 그러하다. 그런데 이들은 정감(혹은 감정, 정서, 마음)으로 둘러싸여 있다. 즉 시는 직관적으로 내면을 보여주진 않는다. 우리는 정감을 거쳐 시를 읽어낼 실마리를 확보할 수 있을 뿐이다.

옛분이 언급했듯이, 시인은 불평(不平)한 상황에서 명언(鳴言)한다. 나는 이 부분에 주목한다. 마음이 평정을 이루지 못한 순간 그 상황을 '불평'으로 언명할 때, 나는 이를 '상처'라고 호명하고자 한다. 육안으로 확인할 수 있는 상처도 있을 것이고, 그렇지 않은 상처도 있다. 누군가에게 모욕을 당하여 마음이 상하는 것도 있고, 스스로 자책이 깊어 내상을 입는 경우도 있다. 여하간 이런 불편한 상황을 불평으로 부를 수도 있고 상처로 부를 수도 있다.

이 상처를 다시 평정(平靜)의 상태로 되돌리기 위한 노력을 '내적 자정(自整)'이라고 할 때, 그 내적 자정을 이루는 순간을 '내적 치유'라고 부를 수 있을 듯하다. 나는 바로 이 부분을 주목한다. 그 내적 자정의 과정은 상처를 포용하여 이름을 희석화할 수 있기도 하고 거꾸로 육신마저 병든 채 지나갈 수도 있다. 어쩌면 원치 않았던 상처를 받아안을 수 있는 정신적 여유와 인내 능력을 확대하는 것이 자정일지도 모르겠다.

독자로서 우리는 시의 겉으로 드러난 감정의 결을 따라서 그 근원적 성찰과 회복을 도모하는 수밖에 없을 듯하다. 그리하여 그 이면(시의 속살)에 놓인 상처와 작자의 치유 사이에 놓인 관계(방정식)를 찾고, 그 해결 혹은 해소의 노력을 읽어내는 것이 필요하리라. 나는 이런 독시(讀詩)를 치유적 독법이라 부른다.

이를 실천하기 위해 그냥 있는 그대로 읽기, 인상적(印象的) 읽기, 직관적 독해를 감행하는 전략을 취하고자 한다. 우리는 그간 시에 얽혀있는 수많은 관계를 의식했고, 그로부터 선취(先取)된 프레임으로 시를 보고싶어 했다. 나는 이것을 심리적 확증편향적 독법이라 부른다. 치유적 독법의 상대편이다. 어쩌면 우리의 독법은 이미 선취되어 내 안에 지층화된 선견(특히 고전은 그 지층이 강고하다. 길게는 수천 년, 짧아도 100년의 시간과 경험이 쌓여있다.)을 넘어서는 일이다. 아주 쉽게 말하자면, 원전에 들어있는 감정을 찬찬히 접근하고, 원전의 결을 최대한 존중하며, '나'의 개입을 적절하게 자제하는 일이 될 것이다.

치유적 독법으로 읽는다는 것은 어떤 효능이 있을까. 무엇보다 자기 내면을 응시하고 읽어내고자 한다는 점을 들 수 있다. 즉 상처(좌절)로 요약되는 상황을 극복하기 위한 능동적 내적 대응을 읽을 수 있다는 것이다. 내가 순자의 능참(能參)을 적극 옹호하는 이유이기도 하다. 이를테면 노년의 쇠약한 시를 이해할 경우, 조상(凋傷)으로 읽지 않고, 노숙함에 의해 새롭게 전변된 평담으로 읽어낼 수 있는 것이다. 농(濃)에서 담(淡)으로, 염(艷)에서 평(平)으로, 진(進)에서 퇴(退)로 읽을 수 있으리라.

생각해 보면, 상처는 젊은 시절도 있고 좌절은 더욱 더 많다.

고려의 이규보가 지은 <북산잡제(北山雜題)>나 천마산(天摩山)에서 지은 시를 보면 원숙미와 노숙함이 드러난다. 그가 백운거사(白雲居士)라는 자호를 쓴 것도 바로 이 즈음이었다. 그런데 더 놀라운 것은 이 시들은 20대 중반의 나이에 지어졌다는 점이다. 시만 보면 노인인데, 실제는 세로(世路)에서 반강제적으로 비껴나 있던 혈기 방장하던 시기였던 것이다. 이 지점에서 우리는 이규보의 감정적 성숙을 평가할 수 있다. 단, 그 감정의 진실성을 용인하는 선에서.

여하간, 우리는 이를 통해 시인을 하나의 인간으로 이해할 수 있는 길을 얻을 수 있다. 아울러 고전 속 인간 이해를 넘어, 현대 독자(연구자)들도 자신의 삶과 감정과 내면을 응시하고 상처를 치유할 수 있는 기회를 확보할 가능성을 가질 수 있으리라 기대한다. 한시를 옛분들의 내면을 이해하는 텍스트로만 치부하지 않고, 그 독해과정을 통해 독자 자신의 상처를 같이 들춰내고 내적 자정을 도모하는 것이다. 시를 통한 감정의 조응과 동조를 통해 위로받는 것은 현대 시치료에서도 종종 검증되기도 한다. 한시도 마찬가지 효능을 기대할 수 있으리라 생각한다.

아울러 시의 연구태도와 학자의 실제 삶이 일치하지 않는 경우를 간혹 보곤 했다. 이를테면 논지는 친자연적인데 삶은 친문명적인 경우들, 글은 친여성주의적인데 삶은 탈여성주의

인 경우들, 글은 호탕한데 삶은 치졸한 경우들, 학술적으로 진보를 말하면서 삶은 보수적인 경우들, 글은 동아시아적 시각을 이야기하되 삶은 민족주의의 가리마에 덧씌워진 경우들이 그러하다. 내가 보기에, 이는 고전 속 작품을 읽을 때 그 사람과 작품을 별개로 이해한 결과가 아닐까 싶다. 즉 치유적 독법은 고전작품을 읽는 것에 그치지 않고, 차후 현대 학자들의 삶과 글을 일치시키려는 태도까지 문제제기할 수 있으리라 본다

우리는 이 작업을 위한 시론으로서, 창강(滄江) 김택영(金澤榮)이 매천(梅泉) 황현(黃玹)의 죽음에 헌정한 시 2제(題)를 읽어볼 것이다. 하나는 경술년 매천이 자진한 뒤에 그 소식을 듣고 지은 시이고, 다른 하나는 그로부터 1년이 지난 신해년 매천의 초기일(初忌日)에 지은 시이다. 앞의 시는 『소호당전집』(1926)까지 재록(載錄)되었지만, 뒤의 시는 『창강고』 『소호당집』까지만 수록된 시이다. 뒤의 시를 왜 산삭했는지는 확실하지 않다. 창강이 마음에 들지 않았을 터인데 이 지점을 추적하는 것도 필요한 작업일 듯하다. 그러나 여기서는 논의하지 않는다. 시에 대한 논의는 창강의 감정을 찾아나가는 방식으로 읽어갈 것이다. 간혹 주관적이거나 인상비평적 논의까지 허용하고자 한다.

<황매천이 순국했다는 소식을 듣고 짓다(聞黃梅泉殉信作)>, 경술고(1908년)

2.

麥秀歌終引酖巵 <맥수가> 부른 뒤에 독 술잔 마시니
五更風雨泣山魑 비바람 부는 오경이라 산도깨비 우누나
誰知素定胸中義 뉘 평소 가슴 속에 갈무리한 의리 알랴마는
已在嘐嘐十詠時 이미 소리 높여 열 수의 시 읊었다오.
<제1수>

이 시는 하나의 제목 아래 모두 4수로 이뤄진 연작시이다. 이 가운데 3수만 들어본다.(제3수만 누락함) 그 가운데 첫 번째 시이다. 제1-2구는 흡사 매천의 <절명사(絶命詞)>를 떠올리게 한다. 음울하기 짝이 없다. 한동안 자진(自盡)을 망설이며 독잔을 입에 떼었다 붙였다를 반복했을 매천의 마음을 '오경(五更)'이란 시간으로 명쾌하게 제시했다. 창강이 지은 <황현전(黃玹傳)>에도 이 기사는 나온다. 지금 생각해 보니, 이 모습은 창강의 상상일 듯하다. 그 자신이 직접 본 적이 없을테고, 매천의 가족들도 추측했을 뿐 목격하진 못했을 듯하다. 허나 이 장면은 매천이 나약하면서도 그 나약함을 이겨내는 의지적 인간임을, 그처

럼 인간적 면모를 갖춘 사람임을 보여준다. 이런 매천이 삶을 마감했다. 그 장면을 몰아치는 비바람과 어디선가 들려오는 귀신의 호곡소리로 대변했다. 매천의 죽음을 들은 창강의 심사는 덜컹 내려앉고 말았다.

시 전체는 매천의 순국장면을 떠올리며 지었지만, 거기에 창강은 자신의 모습을 츤대(襯對)해 놓았다. 맥수가를 부르고 독잔을 마시는 것은 매천이지만, 창강은 마치 빙의한 듯이 자신이 부르듯이 투영한 것이다. 아무도 알아주진 않았을 매천의 '흉중의(胸中義)'였다. 이것은 창강도 마찬가지였다. 언젠가 나는 창강을 처음 공부한 결과를 학계에 내놓았을 때, 혹자로부터 굳이 망명자, 조국을 떠난 자를 연구하는 것이 무슨 의미가 있겠냐는 질문을 받았었다. 그때 나는 망명자의 문학도 한국문학의 범주에 들어간다고 얼버무렸었다. 그런데 이 시를 읽어보면, 창강이 가진 조국애에 대하여 의심할 이유는 없을 듯하다. 진즉에 창강의 마음까지 알았더라면, 창강이 가진 의리는 매천의 것과 동일하며 그 때문에 그의 시문을 공부하는 것이고, 만일 공부하지 않는다면 우리 문학사에서 매천을 삭제하는 일과 같을 것입니다, 라고 강변했을 지 모르겠다.

창강은 매천이 갖고 있는 의리를 알아주지 않는 세상에 대한 분노를 시에 담아놓았다. 그렇지만 겉으로 화를 내진 않는다. 의리를 갖는 것은 나에게 달려 있는 일이지 남에게 달려있는 일이 아니지 않은가. 그런데 '교교(嘐嘐)'라는 말을 이해하기 어려웠다. 흔히 요란하게, 시끄럽게라는 뜻으로 쓰이며, 이른바 조용하고 고상한 선비의 말하는 모습은 아니었기 때문이다. 허나 과연 의리를 지녔던 자신들과 같은 사람이 '교교(嘐嘐)'하지 않는다면 누가 알아주겠는가? 아니 돌아보기라고 할 것인가? 흡사 인정투쟁과도 같은 절실한 몸부림과 외침이 아니라면, 의(義)는 그저 흉중(胸中)에 갇힌 채 끝나버릴 지도 모른다. 창강은 매천에게서 절실한 의리지사의 모습을 읽고 있었던 것이다. 자신도 그러하다는 강변을 그 안에 감춘 채로! 이처럼 치유적 독법은 시를 통해 작시자의 내면을 되짚는 지점을 주요한 추출처로 간주한다.

詞垣誰復是眞才	뉘 다시 문단의 참 인재런가
璧月無光斗柄摧	둥근 달은 빛을 잃고 북두성도 자루 꺾였네
知否賞音人獨在	아는가 모르는가, 그대의 지음이 혼자 남아
靑楓江畔望魂來	푸른 단풍나무 강가에서 자네 넋을 바라보는 것을.

<제2수>

제1수가 매천의 조국애와 절조를 노래했다면, 제2수는 사원(詞垣)의 진재(眞才)로서 위상을 거론하고 있다. 이 또한 속내는 자신도 그러함을 살짝 담아둔 것으로 보인다. 매천과 창강은 어

느새 한 몸이 되어서 죽음과 삶을 공유하고 있는 것이다. 빛을 잃은 달, 자루가 꺾인 북두성, 있어도 존재하지 않는 존재들! 삶과 죽음이 엉켜버린 상황들! 우리는 이 부분에서 창강의 마음이 뒤숭숭하고 정돈되지 않았음을 읽어낼 수 있다.

앞서 제1수에서 아무도 알아주지 않는 의리를 지닌 매천을 애처로워했었다. 그나마 매천을 알아주는 사람, 상음인(賞音人)인 창강은 멀리서 그의 넋을 기다리고 있을 뿐이다. 허나 이미 망자가 되어버린 매천은 이 사실을 알지 못하는 상황, 이 상황이 주는 슬픔을 '지부(知否)'라고 탄성을 지르며 표현하고 있다. 가볍게 던져진 듯한 반어적 탄사에는, 창강이 부인하고 싶은 현실에 대한 두려움까지 담겨 있다.

혹시 망자의 넋을 기다리는 사람을 본 적이 있는가? 멍하고 퀭한 눈, 응시하되 대상이 들어오지 않는 텅 빈 눈, 기다려도 오지 않을 사람을 기다리는 심정, 끝내 해결되지 않을 상처를 안고 살아가야 할 허전하고 아쉬운 상황! 특별하게 어떤 원치 않은 자극이 외부로부터 위협해서가 아니다. 원래 내 안에 있던 것이 빠져나간 상황에서의 허전과 공백이 덜컥 안겨주는 두려움이었다. 창강은 이제 두렵다. 어떻게 살아야 할 것인가. 결국 오지 않을 사람. 그래서 제1구의 진재(眞才) 운운은 상투적으로 보인다. 시는 전체적으로 매천을 말하는 듯하지만 어느새 창강은 자신의 불평(不平)을 소환하고 있었던 것이다.

問路頻煩折簡中　　자주자주 길 물으며 편지를 보내며
扁舟早晩到吳淞　　작은 배로 조만간 오송에 이를 듯하더니
可憐從我淮南意　　가련타, 나와 같이 회남으로 오려던 마음이
却向西山二子從　　도리어 서산의 두 사람을 좇았구려

<제4수>

이 시에서 문로(問路)하는 주체는 매천이다. 매천은 창강과 같이 중국으로 떠나오고 싶었다. 허나 결국 그렇게 되지 못했고, 그 아쉬움을 편지나 시로 주고받은 바 있었다. 제2구의 '조만(早晩)'이라고 했으니, 얼마 지나지 않아 원하는 일을 이룰 것으로 기대했었음을 알 수 있다. 뭔가 기다리는 사람의 조바심이 담겨있는 구절이다. 기다림은 시간적으로 가까워질수록 그 농도가 진해지고 깊이도 더욱 사무쳐지는 법이다.

제4구의 '가련(可憐)'을 주목할 필요가 있다. 이 두 자 안에 매천에 대한 창강의 마음이 잘 요약되어 있다. 서산에서 죽어간 백이(伯夷) 숙제(叔齊)와 같은 삶으로 마감하였지만, 매천의 속내는 나, 창강과 같이 회남으로 오는 것이었다. 하지만 노력했건만 허사로 끝나고 만 회남행, 그것을 바라보는 창강의 애틋함이 묻어나오는 동시에 자신에 대한 안타까움도 배어나온다. 즉 창강 자신도 매천과 '같이' 이곳 낯선 땅에서 지내고 싶었던 것이다. 결국 이루지 못한 꿈, 스러져 버린 작은 바람들, 그것조차

허용하지 않은 세상에 대한 약간의 분노들이 드러나고 있다.

창강은 매천을 통해 자신을 읽고 있었다. 자신의 속마음이 어떠했는지를 들여다보기 시작한 것이다. 제1수의 절조에의 열망, 제2수의 그리움, 제4수의 함께 하고싶은 마음은, 사실 자신의 이야기일지도 모른다. 작품 속 감정의 선을 따라 읽는 과정은 시인의 감정을 좇아가는 일이기도 하다. 그 종국이 어디가 될 지 알 수 없지만, 우리는 이 과정에서 시인이 자신의 아픔 혹은 상처(혹은 상처로 불리진 않아도, 맞딱드린 난관)를 스스로 치유하는 모습을 확인하게 된다. 더러는 분노로, 더러는 아쉬움으로, 더러는 그리움으로, 더러는 속울음으로, 더러는 고요히, 어떤 방식으로든 자정(自整)하고 있는 것이다.

〈황매천의 첫 기일에 짓다(黃梅泉初忌日作)〉, 신해고(1909년)

3.

今夕是何夕	오늘 저녁은 어느 저녁인가
吾友殉國期	나의 벗이 순국한 지 한 돐이라
大卓列籩豆	큰 탁자에 제기 벌여놓고
哀哀哭弟兒	서럽도록 제아(弟兒)는 통곡하리
君肚久化土	그대의 뱃속 흙이 된 지 오래라
安能飽飫爲	어이 배불리 드실 수 있으리오
且旋赤龍駕	게다가 적룡의 수레를 되돌려서
訪我長江湄	나를 찾아 장강 가로 오리오
吾已作傳	나 이미 그대의 전기(傳記)를 짓고
又作像贊辭	다시 그대의 상찬(像贊)도 썼다오
因又濡其筆	내친김에 다시 붓을 적셔서
選拔文與詩	문장과 시를 뽑아놓았네
千秋此一事	천추의 이 일일랑
得失爭毫釐	득실은 터럭 한 끝에서 다툴지니
易或童能解	쉽다면 더러 아이도 이해할 수 있고

難也聖猶疑　어렵다면 또한 성인도 의문 품으리니

曷敢或自怠　어찌 감히 혹여 스스로 게을리하여

負君大相知　그대의 크나큰 지음을 저버리리오

行當與君弟　간행은 정녕 그대의 아우와

共圖劂棗梨　같이 판목에 새길 것이요

俾與堂堂節　하여 그대의 당당(堂堂)한 절개와 함께

流傳配赫曦　전해져 밝은 태양과 짝지되게 하리라

是詩雖甚俚　이 시가 비록 자못 속되지만

是心有如斯　내 마음은 이와 같다네.

이 시는 장편의 시이다. 서사를 구성하고 있는 바, 앞의 시와 달리 구구절절 창강 자신의 속내를 여과없이 토로해 내고 있다. 시를 읽다가 먼저 눈에 뜨인 부분은 마지막에서 자신의 시를 '리(俚)'하다고 한 점이다. '리'는 속되다, 비속하다, 평범하다는 뜻으로 새겨지는 한자이다. 즉 고상한 이념이나 거룩한 이상과는 거리가 있다. 그런데 이 점이 중요하다. 오히려 어떤 슬로건에 가려지지 않은 진심이 드러나보이기 때문이다. 창강이 생각하기에, 죽은 친구를 위해 해줄 수 있는 것이라곤 그의 삶을 정리해주고 시문을 모아서 책으로 남겨, 그가 세상에 잊히지 않기를 도모하는 것 뿐이었다. 이것이 낯선 땅에서 편집일을 하고 있던 그가 해줄 수 있는 '모든 것'이리라. 당시 그는 중국 남통으로 건너가서 한묵림인서국에서 책을 편집하여 살아가고 있었다. 그런데 찬찬히 생각해보면, 망자에 대한 기억을 자신만의 기억에 머물지 않도록 하고 끝내 사회적 기억으로 남겨지도록 만드는 것만큼 고귀한 추모가 어디 있을까 싶다. 누구나 죽음은 같은 죽음일 터인데, 창강은 사회적 죽음의 가치에 더 눈이 가 있었던 듯하다. '통곡(痛哭)'은 매천의 가족들인 제아의 몫이고, '유필(濡筆)'은 벗인 자신의 몫임을 자각한 창강의 마음이 갸륵하게 보인다. 한 번 더 시를 찬찬히 읽어보자.

이 시는 모두 3단으로 구성된다. 제1단은 6구까지이다. '하석(何夕)' 운운하며 매천의 기일임을 환기하고 있다. 문제는 그 죽음의 위상이다. 개인적인 결단에 의해 죽었지만, 그것이 '순국(殉國)'임을 밝혀서 죽음의 의미를 사회적, 국가적으로 비장하게 추어올리고 있음이 주목된다. '순국'이기에, 제2단(7-20구)에서 창강이 매천에 대하여 바치는 '입전(立傳)', '상찬사(像贊辭)', '선발문여시(選拔文與詩)'가 정당성을 갖는다. 개인적 호오(好惡)에서 비롯된 것이 아니라는 말이다.

사실 2단은 다소 뜬금없기도 하다. 망자의 초기일에 이런 작업을 하고 있으니, 나를 알아봐달라는 듯하기 때문이다. 그러나 창강이 가장 잘하는 것이 편간(編刊)이었다는 점을 생각하면, 창강은 매천을 위해서 자신이 할 수 있는 최선의 일을 도모하고 있음을 알 수 있다. 기일(忌日)에 누군가를 떠올리고 기리는 것은 당연지사지만, 이처럼 그를 위해 편간을 진행하고 있음을 보고 하는 듯한 고백은 흔치 않다. 이미 망자의 육신도 화토(化土)로 되었고, 넋조차 멀리 타국으로 올 수도 없음에랴. 망자가 알아주지 않을 듯한 창강의 작업은 부질없는 일일지도 모른다. 그러나 이 편간은 자신의 슬픔을 치유하는 과정이었다. 망자의 삶을 되짚고, 그의 상찬(像贊)을 지으며, 그가 지은 시문을 다시 정리하는 사이에 망자에 대한 기억을 정리하고 있었다. 정리(整理)는 곧 감정의 자정(自整) 과정이다.

창강은 자신의 행위가 매천의 당당절(堂堂節)을 세상에 유전하기 위한 것임을 밝혔다. 이 시는 한없이 느슨하게 풀어져서, 시적 함축이나 여운은 그다지 느껴지지 않는다. 시경의 부체(賦體) 성격이 강하다. 이처럼 속내가 훤히 드러나 보이는 시를 창강은 '리(俚)'하다고 했다. 앞서 거론한 바 있다. 즉 이 시는 평범하기 짝이 없다는 겸사이다. 그렇지만 그가 '시심유여사(是心有如斯)'라 했듯이, 거기에 자신의 마음이 들어있었다. 어쩌면 창강은 의도적으로 이렇게 표현한 것은 아닐까.

내가 보기에, 이 시는 의도적으로 그런 것은 아니다. 작자의 마음이 흘러가는 대로, 하고 싶은 말을 특별히 누군가를 의식하지 않고, 형식도 애써 고민하지 않고 써 내려간 것이다. 아니, 시를 보면 노력한 흔적은 있다. '갈감혹자태(曷敢或自怠), 부군대상지(負君大相知)'라 하여, 매천을 위해 태만할 수 없다는 뜻을 내비치고 있다. 창강은 참 부지런한 사람이었다. 또한 치밀한 기획자이기도 했다. 특히 을사년 같이 떠나기로 했다가 결국 혼자만 떠나오게 된 처지, 그래도 서로 편지로 왕래하며 서로를 그리워하고 있었던 차였다. 이제 나만 남은 상황, 외롭다. 그렇지만 남아있는 내가 할 수 있는 최고의 선물, 최선의 애도를 표하는 것이 마땅하다고 생각하고 있었다. 그러고 보니, 제사상 앞에서 통곡하던 이가 비유와 상징을 함축적으로 휘두르는 모습은 어울리지 않는다. 오히려 이처럼 느슨하게 속내를 토로하는 것이 적절하다. 이 시는 창강의 인간됨을 여실히 보여주는, 자신의 '시심(是心)'에 충실한 시로 읽힌다.

4.

'시를 시로 본다'는 것은 무엇일까. 사람을 있는그대로 본다는 것은 가능한 것일까. 우리가 좌정관천(坐井觀天)의 처지에 불과하다는 점을 생각하자. 과연 우리는 시를 보면서, 그것으로 사람을 얼마나 이해하고 있었을까? 그러나 다만 이 과정에서 우리는 이제까지와는 달리 사람에 대하여, 시에 대하여 어떤 잣대에 맞추어 '심판'하거나 '판단'을 내리는 일은 회피할 수 있었지 않았을까? 사실 이것을 기대하면서 치유적 독법을 시도하였다. 프레임에 앞서는 시(사실 시인, 사람)의 존재를 생각하였던 것이다. 일도양단, 명확하고 섬칫하다. 사람의 감성과 내면은 그처럼 또렷하게 갈라지지 않는다. 시의 메시지 역시 그러하다. 그래서 보는 눈에 따라, 보는 시기에 따라, 그때마다 다른 얼굴을 갖고 있는 게 시다. 나는 고전작품이 대부분 그러하다고 생각한다. 적어도 누구나 인정하는 고전들은 그러하다고 생각한다. 하나를 고집하는 편집(偏執)을 벗어날 때, 고전도, 시도, 사람도 자신의 은밀한 내면을 보여주지 않을까. 우리가 고전을 공부하는 이유를 다시 생각해본다.

끝으로, 창강이 아내에 대해 가진 고마움과 아이에게 보여준 애틋함을 읽을 수 있는 시를 두 수 소개하고 마무리를 짓는다. 이 시들도 『창강고』과 『소호당집』까지만 실려있다. 역시 왜 이 시들을 이후 재록하지 않았는지 모르겠다. 창강은 나이를 먹어가면서 원래 지었던 작품을 개수하거나 산삭하였다. 그때마다 이유가 있을 듯하지만 지금으로선 확언할 수 없다. 가난한 이국에서의 우거(寓居)살이에서도 누군가에게 고마운 마음을 잃지 않았던, 그리고 가족에 대하여 진심으로 다가섰던, 따스한 심성의 창강을 읽을 수 있다. 매천에게 헌정된 그립거나 아쉽거나 허전한 마음과 같이 읽으면 창강의 인간됨을 짐작할 수 있으리라 본다. 나는 그가 인문적 소양을 바탕으로 인간으로서의 다양한 심성을 소유했던 분으로서 기억될 수 있기를 기대해 본다. 여기서 시에 대한 해설은 붙이지 않지만, 각 시마다 하단, 즉 제3-4구에 보이는 말투와 그로부터 연상되는 풍경은 대단히 인상적이다. 창강은 가족에게 주는 시를 통해 자신의 허전함과 두려움을 위로받고 있었으리라.

<아내에게 주다(贈內)>

秦樓千古說神仙　　천고 진나라 누각에 신선이 있다 말하지만
可有仙眞在碧天　　진짜 신선은 푸른 하늘에 있다 하리

點檢人間夫婦事　세상의 부부간 일을 점검해보니
同心第一是仙緣　마음 같이하는 일이 으뜸가는 선연(仙緣)이라네.

<이른 아침 일어나서(早起)>

手將殘粒飼雞兒　손수 남은 낟알 훑어 닭 모이 주고
更把床書小閱時　다시 책상 위 책을 잠시 읽을 때였지
稚子睡醒還復着　아이가 잠에서 깨어 다시 안겨오자
一簾香重桂花枝　주렴 가득 계화나무 향기가 짙을시고.